ro
ro
ro

LUCAS VOGELSANG, geboren 1985, zählt zu den erfolgreichsten Reportern seiner Generation. Er war u. a. Autor für Tagesspiegel, Zeit, Welt, Welt am Sonntag und Playboy. 2010 erhielt er den Henri-Nannen-Preis, 2013 den Deutschen Reporterpreis. Für seine Reportage über seinen Wohnblock im Berliner Wedding wurde er 2015 beim Hansel-Mieth-Preis ausgezeichnet. 2017 erschien sein Bestseller «Heimaterde. Eine Weltreise durch Deutschland». 2018/2019 war er Stadtschreiber Ruhr. Er lebt in Berlin.

JOACHIM KRÓL, geboren 1957, studierte Schauspiel an der Otto-Falckenberg-Schule in München und ist durch seine große Präsenz im Kino und TV einer der bekanntesten Schauspieler des Landes. In Detlev Bucks Film «Wir können auch anders» (1993), dem heimlichen Film zur deutschen Einheit, spielte Król den Wessi Kipp. Hierfür wurde er als Bester Darsteller mit dem Deutschen Filmpreis, dem Bayerischen Filmpreis und dem Bambi ausgezeichnet.

30 Jahre nach dem Mauerfall machen sich der Reporter Lucas Vogelsang und der Schauspieler Joachim Król auf eine Reise durch ein ehemals geteiltes Land und besuchen Menschen, deren Leben 1989 noch einmal neu begonnen haben. Im Osten und im Westen. So begegnen sie Biographien, die von Bundesrepublik und DDR erzählen, vom Fremdeln und von der Annäherung.

Ihre Spurensuche beginnt im Ruhrgebiet und endet an der Ostsee, es geht von Bochum nach Boltenhagen, 1000 Kilometer Deutschland, an der Wende entlang. Im Gepäck auch die Fragen an die Gegenwart: Wo hat die Mauer überdauert? Wo wurden Grenzen verwischt? Die Antworten darauf finden die beiden am Wohnzimmertisch oder im Wachturm. Dort hören sie zu, dort schauen sie genau hin: Król, der staunende Gesprächspartner. Und Vogelsang, der geschliffene Chronist.

Lucas Vogelsang Joachim Król

WAS WOLLEN DIE DENN HIER?

Deutsche Grenzerfahrungen

ROWOHLT TASCHENBUCH VERLAG

Veröffentlicht im Rowohlt Taschenbuch Verlag,
Hamburg, Oktober 2020

Covergestaltung zero-media.net, München,
nach einem Entwurf von Anzinger und Rasp, München
Coverabbildung Philipp Wente
Satz aus der Freight Text bei Dörlemann Satz, Lemförde
Druck und Bindung CPI books GmbH, Leck, Germany
ISBN 978-3-499-63418-5

Die Rowohlt Verlage haben sich zu einer nachhaltigen Buchproduktion verpflichtet. Gemeinsam mit unseren Partnern und Lieferanten setzen wir uns für eine klimaneutrale Buchproduktion ein, die den Erwerb von Klimazertifikaten zur Kompensation des CO_2-Ausstoßes einschließt.
www.klimaneutralerverlag.de

MIX
Papier aus verantwortungsvollen Quellen
FSC® C083411
FSC
www.fsc.org

INHALT

PROLOG
SEITE 7

TIEF IM WESTEN
SEITE 13

IM WENDEKREIS
SEITE 37

EIN METER FELDWEG
SEITE 55

AUSGEKOHLT
SEITE 77

LINIENBESTÄTIGT
SEITE 103

WOSSIS
SEITE 133

ERBSENZÄHLER
SEITE 155

KOPF ODER ZAHL
SEITE 183

SEITENWECHSEL
SEITE 207

ZWEI PAKETE
SEITE 231

ÄQUATORTAUFE
SEITE 243

MEER ODER WENIGER
SEITE 261

PROLOG

An einem Brandenburger Nachmittag, das Havelglitzern hinter sauber geschnittenen Hecken, geraten Joachim Król und ich noch einmal richtig hinein in die DDR.

Hunderte Kilometer und ein gutes Dutzend Geschichten liegen da bereits hinter uns, Begegnungen und Biographien, aufgelesen am Straßenrand, hinter den Leitplanken der Landstraßen, an Autobahnausfahrten, auf Raststätten, im märkischen Sand. In Wohnzimmern und Wachtürmen, im Verborgenen und im vielleicht auch schon Bekannten. Geschichten vom Weggehen und vom Ankommen, vom Nochmalanfangen. Deutsche Geschichten auf einer sehr deutschen Reise, auf der wir der Grenze nachspüren wollten, 30 Jahre nachdem die Grenzen geöffnet wurden.

Und nun stehen wir hier, am Tresen einer gerade noch gemütlichen Kneipe, im Rücken eine Wand aus Erinnerungen, getäfelt mit jenem Holz, das die Russen zurückgelassen haben, und lauschen einem Monolog aus dem Gedächtnis der Teilung, der noch einmal alles nach oben spült, das Gewesene und das Gehörte, mit Sätzen, in denen sich die Jahrzehnte überlagern, aus gestern wieder heute wird. Sie fliegen uns entgegen, darin die Namen, die uns zuvor schon begleitet hatten, als seltsame Beifahrer. Krenz und Kohl, Honecker und Genscher.

Es sind innerdeutsche Sätze, geteilte Erinnerungen, in denen es um die Enttäuschung geht und um die Mauer. Sätze, in denen der Westen immer noch drüben und der Osten immer noch hintendran ist. Das ganze Ost-West-Ding, wo man feindwärts schießt und freundwärts lauscht. Hier, in diesem Sturm, sind wir wieder die Wessis, zwei Gäste von der anderen Seite. Schöner, weil ehrlicher, kann es also kaum mehr werden.

Ich schaue Joachim an, er lächelt. Zufrieden. Es ist nun doch alles so, wie wir es uns vielleicht sogar erhofft hatten. Damals in Hamburg.

Dort, im Schauspielhaus, hat diese Reise begonnen. Und natürlich war die Idee dazu, das gehört sich so, eine, die im Schnaps geboren wurde.

Im Mai 2009, es war die Show nach dem eigentlichen Abend, standen wir uns plötzlich gegenüber, in einem langen Flur, der angefüllt war vom Raunen der Prominenz, den Gesprächen der Wichtigen, der Kommentatoren und Kolumnisten.

Der rote Teppich hatte erste Brandlöcher, in der Luft lag der schale Geruch von Champagner und Hierarchie.

Joachim hatte zuvor auf der Bühne gelesen, ich hatte zugehört. Wir kannten uns nicht. Im Taumel dieses Abends aber, vereint in der großen Liebe zum Fußball, begannen wir eine unmittelbar übermütige Unterhaltung, in der es erst um die Bundesliga ging und irgendwann auch, die Scheinwerfer längst erloschen, aber alle Lampen an, um das Kino. Und ich erzählte ihm von meiner großen Begeisterung für einen seiner frühen Filme. *Wir können auch anders* von Detlev Buck, den ich mir gerade erst wieder angeschaut hatte, ein Zufall, die Eindrücke waren noch frisch.

Dieser Film, das sagte ich ihm, entfaltet noch immer einen besonderen Zauber. Weil er, ganz beiläufig, eine irre Zeit eingefangen hat. *Wir können auch anders*, Bucks Komödie, ist ein Roadmovie durch den Osten, die Bilder staubig und gegen die Sonne, ein Nachwende-Western in den Kulissen der gerade erst ehemaligen DDR. Und fast kann man dabei zusehen, wie sich in diesen 90 Filmminuten das Land verändert, wenn aus den Trabis der Volkspolizei die Volkswagen des BGS werden.

Am Ende ein deutsch-deutscher Abspann.

Der Film ist die Geschichte zweier Brüder, Kipp und Most, die ein Gutshaus geerbt haben hinter Schwerin und sich deshalb aufmachen, in einem himmelblauen Hanomag in den Osten fahren. In der Hand eine Karte, doch sie können nicht lesen. Und kommen deshalb, im Schilderwald Deutschland, bald ab vom Weg.

Zwei Arglose, die sich der Zeit, durch die sie reisen, nicht bewusst sind. So werden sie zu den ersten Touristen der neuen Bundesländer. Randfiguren am Rande. Einfaltspinsel vor einer noch leeren Leinwand.

Und mit den Schauspielern allein saßen die Gegensätze im Wagen. Auf dem Beifahrersitz Joachim, der Wessi aus Herne, der Vater ein Kumpel, die Kindheit mit Kohlestaub überzogen. Am Steuer Horst Krause, der Bauernsohn aus Brandenburg. Kipp und Most, Król und Krause, das waren Dick und Doof, Ost und West. Das gerade richtige Duo.

Der Film, er ist deshalb auch die Geschichte zweier Länder, eine wilde Fahrt durch die Nachwendejahre. Davon erzählen schon die zuerst erdachten, dann aber verworfenen Filmtitel.

Odyssee im Schweineland.

Fröhlich durchs Jammertal.

Plötzlich waren sie da.

Ein Eastern, sagte Joachim damals, längst entflammt, ein Leuchten in den Augen, darin der junge Mann, der er selbst war, während der Dreharbeiten 1992. Und als hätte er nur darauf gewartet, all die Jahre seitdem, begann er zu erzählen. Von den Erlebnissen in einem gerade vereinten Land, die DDR noch als Kratzputz an jedem Haus.

Wir waren damals, sagte Joachim, das erste Filmteam im Osten, das große Kino des Westens. Mit wilden Blicken empfangen. Ein Sommer, den er bis heute in sich trägt. Die Eindrücke, die Hitze. 37 Grad im Schatten, titelte die *Super-Illu* damals, selbst die Trabis werden weich. Plaste, die über Kopfsteinpflaster rann. Das weiß Joachim noch genau. Auch die Drehorte kann er problemlos aufzählen. Tornow, Marienthal, Zehdenick, Eberswalde, Boltenhagen. Das ist hängengeblieben, ein innerer Kompass, der nach Osten zeigt. Joachim ist diesen Film, den Kipp, nie wirklich losgeworden.

Nach den Dreharbeiten damals hatte er sich geschworen, zurückzukommen, um das Land hinter der Kamera zu erkunden, hinter den Kulissen, dem künstlich aufgespannten Horizont der Beleuchter. Einmal dieses andere Deutschland kennenlernen, vielleicht sogar verstehen. Da ist ja noch so viel, da lauern die Geschichten. An jeder Ecke. Hinter jeder Tür, man muss einfach nur anklopfen.

Joachim hat diese Reise jedoch nie gemacht. Ganz so, als hätte ihn etwas abgehalten.

Er ist, mal als Schauspieler, mal als Tourist, bis nach Dresden gekommen und nach Ost-Berlin, aber das zählt irgendwie nicht. Die neuen Bundesländer, das erzählte er mir gleich, sind ihm seltsam fremd geblieben, schwarze Flecken in seinem persönlichen Atlas.

Ich überlegte, bereits Szenen im Kopf, eine Route wohl auch.

Eigentlich, sagte ich schließlich, müssten wir einfach noch einmal hineinfahren, in diesen Film, in den Osten, in die Erinnerungen. Das wäre doch was. Im Gepäck all die Fragen, die naiven und die unbedingten. Was war das eigentlich. Und wie lange hielt das wirklich an, die DDR, ein Zustand mehr als ein Land.

Hineinfahren also, um mal zu schauen, was die Wende mit jenen Leuten gemacht hat, die sie hautnah miterlebt haben, an der Mauer, am Zonenrand, in einem Auto auf der Flucht. In Tränen aufgelöst oder im Jubel, im Stadion oder am Schreibtisch. Das wäre doch der Film, den er nie gedreht hat. Was meinste?

Joachim lachte, er nickte, er war den Umständen entsprechend begeistert. Klar machen wir das, sagte er, am besten gleich morgen. Und wir tranken auf Brüderschaft, bis wir uns in der Nacht, in der Menge aus Erzählern und Erzähltem, aus den Augen verloren. Eine Schnapsidee eben.

Neun Jahre sind seitdem vergangen.

Neun Jahre später, der Film ist nun ein Vierteljahrhundert alt und die Mauer so lang weg wie sie stand, beugen wir uns in Joachims Küche in Köln über die ADAC-Länderkarte *Deutschland Nord-Ost*, die wir vor uns auf dem Esstisch ausgebreitet haben wie einen Schlachtplan. Zwei Reisende am Vorabend ihres Aufbruchs, zwei Feldherren, nur bewaffnet mit Kugelschreiber und Textmarker.

Alte Schule, hatte Joachim gesagt, Neongelb auf Papier, damit wir am Ende sehen können, wie weit wir gekommen sind. Joachim mag keine Navis, diese Stimmen aus den Lautsprechern.

Und so zeichnen wir die Route ein, Punkt für Punkt. All die Abzweigungen, weit über den Film hinaus. Vom Ruhrgebiet nach West-Berlin. Über die A2, durch den Zonenrand hindurch, folgen wir dem einstigen Transit. Niedersachsen, Sachsen-Anhalt, Brandenburg. Helmstedt, Marienborn, Michendorf.

Es ist die Strecke aus Joachims Jugend. Der Weg, den er als Tramper genommen hat, 70er Jahre, die Haare lang, den Daumen raus, immer wieder. Durch das Ostmeer hindurch zur Insel mit dem Funkturm, wo die Freunde wohnten, die zu schlau waren für das Militär. Die ganzen Che-Guevara-Typen, sagt Joachim. Nach Berlin musste man gehen, weil es nur dort wirklich ging. Später waren auch Bowie und Iggy Pop da. Was wollte er mehr.

Danach fahren wir von Berlin zur Ostsee, hinein in den Film, zu den Drehorten auch, dem Wiedererkennen hinterher. Joachim als Suchender, die Anekdoten im Schoß. Die große Klappe, bis sie fällt. Und ich neben ihm, als Beifahrer, als Beobachter. Klar verteilte Rollen. Und ich kann seine Vorfreude spüren, während er mit dem Finger über die Karte fährt, hinauf bis zum Meer.

Boltenhagen, wo die Sehnsucht vor Anker liegt.

Deutschland, sagt er schließlich, was bist du groß geworden. In den 30 Jahren seit der Wende, grenzenlos bis an den Horizont, als hätte jemand den Maßstab verändert.

Das alles liegt nun vor uns. Das Land und die Menschen, die wir in den kommenden Wochen besuchen werden, damit sie ihre Geschichten mit uns teilen, ihre Grenzerfahrungen, subjektiv und persönlich, die im Kleinen für das Große stehen, und losgelöst voneinander doch Zusammenhänge schaffen. Ein Dutzend Biographien, Kippfiguren auch. Jene Menschen also, die vom Osten in den Westen gegangen sind und andere, die den umgekehrten Weg gewählt haben. Ihre Gründe als Erklärung.

Deshalb geht es am nächsten Morgen ins Ruhrgebiet, in Joachims einstige Heimat.

Dort, so die Idee, wollen wir uns ein bisschen einstimmen auf die weitere Reise.

Die ersten Eindrücke in den Kofferraum laden, die ersten Fragen stellen.

Dort, tief im Westen, fängt der Osten schon an.

TIEF IM WESTEN

Wir brechen im Frühdunst auf. Bald ist Sommer, Joachim hellwach.

Steig ein, sagt er, ich bin der Fahrer.

Er grinst, breit. Und macht sich hier gleich zu Beginn, das kann er gut, ein bisschen kleiner. Das ist sein Trick, leicht abbücken, sich auch mal hinter einem schlechten Scherz verschanzen, bis sein Gegenüber vergisst, dass da einer steht, den man ja aus dem Kino und dem Fernsehen kennt, der den Menschen also, über die Jahre und auf der Leinwand, durchaus in Überlebensgröße begegnet ist. Die Mattscheibe als Brennglas.

Die Berühmtheit, sie kann mitunter im Weg stehen, man stolpert dann darüber. Bei ihm ist das anders, das ist sofort spürbar, an diesem Kölner Morgen. Joachim lässt Platz für die Geschichten, die noch kommen.

Dann geht es raus aus der Stadt. Joachim schaut aus dem Fenster, wir überqueren den Rhein. Das Glitzern des Flusses zu beiden Seiten, es blendet, und erinnert immer gleich an andere Zeiten, Flüsse machen das mit den Menschen, sie speichern die Momente und geben sie dann, bei jeder Überfahrt, wieder ab. Brücken und Flüsse, Grenzen und Verbindungen.

Diese Strecke, sagt er, bin ich so oft gefahren wie keine, vom Dom in den Pott.

Das ist die Strecke nach Hause. Er reist sich jetzt selbst hinterher. Joachim hat das Ruhrgebiet vor bald 40 Jahren verlassen, war in München und ist in Köln heimisch geworden. Herne, der Ort seiner Jugend, ist 90 Kilometer weit weg, eine Stunde entfernt, eine Karriere dazwischen. Es ist die Distanz, die er aufgebaut hat. Die Fahrt dorthin, wie auch später die Fahrt in den Osten, ist deshalb immer eine Rückkehr für ihn, eine Wiederentdeckungsreise, auf der er nach seinen Emotionen sucht, nach den verschütteten und nach den überraschenden. Er weiß ja noch genau, wie die alten Straßen klingen. Weiß, wie das riecht, wenn der Tag gerade erst über die Felder kriecht, der Morgen eine frühe Hitze verspricht. Und wenn dieses Roadmovie-Gefühl einsetzt, jetzt beginnt es. Die erste Kurve, das ist dann schon der Anfang von allem.

Ins Ruhrgebiet, das erklärt er mir, führen drei Wege. Wir nehmen den Klassiker, den Ruhrschnellweg, die A40. Sie gilt als die Pulsader, sollte das jedoch stimmen, muss dieses Ruhrgebiet einen sehr niedrigen Blutdruck haben. Hier fließt an einem Morgen wie diesem eher wenig, eine mit Blech verstopfte Arterie, weshalb der Volksmund dieser A40 natürlich längst den viel passenderen Namen gegeben hat.

Ruhrschleichweg, sagt Joachim. Ist was Wahres dran.

Wir schleichen also hinein. In den Pott, der in den Kindheitserinnerungen des Schauspielers eine ganz andere Farbe hat.

Schau dir an, sagt Joachim, wie grün das alles ist.

Unfassbar, das ganze Ruhrgebiet eine sauber gepflegte Schrebergartensiedlung, sattes Blattwerk auf saftigen Auen. Darüber, wie auf Kunstblau getupft, nur eine einzige Wolke, in Watteweiß. Wasserdampf, der aus einem einsamen Schornstein strömt.

Früher, sagt er, war hier alles grau. Früher hat hier der ganze Horizont gequalmt. Das musst du dir mal vorstellen, Schlote, die hinter Schloten standen.

Eine Landschaft, die Kette rauchte. Und nachts, wenn das Koks gestochen wurde, glühte der Himmel. Joachim ist in der Kohle in seinem Element. Und wenn er vom Bergbau und vom Vater erzählt, spricht aus ihm auch das Heimweh nach einer Welt, die bevölkert war von wilden Kerlen mit schwieligen Händen, die,

Asche auf ihrem Haupt, in den Kneipen gleich neben den Zechen ihre Lohntüten versoffen. Männer, die Arbeit hatten und am Samstag ihre neuen Autos wuschen, vor den Garagen. Im Radio die Bundesliga. Das nächste Spiel immer das Derby. Es ist eine Welt, die es nicht mehr gibt, seit die Schlote nicht mehr rauchen. So wird seine Erzählung zur Fabel einer Region, die einen langsamen Tod gestorben ist, nachdem ihr die Maschinen abgestellt wurden. Weil mit dem Grau auch die Arbeit gegangen war. Im Rückblick der Groove und die Abenteuer eines Heranwachsenden, Erwachsenwerden in den 70er Jahren, da ist Herne noch Musik, tanzen im Schuppen, die ersten Mädchen, der erste Kater, später hatte Joachim eine Kneipe in Dortmund. Bilder, über denen natürlich ein Schleier liegt. Die immer seltsame Doppelbelichtung der Retrospektive, weil man eher mit dem Herzen auf diese Jahre schaut als mit dem Verstand.

Das hier, sagt er, hat mit dem Ruhrgebiet meiner Jugend nichts mehr zu tun. Aber ich weiß halt noch, wo man hingucken muss, um die Archäologie wahrzunehmen.

Er deutet auf die Ortsschilder, die Abzweigungen, die Ausfahrten. Links hat Claude-Oliver Rudolph gelebt.

Wir halten uns rechts.

Als die letzte Zeche geschlossen wurde, sagt Joachim nun, da ging etwas zu Ende.

Und er sagt es, als hätten sie auch in ihm etwas geschlossen. Er kann das ja sehen, jedes Mal, wenn er nach Hause fährt. Nach Herne. Die Betontristesse der Innenstädte, die Fußgängerzonen, die keinen Glanz versprühen, weil sich mit Billigketten niemand schmücken kann. Der Karstadt in Herne, einst das größte Warenhaus des Ruhrgebiets und damit das eigentliche Kaufhaus des Westens, steht seit fast 20 Jahren leer. Die Arbeitslosigkeit liegt bei über 10 Prozent. Man muss auch durch diesen Westen fahren, um nachher den Osten besser verstehen zu können. Er gilt, seit Jahren schon, als einer der größten Wendeverlierer.

Das Geld, sagt Joachim, ist von hier abgeflossen. Das Ruhrgebiet ausgeblutet.

Das ist das Gefühl der Menschen hier. Sie kennen die Zahlen, und sie kennen die Vokabel dazu. Solidarpakt II. Längst Schimpfwort, die große Frechheit. Es ist noch gar nicht so lange her, da bestimmte Kritik daran die Schlagzeilen. Da waren die wütenden Einwürfe nicht mehr zu überhören, diese Hilferufe aus Städten wie Gelsenkirchen oder Oberhausen, die zum Muster geworden waren für die Kaputtheit des Ruhrgebiets und die Ungerechtigkeit dieses deutsch-deutschen Paktes, der den meisten hier teuflisch erschien. Die Hölle, das sind ja immer die anderen. In Oberhausen etwa, vielzitiertes Beispiel und zu jener Zeit die am höchsten verschuldete Kommune Deutschlands, musste der Bürgermeister Kredite aufnehmen, um seinen Beitrag überhaupt leisten zu können, insgesamt flossen über die Jahre fast 270 Millionen Euro von dort in den Osten, während Schulen und Schwimmbäder geschlossen wurden. Die Oberhausener, so schien es, ertranken in Schulden, während sie gleichzeitig die Jacht der neuen Nachbarn bezahlen sollten. Natürlich war der Neid mit Händen zu greifen. Auch weil sich irgendwann die Zuschreibungen verkehrten. Oberhausen, schrieb der *Spiegel* 2012, sieht an vielen Stellen aus wie die DDR kurz nach der Wende. Bröckelnde Fassaden, Trostlosigkeit.

Joachim erinnert sich noch genau. Dieser Blick auf seine einstige Heimat hat ihn damals gekränkt, und er kränkt ihn noch immer. Und hier im Auto hat er die auch gleich passende Geschichte zur Hand.

Vor einigen Jahren, erzählt er also, da habe ich einen Anhalter mitgenommen. Einen Amerikaner, der schon eine ziemliche Deutschlandtour hinter sich hatte und auf seiner Reise bereits durch die neuen Bundesländer gekommen war. Auf der Höhe von Gelsenkirchen sagte er dann, aus wirklich heiterem Himmel:

Wenn ich mir eure Innenstädte so anschaue, sind die im Osten mit dem Krieg aber besser fertiggeworden als ihr.

Das, sagt Joachim, hat mir fast das Herz gebrochen.

Der Solidarpakt II endet in diesem Jahr, 2019. Nach drei Jahrzehnten.

Eigentlich, sagt Joachim, brauchen wir jetzt einen Aufbau West.

Dann passieren wir, wie zum Beweis, das Ortsschild Bochum und biegen auf eine lange Straße, die hineinführt in die Stadt, vorbei an blinden Fenstern und stumpf gewordenen Ecken. Die Orte, in denen sich die Kumpel einst den Kohlestaub aus den Kehlen gespült haben, sie sind auch hier geschlossen, versiegte Tränken. Die Türen zugemauert.

Es war doch immer so, sagt er nun, am Sonntag gingen die Menschen in die Kirche und danach in die Kneipe. Altar und Tresen, Messwein und Bierchen. Frühschoppen, was für ein wunderbares Wort. Aber jetzt: weniger Schlote, weniger Kirchtürme, alles weniger geworden.

Früher konnte Joachim einem Fremden den ganzen Weg von Herne nach Bochum anhand der Kneipen erklären. Jetzt könnte er hier verloren gehen.

Wir aber suchen sowieso etwas anderes.

Die DDR hatte am Ende etwa 16,4 Millionen Einwohner. Das sind, wenn man sich erst mal darauf einlässt, 16,4 Millionen Geschichten, jede Biographie ein Buch. Eine davon wartet nun auf uns. In der Lobby des *Mercure*-Hotels am Bochumer Hauptbahnhof.

Ursula Thom, damals Polizistin, heute Rentnerin, ist am 7. November 1989 aus der DDR geflüchtet, zwei Tage vor dem Mauerfall. Über die Tschechoslowakai und Bayern, über Unna und über Umwege ist sie nach Bochum gekommen. Und geblieben.

Sie, heute 69 Jahre alt, hat ihr halbes Leben in der DDR verbracht und die andere Hälfte im Ruhrgebiet. In ihrer Brust, das wird sie später sagen, schlagen zwei Herzen. Weshalb man sich mit ihr ganz wunderbar über die Teilung und über die Wiedervereinigung unterhalten kann.

Treffen um zehn, hatte sie gesagt. Deshalb beeilen wir uns.

Eine Dame, sagt Joachim, lässt man nicht warten.

Wir sind dann kurz vor ihr da und schauen ein bisschen. In der Lobby und auf der Treppe, vor den Toiletten und an der Bar stehen junge Männer in Anzügen und junge Frauen in Kostümen, die Haare akkurat, auch das Lächeln von der Stange. Sie tragen das Emblem einer großen deutschen Versicherung, am Revers oder als Brosche.

Als unsere Verabredung durch die Drehtür tritt, tauschen die Männer gegelte Blicke.

Ursula Thom, die von guten Freunden und früheren Verehrern natürlich noch immer Uschi genannt wird, schreitet als Ansage durch die Lobby. Die große Grazie, keine Frage. Es ist dies der durchaus spektakuläre Auftritt einer Dame, die sich unverhohlen ihrer selbst bewusst ist.

Ganz in Weiß kommt sie auf uns zu, die Handtasche auf das Kostüm abgestimmt. *Pompöös*, dazu die passenden Pumps. Bleistiftabsätze, wie sie das nennt. Der Gang über Jahrzehnte einstudiert, das verlernt sie nicht mehr.

Hinter ihrem Lächeln aber, das sie uns zur Begrüßung schenkt, darin auch die endlosen Sommer an der Ostsee, die Nackten und die Roten, verbirgt sich der große Spaß am Unfug. Eine Unangepasstheit, die so gut passt. Als hätte ihr der Glööckler auch noch die Widerrede auf den Leib geschneidert. Man möchte sie also mit einem Handkuss empfangen und mit ihr auf jene Pferde wetten, die man danach stehlen wird.

Joachim nun neben ihr, Ursula Thom, Bleistiftabsätze, gut einen Kopf größer als er.

Besser, wir setzen uns gleich. Augenhöhe, die ist wichtig, wenn man zusammen zurückschauen möchte.

Sie soll nun, deshalb sind wir ja hier, von der DDR erzählen und von der Flucht. Von diesen zwei Leben, in denen sie sich einrichten musste, immer wieder neu.

Erst mal aber entschuldigt sie sich.

Wenn mir gleich die Tränen kommen, sagt sie und lacht, dann hat das nichts mit der DDR zu tun, sondern mit der Allergie.

Heuschnupfen statt Honecker.

Joachim glüht, er ist hellauf begeistert.

Und Ursula Thom streift sich eine Falte aus dem Rock, setzt sich aufrecht, zieht die Aufmerksamkeit glatt. Es dauert einige Augenblicke, bis es ihr gelingt, in ihre Erinnerungen hineinzuschlüpfen. Sie hat dieses eine Leben, das erste, ja irgendwann abgestreift. Weil es ihr zu klein geworden war, weil ihr weder die Farben noch die Schnitte gefallen haben. Die DDR ein Haufen Lumpen, längst aus der Mode.

Altkader wie Altkleider.

Im Rückblick, das spürt man sofort, trägt Ursula Thom wieder Uniform.

Ich war ja, sagt sie, eine richtige Winkermieze. Damals bei der Verkehrspolizei.

Und so geht es hinein. Oben tagt der Kapitalismus, unten beginnt Ursula Thom mit ihrer Geschichte. Am Anfang, so muss das sein, steht die große Pointe.

Sie ist ja zwei Tage zu früh losgefahren. 7. November 1989. Zwei Tage vor der Öffnung der Grenze. Nach all den Jahren kann sie heute darüber lachen.

War das Ungeduld, fragt Joachim sofort. Dass etwas passiert, war doch abzusehen. Oder nicht?

In der Ferne schon das Grollen einer Lawine. Ein Land seit Wochen in Aufruhr, erste Risse in der Mauer.

Und er meint den Herbst, in dem aus Botschaften Zufluchtsorte geworden waren, Inseln der Hoffnung, die Nachrichten aus Budapest und Warschau, vor allem aber die Fernsehbilder aus Prag, die sich eingebrannt haben in das kollektive Gedächtnis dieser Nation. Menschen, die über Mauern und über Zäune geklettert waren, die tagelang in der Nacht ausgeharrt, dort gewartet hatten, ohne genau zu wissen, worauf. Bis sich über ihren Köpfen eine Tür öffnete.

Am 30. September 1989, 18 Uhr 59, tritt Hans-Dietrich Genscher auf den Balkon der Prager Botschaft, zu seinen Füßen etwa 5000 DDR-Bürger, und spricht den vielleicht berühmtesten Satz der jüngeren deutschen Geschichte. Liebe Landsleute, wir sind zu Ihnen gekommen, um Ihnen mitzuteilen, dass heute Ihre Ausreise. Es ist ein Dreiviertelsatz, weil die restlichen Worte im Jubel untergehen. Ungläubige Erleichterung. Die Menschen dort, im Park des Palais Lobkowitz, können es kaum fassen. Genschers Worte sind Fahrkarten in die Freiheit.

Hinterher, vor den Mikrophonen, spricht er selbst von der bewegendsten Stunde seiner politischen Arbeit. Er steht dort im Schweinwerferlicht der Kameras, ein heller Fleck in sonst dunkler Nacht, er trägt einen schwarzen Anzug und eine schwarze Krawatte. Genscher sieht aus, als sei er zu einer Beerdigung gekommen. Der Außenminister als Totengräber der DDR.

Schon am nächsten Tag werden die ersten Menschen mit Sonderzügen in die Bundesrepublik gebracht. Vier Wochen später, am 3. November, erlaubt die Regierung in Ost-Berlin die Ausreise über die Grenze der Tschechoslowakei. In den drei Tagen danach verlassen mehr als 23 000 Menschen die DDR auf diesem Wege, schnell sind die Aufnahmelager in Grenznähe überfüllt.

Niemand hat einen solchen Andrang erwartet. Auf der Hamburger Reeperbahn werden Freudenhäuser geräumt, um Platz zu schaffen für die Übersiedler. Als selbst das ehemalige Eroscenter ausgebucht ist, müssen die Flüchtlinge in Wohnwagen und Containern untergebracht werden.

150 Flüchtlinge pro Stunde, titelt die *Bild* an diesem Wochenende, wann ist die DDR leer?

Ich kannte die Bilder, sagt Ursula Thom, natürlich. Aber ich habe ihnen nicht getraut.

Sie saß damals vor dem Fernseher und wartete auf den ersten Schuss.

Ursula Thom wurde 1949 geboren, im Jahr der Republiksgründung. Eines der ersten Kinder der DDR. In Solpke, einem Dorf in Sachsen-Anhalt, ist sie mit den Entbehrungen der Nachkriegsjahre aufgewachsen, mit den Lebensmittelmarken, den Rationierungen, zwischen den Frauen, die auf ihre Männer gewartet und währenddessen gelernt hatten, die Dinge selbst in die Hand zu nehmen. Mit 19 Jahren ist sie Mutter geworden.

So, sagt sie, war das in der DDR. Alleinerziehend, 80 Ost-Mark Miete, suchte sie eine Anstellung. Im Haus der jungen Talente wurde sie angesprochen, hast du nicht Lust. Und landete so bei der Polizei in Magdeburg. Dort sollte sie anfangen, Kommissarin werden.

Die Polizei, das ist die eigentliche große Liebe ihres Lebens. Sie begann, auch das passt, mit einem Irrtum.

VK, sagt Ursula Thom, stand in der Stellenbeschreibung. Und ich dachte, wunderbar, Volkspolizei, Abteilung Kriminalpolizei. Ich war ja naiv. Sie lacht. Aber VK, das war natürlich Verkehrspolizei. Und deshalb stand sie bald auf der Kreuzung, den Verkehrsstab in der Hand.

Eine richtige Winkermieze.

Es gibt noch Fotos davon. Ursula Thom trägt sie bei sich, in ihrer Handtasche. Gleich neben dem Führerschein, auf dem bis heute das DDR-Logo prangt. Sie sagt Fahrerlaubnis dazu, auch das ist geblieben. Die, sagt sie, habe ich seit 1970.

Und immer, wenn sie damit in eine Kontrolle gerät, schauen die Beamten nicht schlecht, mustern das Foto, mustern dann sie. Ursula Thom, als wäre sie eine Zeitreisende. Jedes Mal ein großer Spaß.

Auf den Fotos ist die Uniform schon maßgeschneidert.

Ich war dort, sagt sie, die erste mit Minirock, mitten im Verkehr auf hohen Hacken. Selbstverständlich, und auf den sehr langen, sehr blonden Haaren saß eine weiße Kappe. Eine echte weiße Maus, sagt sie. So wurden sie genannt, die Verkehrspolizistinnen der DDR, verewigt in einem DEFA-Film von 1964. *Geliebte weiße Maus.* Der, sagt Ursula Thom, ist mir gewidmet. Wieder muss sie lachen, über den eigenen Unfug, diese entwaffnende Koketterie mit der eigenen Biographie. Und erzählt dann weiter. So vergehen die Jahre in Minuten.

Es ist ein Rundgang einmal durch den Apparat, einmal durch die Dienststellen und die Bürokratie der DDR, durch das Ministerium des Innern. Ich habe, sagt Ursula Thom, dort am Ende alles durchlaufen. Die Verkehrspolizei mit allen Abteilungen, die Kriminalpolizei mit allen Abteilungen.

Am Ende kannte sie den Mechaniker und den Kommissar. Kannte die Kollegen von der Feuerwehr und die von der Schutzpolizei, all die Genossen, hatte Opfer gesehen und auch Täter. Sie hatte sich durch die Hierarchien gearbeitet. 15 Jahre lang. Hauptwachtmeister der Volkspolizei steht in der Ehrenurkunde, mit der sie am 15. Juli 1984 freundlich zur Tür begleitet wurde. Ausgeschieden aus dem Dienst in den Organen. Ganz so, als hätte das System sie, mit Dank und Anerkennung, verdaut. Ursula Thom war dort, bei der Polizei, erst Sekretärin, dann Mädchen für alles.

Ich konnte, sagt sie, schreiben wie nur wenige. Und ich war, sagen wir mal, kein hässliches Entlein. Deshalb hatte ich da eine gewisse Narrenfreiheit.

Manchmal, wenn ihr einer der Männer im Dienst ein Schreiben in die Maschine diktierte, summte sie dazu. Die Thom, das dachten die meisten, die spinnt. Aber, sagt sie, ich habe geliefert.

So saß sie an ihrer Schreibmaschine. Saß dort, im absurden Theater der DDR, und konnte jeden Tag hinter die Kulissen schauen. Joachim beugt sich ein wenig nach vorne.

Da, sagt er dann, haben Sie aber auch ein bisschen was mitbekommen, oder?

Es ist eine Frage, in der seine Begeisterung mitschwingt und seine Neugierde. Er schaut sie an, Feuer und Flamme. Diese Erzählung, sie hat ihn längst gepackt.

Ein bisschen, sagt sie und lächelt.

Staatsgeheimniskrämerin.

Ich wusste, sagt sie, wo die Unterlagen aufbewahrt wurden, ich saß in der Nähe des Panzerschranks und hatte ungehinderten Zugang, und wenn ich da was gelesen habe, wurde das geduldet.

Narrenfreiheit.

Ich habe, sie schaut mit großen Augen, am Geschwür der Menschheit gearbeitet. Bei der Kripo. Hatte das alles in der Hand. Die Dokumente, vertrauliche Verschlusssachen. Und, und, und. Ursula Thom, die Sekretärin als Zeitzeugin, die einen Teil der DDR stenographiert hat, eine Schnitte an den Schnittstellen.

Dort, sagt sie, habe ich Sachen erlebt, das kann ich Ihnen sagen.

Sagt dann aber nichts, kürzt es lieber ab, schiebt einen Riegel davor. Und, und, und.

Das ist ihr Ausweg, wenn die Geschichte zu groß wird.

Und, und, und.

Dahinter verbirgt sich das Eigentliche. Es ist die Andeutung, dass da noch so viel kommen könnte und gleichzeitig das Signal dafür, dass nichts mehr kommen wird. Ursula Thom erzählt gern, aber es gibt Dinge, die sie für sich behält. Und, und, und.

Das ist die Tür, die sie zuschlägt, genug gesehen. Sie beendet diese Erzählung und beginnt eine neue. Den Rest, soll das heißen, können Sie sich doch bitte schön denken.

Joachim aber möchte mehr, gerne noch den nächsten Schritt gehen. Er sitzt hier nun in der leicht nach vorne gebeugten Haltung des Wissbegierigen, der Moderator seiner eigenen kleinen Talkshow. Es ist dies die Kerner-Arbeit des Schauspielers Joachim Król. Dieses Reporter-Ding, das gefällt ihm jetzt schon.

Und die Stasi, fragt er also. Was natürlich die richtige Frage ist, weil sie auf das System zielt, in das Leben in der DDR, und weil Joachim dadurch auch gleich nach den Gründen für die Flucht fragt. Es hängt hier ja doch wieder alles mit allem zusammen. Im Hintergrund saugt eine Reinigungskraft den schweren Teppich, im Vordergrund atmet Joachim die nächste Antwort ein.

Natürlich, sagt Ursula Thom, wurde ich von der Stasi angesprochen. Früher schon.

Von Männern, die ihr fürstlichen Lohn versprachen für eine eher nicht so fürstliche Arbeit. Aber das ging nicht. Eine Winkermieze, die schnüffeln sollte wie ein Hund, das passte nicht zu ihr.

Ich habe, sagt sie, in der DDR erlebt, wie Denunziantentum funktioniert. Menschen sind käuflich, das habe ich da gelernt. Da gab es welche, die haben im eigenen Betrieb spioniert, in der eigenen Familie. Da ist mir fast der Kaffee wieder hochgekommen, widerlich.

Und in den Dienststellen öffneten sich irgendwann dunkle Türen.

Überall, sagt sie, wurden konspirative Zimmer eingerichtet. Dort musste jeder mal rein.

Es gibt Menschen, die diese Zimmer bis heute nie richtig verlassen haben.

Der Griff der Stasi, sagte sie, wurde immer fester. Wie ein Ring, der sich um die Brust legte. So erzählt sie es. Und es klingt nach einem Land unter Folter. Ursula Thom, das wird schnell deutlich, ist in der DDR irgendwann an ihre Grenzen gestoßen.

Wir haben, sagt sie, unter einer Käseglocke gelebt.

Hinter Staatssicherheitsglas, der Mensch dem Menschen tatsächlich ein Wolf. Damit musstest du, sagt sie, erst mal klarkommen. Damit musstest du dich erst mal arrangieren.

Sie hat lange durchgehalten, mit der korrekten Miene in ihren Alltag gelächelt, irgendwann aber sprang sie das Fernweh an, dieses Gefühl, dass da noch mehr sein kann, hinter dem geteilten Himmel ein wirklich freier.

Ich wollte, sagt sie, unbedingt in den Süden.

Ins Warme, dorthin, wo, kein Scherz, die Bananen wachsen, die Zitronen blühen.

Die Sehnsucht, in dieser Erzählung ist sie gelb, sie kann sauer schmecken, und wenn es dumm läuft, rutscht man auf ihr aus.

Ich hatte, sagt sie, so viel erlebt. Jetzt wollte ich nur noch fort. Die Käseglocke, darunter wirst du verrückt.

So hatte es zu brodeln begonnen. In ihr, aber auch in ihrem Umfeld. In der Nachbarschaft, in den Unterhaltungen, da änderte sich der Ton, da passierte jetzt etwas. Sie musste sich ja nur umhören und dann die Zahlen vergleichen.

Bei der letzten Wahl, sagt sie, da hieß es: 99,9 Prozent für die SED. Aber mein ganzer Freundeskreis hatte seine Stimmzettel ungültig gemacht, der stille Protest. Das passte alles nicht zusammen.

Dann sprach Genscher in Prag, dann fuhren die ersten Züge von Dresden nach Hof.

Honecker, sagt sie, war Dachdecker. Aber es tropfte längst rein.

Die DDR war undicht geworden, ein baufälliges Haus, Ursula Thom hat es durch die Hintertür verlassen. Sie, gerade 40 Jahre alt, liebte in jenen Tagen einen ehemaligen Kanuten, der Trainer werden wollte, aber nicht Trainer werden durfte.

Die Partei, sagt sie nur.

Zwei Wörter, die reichen. Darin die Erklärung für vieles. Zerstörte Träume, zerbrochene Biographien. Und der Kanute saß auf dem Trockenen, zog traurige Bahnen an Land.

Er wollte, das wusste sie, im Westen noch einmal neu anfangen. In Duisburg suchten sie Leute wie ihn, für die Stützpunkte, für Olympia. Wie den meisten DDR-Sportlern eilte ihm der gute Ruf voraus, der erst später flächendeckend zerstört wurde. Medaillenmonster, in Kadern gezüchtet, das wusste damals im Westen noch niemand.

Die mögliche Flucht war ein Spiel in Gedanken, der mutige Kopfsprung in das letztgültig unbekannte Gewässer. Sie hatten oft genug darüber gesprochen.

Der Aufbruch selbst aber war spontan. Mehr aus dem Bauch heraus. Als hätte sie einem Druck nachgegeben, aus der Magengegend, darin der Hunger nach Freiheit. Ein leises Grummeln, die Leere in ihr.

Es gab, sagt Ursula Thom, keinen richtigen Plan.

Am frühen Morgen des 7. November, die Sonne war noch nicht aufgegangen, packte sie ihre Koffer und fuhr mit dem Kanuten in einem alten Wartburg zur Grenze. Mit ihr auf den Straßen bald Hunderte anderer, Trabis vollgepackt mit Tüten und Taschen, mit Hoffen und Bangen. Sie waren in den Sog dieser Tage geraten. 150 Flüchtlinge pro Stunde. Am Grenzübergang zur Tschechoslowakei hatten sich bereits zwei lange Schlangen gebildet.

Links, sagt sie, standen all jene, die ausreisen wollten.

Sie aber fuhren nach rechts und tauschten noch Geld, 1200 Ost-Mark in tschechoslowakische Kronen, und gaben dann an, nur kurz in den Urlaub fahren zu wollen. Die andere Währung als Tarnung. Damit sie niemand verdächtigt. Ursula Thom sah die andere Schlange, aber sie traute ihr nicht. Einfach ausreisen, wie sollte das gehen, nach allem, was gewesen war. Nach 28 Jahren unter einem Himmel aus Glas.

Ich war, sagt sie, 15 Jahre bei den bewaffneten Organen, ich hätte nie gedacht, dass die uns plötzlich gehen lassen. Ich hatte Angst, ich habe bis zum Ende gezweifelt.

Dann wurden sie durchgewunken und kamen schließlich, eine Reise im Zeitraffer, ein Daumenkino aus vermeintlichen Trugbildern, an den Grenzübergang Schirnding, hinter dem Schlagbaum schon Bayern. Das Dorf Schirnding, gerade 2000 Einwohner damals, gilt bis heute als Sinnbild für die Massenflucht aus der DDR. Dort schoben sich die Trabis der BRD entgegen. Tag und Nacht, durch die Kälte hindurch. Eine Ausreise im Schritttempo. Helles Blech bis an den Horizont, in der Luft Öl und Benzin, der Atem der Zweitakter, 370 Übersiedler pro Stunde. Dazwischen, am Abend des 7. November, der Wartburg.

Wir sind dann, sagt Ursula Thom, blind in die Dunkelheit gefahren. Wir wussten ja nicht, wo wir waren. Am Morgen aber ging die Sonne im Westen auf.

Ursula Thom hält inne. Für einen Moment kehrt Stille ein in der Lobby, und sie greift nach ihrem Wasserglas, das Erinnern hat sie durstig gemacht, die DDR liegt ihr auf der Zunge, trocken im Abstand.

Und, fragt Joachim dann, wie waren die ersten Stunden im Westen? Gab es eine Willkommenskultur?

Ursula Thom schaut ihn an, wischt sich den Schimmer aus den Augen und nickt.

In Bayern, da gab es zur Begrüßung gleich mehr als nur Geld, erste Umarmungen und gute Wünsche.

Und Ursula Thom konnte das alles nicht fassen.

Ich habe, sagt sie, erst mal geweint, weil ich mit der Situation überfordert war. Das war alles zu viel.

Für sie, aber auch für den Wartburg.

Denn der Weg in das neue Leben, er führte bergauf, ins Gebirge hinein. 40 Prozent Steigung, bayrische Pässe. Für den Wagen unbekanntes Gelände, echtes Neuland, er ächzte, er schien auseinanderzufallen. Und irgendwann kochte der Kühler über.

Da standen sie, Ursula Thom und ihr Freund, zwei Geflüchtete am Straßenrand, bis einer vorbeikam. Der erste Wessi hinter der Grenze. Er nahm den Kanuten mit und holte Wasser, er klopfte ihnen auf die Schulter und dem Wartburg aufs Dach. Der gute erste Eindruck, so fing es an. So ging es weiter. Immer wenn sie mit ihrem Wagen um die Kurve bogen, grüßte der Gegenverkehr, das große Hupkonzert als Soundtrack der Wiedervereinigung. Und in den Dörfern stand die Hilfsbereitschaft am Straßenrand, wurde ihnen mitunter auch die Tankfüllung spendiert.

Frischgezapftes Westgeld.

Egal, wo wir ankamen, sagt Ursula Thom, wurden wir freundlich begrüßt. Das hatte ich so nicht erwartet.

Und während sie ihren Wartburg durch Bayern lenkte, fuhren die ersten Trabis durch West-Berlin, war die Mauer doch gefallen. Das aber wusste sie da noch nicht.

Dass die Grenzen offen waren, erzählt sie nun und muss wieder schmunzeln, das haben wir erst mitbekommen, als wir schon im Westen waren, ganz tief.

Schabowski, den Zettel, meines Wissens unverzüglich, sofort, das hat sie erst in der Wiederholung gesehen. Auf einem Fernsehgerät in einer Turnhalle in Bochum.

So waren sie zwischen die Geschichte geraten, Ursula Thom und ihr Freund, und standen nun dort, im Ruhrgebiet, am 11. November 1989, ihr ganz persönlicher Karneval. In der Tasche den Pass eines Landes, das es bald nicht mehr geben sollte.

Die ersten vier Wochen in Bochum lebte Ursula Thom gemeinsam mit 100 anderen Flüchtlingen im Auffanglager der Bereitschaftspolizei. Eine gute Zeit. Menschen in Uniformen, da fühlte sie sich, geliebte weiße Maus, gleich gut aufgehoben. Den Ort, sagt sie, gibt es immer noch. Die Gebäude stehen nicht weit entfernt am Bochumer Ruhrstadion, am Rande der Zweitklassigkeit.

Ob wir dorthin möchten, fragt sie uns nun.

Und Joachim nickt, natürlich.

Ein Ort, in dem Geschichte steckt, neben einem Stadion, dessen Geschichten er kennt, der ist natürlich wie gemacht für ihn. Weil dort wieder alles zusammenkommt, das Vertraute und das Unbekannte, zwei Lebenswege, die sich kreuzen, im Schatten der Tribünen.

Herrlich, sagt er. Und steht auf, dann fahren wir wieder. Durch die Innenstadt hoch zum Stadion, Ursula Thom jetzt am Steuer. Das sind längst auch ihre Straßen, und auf denen fährt sie selbst, bis der Kühler kocht. Sie schaut aus dem Fenster, macht den Schulterblick, und beginnt von neuem zu erzählen.

Der erste Bummel in Bochum, sagt sie, war eine absolute Reizüberflutung, die Schaufenster, die Auslagen, die frisch verputzten Fassaden. Bochum, sagt Ursula Thom, sah für mich aus wie Budapest, eine goldene Stadt.

Und sie schaute, oben und unten, bis sie nicht mehr wusste, wo vorne und hinten ist, bis ihr erst komisch wurde und dann speiübel. Ich habe das, sagt sie, kaum verkraftet.

Zurück in der Turnhalle, vorübergehend Zuhause, musste sie sich erst mal hinlegen.

Der Westen als Schwindel.

Joachim, auf dem Beifahrersitz, schmunzelt.

Ich bin Lokalpatriot, sagt er, und gerade sehr begeistert, dass sie so begeistert sind. Eine Momentaufnahme, er hält sie in der Hand wie ein altes, bald verblichenes Polaroid.

Dann fahren wir an Häusern vorbei, die ihn wieder daran erinnern, dass seit dieser Ankunft, seit 1989, eben doch 30 Jahre vergangen, auch hier die Fassaden gebröckelt sind. Hinter der Windschutzscheibe ein anderes Bochum. Und er erzählt Ursula Thom von Herne und von den geschlossenen Kneipen, vom Tramper, von den vertauschten Innenstädten und vom Aufbau-West.

Sie hört zu, lenkt, nickt.

Damals, sagt sie schließlich, kamen ein paar Polizisten zu uns und sagten: Die Straßen bei euch im Osten, das gibt es doch gar nicht, fürchterlich. Da habe ich nur gesagt: Meine Herren, wir sprechen uns in zehn Jahren noch mal. Schade, dass ich recht behalten habe.

Verkehrte Verhältnisse.

Hinter der nächsten Kurve packt sie das Erstaunen. Ihre Erinnerung ist eine Baustelle, die Gebäude liegen hinter einem meterhohen Bauzaun, dazwischen stehen Bagger, die ihre Klauen in alte Mauern geschlagen haben. Und dort, rechts am Bildrand, wo früher die Turnhalle gestanden hat, darin Pritschen und Decken für 100 Ausgereiste, wurden Baracken in den Sand gestellt. Das Holz noch frisch, die Dächer aus Plastik. Wieder steht hier ein Auffanglager, wieder stehen hier Menschen mit Sack und Pack, manche haben nur ein Bündel dabei, andere nur die Hoffnung.

Du meine Güte, entfährt es ihr, du lieber Himmel, während sie den Wagen auf einen staubigen Parkplatz lenkt. Das habe ich nicht gewusst.

Geschichte, sagt Joachim, wiederholt sich.

Aber mehr Gegenwart als hier bekommen wir heute nicht mehr. Neben ihm Ursula Thom, auf der anderen Straßenseite ein Familienvater, der müde am Zaun lehnt, zwei Fluchtgeschichten, die sich fremd gegenüberstehen, nichts voneinander wissen und nichts miteinander zu tun haben. Jahrzehnte dazwischen, nur der Ort ist der gleiche geblieben.

Wir, sagt Ursula Thom, waren damals vier Wochen hier untergebracht. Dann hatten alle schon Wohnungen. Wir waren nur hundert, das ist ein Unterschied.

Und sie erinnert sich hier, auf diesem Parkplatz, an die eigenen Anfänge in diesem anderen Land, in dem die Menschen nun in der gleichen Sprache aneinander vorbeireden, sich wunderbar missverstehen konnten. Deutsche, die plötzlich Deutschen gegenüberstanden.

In Unna, sagt sie, gab es damals viele neugierige Bürger, die kamen zum Lager, teilweise mit dem Fahrrad, um mal zu schauen, wie diese Ostdeutschen wirklich aussehen, was die so anhaben.

Der Klamottencheck, bisschen Ossi-Safari.

Die, sagt sie, kannten uns ja sonst nur aus dem Fernsehen. Dann wurde ein bisschen geglotzt und mit dem Finger gezeigt.

Menschen machen das so. Wie Affen im Käfig, hat mal einer im Lager gesagt, als das mit den Bananen aufkam.

Da haben sie dann Witze über die Witze gemacht. Das sollte lustig sein, selbstironisch, geschmerzt hat es trotzdem.

Hat das, fragt Joachim nun, nachdenklich, irgendwann aufgehört. Die Sache mit den Bananen, den krummen Dingern, dieses wilde Karussell der Vorurteile?

Ursula Thom, Blick in die Ferne, antwortet nicht sofort. Es dauert einige Sekunden, bis sie die richtigen Sätze findet, als müsste sie ihre eigenen Erfahrungen durchforsten, so wie man im Keller durch alte Fotoalben blättert. Diese Frage, das ist spürbar, löst etwas aus.

Dunkeldeutschland, sagt sie schließlich, mit diesem Wort, mit diesem Klischee hatte ich eine ganze Weile zu tun. Das war immer so, hinter vorgehaltener Hand. Und dauernd wurde ich zum Essen eingeladen. Das war den Leuten immer besonders wichtig, uns Essen zu reichen.

Als wollten sie Hunger stillen, um ein schlechtes Gewissen zu tilgen. Einmal, unvergessen, verbrachte Ursula Thom den Abend bei einem befreundeten Arzt, der alles wissen wollte, über die DDR, die Flucht, ihr neues Leben.

Ein schöner Abend, sagt sie. Am Ende aber reichte ihr der Arzt, Feierlichkeit in der Geste, zwei riesige Salamis, groß wie Unterarme, Kaventsmänner aus Ungarn. Als wäre sie sonst vom Fleisch gefallen.

Ich, sagt sie, habe dann immer versucht zu erklären, dass wir in der DDR nicht gehungert haben, wir haben uns nur anders ernährt. Wer, bitte schön, braucht denn das ganze Jahr Bananen?

Joachim nickt, als hätte er das alles schon mal gehört.

Sie wecken da, sagt er dann, Kindheitserinnerungen in mir. Früher mussten wir in der Schule zum Erntedankfest immer DDR-Pakete packen. Kaloriengrüße aus dem Westen. Und mein Vater, Bergmann und Sozialdemokrat, ganz sicher kein Kommunist, hat sich jedes Mal fürchterlich darüber aufgeregt. Erstens, hat er gesagt, sind wir selber knapp. Und zweitens ist das Propaganda. Die da drüben verhungern nicht. Aber natürlich hat dieses Bild der leeren Regale und noch leereren Mägen unsere Weltsicht gestärkt. Wir im Westen waren die Gewinner, die Besseren. So einfach war das.

Ein Bild, eine Sicht, die sich über die Jahre verfestigt hat, bis aus Annahmen Meinungen geworden waren, aus kleinen Rissen kaum überwindbare Gräben.

Dunkeldeutschland, das ist ja tatsächlich haftengeblieben. Nichts zu fressen, nichts zu lachen. Nicht zu fassen.

Ich werde, sagt Ursula Thom, heute immer noch gefragt, woher ich komme.

Der Zungenschlag verrät sie dann, dieses leichte Holpern aus der anhaltinischen Ebene, das sie nie ganz los geworden ist.

Und die Leute nicken gleich wissend, als hätten sie Ursula Thom ihrer Herkunft überführt. Dunkeldeutschland, der falsche Pass, abgestempelt und belächelt.

Sie hat das ja, gerade angekommen in Bochum, selbst erlebt. Bei den Vorstellungsgesprächen, auf dem Amt. Dort endete die Euphorie. Auch weil sich die anfängliche Freude über die Arbeitskräfte aus der DDR da schon wieder gelegt hatte. Die große Ernüchterung nach den Feiertagen in Champagnerlaune. Am 19. Februar 1990 ließ der *Spiegel* die ersten Arbeitgeber über ihre Erfahrungen mit den neuen Angestellten sprechen.

Nie wieder Übersiedler stand über dem Artikel, der sich heute wie eine Abrechnung liest und dabei das Bild eines Menschenschlags zeichnet, der, vom Schlendrian der Planwirtschaft verdorben und vom Kommando-Sozialismus entmündigt, plötzlich durch den Alltag stolpert, faul und unbrauchbar. Den zugewanderten Preußen, schrieb das Magazin, fehlt es an alten preußischen Tugenden. Für ein Schnäppchen im Kaufhaus lassen sie schon mal den Bus zur Arbeit sausen.

Das waren die Vorbehalte, die ihr nun begegneten.

Das war die Einschätzung, sagt Ursula Thom, kommste aus der DDR, kannste nüscht. So etwas verselbständigt sich schnell.

Ende Januar 1990 waren knapp 130000 Übersiedler erwerbslos. Trotz des milden Winters und einer eigentlich guten Konjunktur. Und die Zahlen stiegen, besonders bei den Frauen.

Ich bin damals, sagt sie jetzt, direkt in die Arbeitslosigkeit eingewandert.

Das alte Leben, es galt nicht mehr viel. Die neue Freiheit war erst mal keine. Und die West-Mark, das spürte sie nun, wog besonders schwer, wenn man nur wenig davon hatte. Das erste Geld ausgegeben, der Tank wieder leer, alles teurer als drüben. Die Miete, der Strom. 600 Mark für die Wohnung.

Ich habe, sagt sie, die ersten Monate in Angst gelebt. Ich wusste ja nichts. Ich war fremd, ich war neu.

Verloren in einem anderen Dschungel. Die Arbeitslosigkeit war ein unerträglicher Zustand.

Dieses Gefühl, nicht gebraucht zu werden, als stünde sie auf einer Verkehrsinsel ohne Verkehr. Als gäbe es nichts, was sie regeln könnte.

Da, sagt sie, musste ich so schnell wie möglich raus.

Nur zurückgehen, nach Magdeburg, das ging nicht mehr. Das konnte sie nicht. Das hätte nicht zu ihr gepasst.

Und außerdem, sagt sie, wäre es mir peinlich gewesen. Ich hatte ja niemandem gesagt, dass ich abhaue.

Nicht den engsten Freunden und auch nicht der Tochter, die, selbst schon erwachsen, längst ausgezogen war.

Als ich mich dann aus dem Westen gemeldet habe, sagt sie, ist denen der Hörer aus der Hand gefallen. Die Uschi im Westen, das konnte sich keiner vorstellen.

Zurückgehen, das wäre deshalb das große Scheitern gewesen, ein Eingeständnis. Zurück, das wäre der falsche Weg gewesen. So musste sie einen besseren finden.

Geholfen haben ihr dann die alten Bücher.

Es gab mal einen Ausspruch, sagt sie, ich glaube von Lenin. Um meine Feinde bekämpfen zu können, muss ich sie kennen.

Im Studium, in der DDR war das so, wurde deshalb in den ersten zwei Jahren Kapitalismus gelehrt. In jedem Fach. Grundkurs West-Mark.

Deshalb habe ich mir damals gesagt, wenn du hier was werden willst, dann musst du den Kapitalismus verinnerlichen, die Finanzen verstehen und dorthin gehen, wo das Geld ist.

So begann Ursula Thom, Hauptwachtmeister der Volkspolizei, Schulungen zu besuchen. Lernte das Verkaufen und das Versichern. Und machte sich dann, nach einem Jahr in der Arbeitslosigkeit, den Westen als Zertifikat in den Händen, wieder auf den Weg in den Osten. Für den *Deutschen Herold*, auf dem Rücksitz einen Stapel Bausparverträge, fuhr sie nach Magdeburg, in die Börde, durch die Altmark, um an den Türen der ehemaligen Genossen zu klingeln, mittlerweile sagte man Kollegen, mittlerweile galten die Ebenen ihrer Kindheit als bald schon blühende Landschaften.

Geld, das auf Feldern wuchs.

Da war der Markt, sagt Joachim. Dort musste man es versuchen.

Und natürlich hatte man sie dorthin geschickt, weil sie die Sprache der Menschen noch sprach, Mädchen aus Solpke, aus dem Bezirk. Ein deutsch-deutscher Herold auf Pfennigabsätzen.

Dort in den angrenzenden Dörfern, sagt sie, kannte ich jeden Bürgermeister. Ich hatte unglaublich viele Kontakte.

Also fuhr sie in die alte Heimat, um sich die neue leisten zu können. Jede Woche tausend Kilometer auf der A2, ihr ewiger Transit.

Sieben Stunden, sagt sie, von hier nach Magdeburg.

Im Koffer immer die Sachen zum Umziehen, manchmal, die Zeit knapp, die Zeit Geld, wusch sie sich mit einer Flasche am

Straßenrand, nachts schlief sie in billigen Pensionen. Und, und, und.

Auf der Rückfahrt hatte sie die Sonne im Nacken. Es gab Wochen, da war sie nur für eine Wäsche zu Hause. Eine Trommel, dann begann der Wirbel von Neuem. Doch gelang es ihr zu jener Zeit, im fortwährenden Aufbruch, in Bochum heimisch zu werden.

Zu Hause, sagt sie, ist hier.

Und wenn sie heute nach Magdeburg fährt, hat sie nach ein paar Tagen schon Heimweh, das ewige Hinundher. Heimat und Zuhause.

Zwei Herzen, sagt sie, in meiner Brust. Sie stockt, als wäre ihre Erzählung hier an ein Hindernis gelangt. Und, und, und. Dann läuft sie langsam, durch ein paar Pfützen und durch den Schlamm, über die Straße, dem Zaun entgegen, in der Hand einen Brief unter Folie, darin auch Fotos von der Ankunft in Bochum, ein Gruppenbild der Geflüchteten, im Rücken die Turnhallenwand. Ursula Thom möchte sich damit Zutritt verschaffen, noch einmal auf das Gelände kommen. Wir folgen ihr, am Eingang lehnen zwei Blaumänner, sie starren gelangweilt in die Gegenwart.

Können Sie uns helfen, fragt Ursula Thom.

Keine Fotos, sagt der eine. Keine Ahnung, sagt der andere. Er trägt seinen Ausweis am Latz, die Autorität vor der Brust.

Das war hier mal, versucht sie ihm zu erklären, die Aufnahmestelle für 100 Bürger der DDR. Wir haben damals Tee bekommen, sagt sie. Und Decken. Dann endet der Satz einfach. Und, und, und.

Aha, der Blaumann zuckt mit den Schultern, hinten schreien Kinder.

Heute, sagt er, kommen täglich 100. Syrer, Afrikaner. Was genau wollen Sie?

Das Schriftstück, Ursula Thom hält es vor die Gegenwart der

Männer, ihre eigene Geschichte, 30 Jahre alt. Das Foto aus der Turnhalle, wie zum Beweis. Ich war doch hier.

Wir forschen, sagt sie, ein letzter Versuch, zur Geschichte der DDR.

Der Blaumann schaut lange, als müsste er über jeden Buchstaben einzeln nachdenken. DDR. So was, fragt er schließlich, interessiert Sie?

Da also verläuft es im Sande. Dann geht er zurück an seinen Platz und starrt ein bisschen in eine Gegend, die sich gerade wieder verändert. Gleich ist Feierabend. Übermorgen spielt der VfL, darum geht es doch auch.

Und Ursula Thom, vor den Kopf gestoßen, zum ersten Mal an diesem Nachmittag ratlos, rollt ihren Brief wieder ein, ballt die Faust und geht langsam zurück zum Wagen.

Diese Holzköpfigkeit, sagt sie, die Hand an der Tür, das kann ich nicht verstehen. Dann steigt sie ein.

Wenn du nicht weißt, wo du herkommst, sagt Joachim, dann weißt du auch nicht, wo du hingehst.

Womit dazu dann auch alles gesagt ist.

Deshalb fahren wir nun, nächster Halt, zu einem, der sich wirklich noch interessiert. Für die Vergangenheit. Deshalb fahren wir nach Wattenscheid, Katzensprung.

Anschnallen, Frau Kommissarin, sagt Joachim und lacht.

Let's go west.

Der schöne Unsinn der Vorfreude.

IM WENDEKREIS

In Wattenscheid liegt die DDR an einem Wendekreis. Eine Sackgasse, ein unverputztes Wohnhaus, neben einem Geschäft für Sportartikel.

Dort nun wartet Andreas Maluga und winkt. Heißt uns willkommen, im leichten Überschwang eines Mannes, der genug Geschichten kennt, um ganze Busladungen unterhalten zu können, aber leider viel zu selten Besuch bekommt. Er begrüßt uns. Und Joachim hört ihm die Nachbarschaft an.

Sie sind auch von hier, oder? Fragt er. Die Antwort ein Nicken.

Maluga, gleich ein bisschen geschmeichelt, ist Bochumer, ihm perlt der Pott von den Lippen. Diese Stimme aber, so der erste Gedanke, dieser so einladend ausladende Singsang, passt nicht recht zu seiner Erscheinung. Denn er, kurze weiße Haare, kurzer weißer Bart, steht dort erst mal wie einer, der gelernt hat, seine Unauffälligkeit als Camouflage zu tragen, fast schluckt ihn die Umgebung. Fast wird er eins mit den Wänden des Hauses, das ebenfalls völlig unscheinbar am Straßenrand kauert.

Hinter diesen Wänden aber wartet eine noch mal völlig andere Welt. Das DDR-Kabinett, eine Sammlung mit mehr als 16 000 Exponaten. Unterlagen, Literatur, Artefakte eines vergangenen Alltags. Vor allem aber: Uniformen. Dutzende, sauber auf Bügeln. So viele, dass er damit ganze Filme ausstatten kann. Zuletzt den ARD-Zweiteiler *Bornholmer Straße*. Die Grenzer dort, sie trugen seine Uniformen. Andreas Maluga hatte die DDR wieder möglich gemacht.

Sein Museum jedenfalls ist das größte dieser Art in Westdeutschland, auch wenn er nie Museum und auch eher selten Westdeutschland sagen würde. Und doch ein Ort, von dem man wissen muss, um ihn zu finden. Niemand würde sich hierher verirren, niemand käme hier durch Zufall vorbei, es ist ein Ort am Rande der Zeit. Nicht einmal Ursula Thom hatte sie gekannt, diese heimliche DDR vor der Haustür. Ganz so, als hätte Andreas Maluga ein Versteck gesucht, aus Angst, seine Sammlerstücke, die Souvenirs dieses Lebens, würden unter zu vielen Blicken zerfallen, sich im Interesse und unter der Reibung der Neugierde abnutzen. Also hat er sie hier verstaut, eingetragener Verein, in einem toten Winkel der Gegenwart. Wattenscheid, da käme ja nun auch keiner drauf.

Neben ihm, gespannt am Zaun, stehen jetzt auch Mitglieder seines Vereins und seine Freundin, die er uns gerne vorstellt. Damit hier gleich jeder vom anderen weiß.

Sie, sagt Andreas Maluga also, stammt ebenfalls aus dem schönen Bezirk Magdeburg. Die bessere Hälfte. Blickt dabei, einladend und erwartungsfroh, hinüber zu Ursula Thom, deren Biographie natürlich wunderbar in einen seiner Setzkästen passen würde. Die Uschi, eine ausgestopfte weiße Maus. Das Kabinett als Käseglocke.

Sie lächelt, eine Ahnung von Heimat nicht weit weg von zu Hause. Und wir gehen ein paar Schritte, hinein. Dann legt sich die Kälte wie ein Vorhang über diese Szene.

Andreas Maluga heizt nicht. Er konserviert. Keine Wärme für all die Dinge aus dem Kalten Krieg.

Hier, am Wendekreis, in diesen Räumen, das muss man nun wissen, ist die DDR keine ehemalige und die Wiedervereinigung eine sogenannte. Und 1989 noch immer das Jahr, in dem einem souveränen Staat die Würde genommen wurde. In diesen Räumen, im Vokabular des Gastgebers, eingelegt in eine fast greifbare Sehnsucht, hat es überdauert. Das Gefühl einer historischen Ungerechtigkeit als Zehntausendteilepuzzle hinter Glas. Jedes

Jahr am 7. Oktober feiern Andreas Maluga und seine Genossen aus dem Westen den Jahrestag der DDR-Gründung. Mit Friedensliedern und Balalaika-Orchester. Sie singen dann und schwelgen ein bisschen und hoffen, jedes Mal, dass auch Egon Krenz vorbeischaut. Als Ehrengast.

Wir sind in Kontakt, sagt Maluga, der noch bis zu ihrem Tod einmal in der Woche mit Margot Honecker telefoniert hat.

Ferngespräche nach Chile. Zum Geburtstag schickte sie Grußworte nach Bochum. Egon Krenz aber ist bisher nicht nach Wattenscheid gekommen. Stattdessen kamen mal ein paar Demonstranten, weil *Die Linke* wieder zum Protest aufgerufen hatte. Und mal ein paar Lokaljournalisten, die dann aber, 2015 war das, des Saales verwiesen wurden. Die DDR, hier ist sie vor allem eine geschlossene Gesellschaft. Von den Nachbarn wird das Kabinett deshalb mit Argwohn betrachtet. Und von den Zeitungen mal mit Bedenken und mal mit Spott bedacht. In den Artikeln dazu tauchen Andreas Maluga und seine Genossen als Ewiggestrige auf, die, eine Hand immer in der Mottenkiste der Geschichte, die alten Klamotten der SED auftragen, den Unrechtsstaat als Fetisch. Verblendete, die im Grunde selbst ins Museum gehören.

In der öffentlichen Wahrnehmung, sagt Andreas Maluga, sind wir der Stasiverein, der die DDR verherrlicht.

Ostalgie, das schon immer eher hässliche Wort, hier klingt es wie eine Diagnose.

Dabei, sagt er, sind Bekehrungen gar nicht unser Ding.

Und ohnehin ist das Kabinett in diesem Sinne auch gar kein Museum. Sondern eher ein privat betriebenes, begehbares Lager. Ohne Garderoben oder Brandschutzteppiche.

Das einzige Klo auf dem Flur, neben der Tür zum Keller.

Halbe Treppe, sagt Maluga, wie im Osten früher.

Wie es sich gehört. Wer den Schlüssel hat, weiß er aber gerade auch nicht. Bisschen grenzwertig, sagt er und lacht.

Er kennt das. Andreas Maluga lebt seit bald 30 Jahren in einem Provisorium.

Joachim schließt den Reißverschluss seiner Jacke. Und Ursula Thom steht an der Schwelle und muss sich auch erst mal akklimatisieren. Vor den beiden liegt nun diese Wohnung, 75 Quadratmeter Altbau, in der das Wiedererkennen zu Hause ist. Ein ganzes Land unter einem maroden Himmel aus Stuck. An den Wänden und in den Vitrinen, über den Köpfen die Flaggen. Darunter, daneben, dazwischen die Figuren der Republik. Ursula Thom, begeistert, entdeckt und zählt auf.

Der Thälmann, Siegmund Jähn, der kleine Trompeter. Und findet sich hier, zwischen den Uniformen, im Schummer einer zurückhaltenden Beleuchtung, gleich selbst wieder. Weil an einer der Wände ein Verkehrsstab hängt, das so vertraute schwarzweiß bemalte Holz. Der Knüppel, mit dem sie auf jeder Kreuzung stand, ein pflichtbewusstes Funkenmariechen, eine Asphaltdompteurin, die sich am Verkehr immer dann besonders erfreuen konnte, wenn sie ihn beherrschen durfte. Sie lacht, Dirigentin der Straße, eine richtige Winkermieze. Und weil sie das nie verlernt hat, das Winken nicht und auch nicht das Dirigieren, tanzt sie nun, hier in Wattenscheid, für all die Männer aus dem Westen, die Uschi. Man muss sich nur die Trabis dazudenken, das Hupen der Rennpappen, dann ist es gleich eine große Show.

Dann läuft sie durch die nächste Tür, Joachim folgt ihr zögerlich, so beginnt das große Staunen, von Zimmer zu Zimmer. Es ist ja, als stünde man hier tatsächlich im Großhirn von Walter Ulbricht, in einer Raumkapsel mit Siegmund Jähn, wieder am Schlagbaum, in der Hand Schabowskis Zettel, im Rücken Mielkes Blicke, in Sparwassers Strafraum, in Honeckers guter Stube. Alle da, die große Parade der Genossen.

Ich weiß gar nicht, sagt Joachim, was ich jetzt sagen soll. Und steht dann dort, in der Mitte von allem, von der Geschichte umzingelt, als wäre er wirklich in einen falschen Film geraten, in eine Kostümklamotte, auf die ihn niemand vorbereitet hat, ein Westmime in einer DEFA-Produktion, der weder den Text beherrscht noch richtig eingekleidet ist für die nun folgende Szene, ein bisschen verloren also. Und damit das totale Kontrastprogramm zur längst durch die Räume tanzenden Ursula Thom, der es mittlerweile auch zuzutrauen wäre, dass sie aus all den Zutaten hier, mit dem Geschirr aus den Schränken, dem Verkehrsstab als Kelle, ein hervorragendes Süppchen kocht, ihre traditionelle Soljanka, abgeschmeckt mit einer Prise Wehmut.

Ein Wahnsinn, sagt sie und schüttelt den Kopf.

Schwenkt dabei den Verkehrsstab, als würden sich sonst ihre Emotionen stauen. Und während sie den Raum mit ihrer Stimme füllt und Joachim erst mal Zuflucht in der Sprachlosigkeit sucht, streicht Andreas Maluga über den Saum der Uniformen. Im Gesicht der Stolz des Schatzmeisters, dieses Lächeln des Sammlers, der es geschafft hat, die Zeit zu stapeln und die Erinnerungen auf Kante zu falten.

An einem Tisch, in einem der hinteren Zimmer, stehen dann gleich mehrere Stühle. Für die Gäste und die Zuhörer. Darauf eine Flasche Pfefferminzschnaps, giftiges Grün, das vom Absturz erzählt.

Ist das Requisite, fragt Joachim, oder kann man das trinken?

Andreas Maluga schüttelt, leicht belustigt, den Kopf, und seine Freundin macht erst mal Kaffee für alle, gegen den Durst. Schwarz oder mit Sahne, wie früher, aus halbvollen Tassen. Echtes DDR-Geschirr, sagt sie. Das gute Porzellan für die Hochzeit, obwohl wir doch über die große Trennung sprechen wollen. Andreas Maluga, der Gastgeber, nimmt nun an der Stirnseite Platz, lässig im gewohnten Raum. Während sich Ursula Thom, verdächtig ruhig, derweil mit dem Hintergrund begnügt, ihm hier jetzt die Rolle des Erzählers überlässt, selbst gespannt auf seine Geschichten.

Und Joachim, zwischen den beiden, formuliert seine nächste Frage gleich als Feststellung, als Antwort, die hier ohnehin jeder kennt, die sich aufdrängt, wie hineingestickt in die Uniformen, der Unterton in den Hammersätzen und Zirkelschlüssen der ersten Minuten.

Sie waren wohl bei der DKP, sagt er und lacht, als Schelm. Bevor es aus ihm herausbricht, er die ersten Zeilen aus Franz Josef Degenhardts *Befragung eines Kriegsdienstverweigerers* in den Moment drückt. Von ihm selbst vertont, ein Remix.

Es sind Zeilen, die so unglaublich gut in diesen Raum passen.

Ja Grundgesetz, ja Grundgesetz!

Sie berufen sich hier pausenlos aufs Grundgesetz.

Sagen Sie mal, sind Sie eigentlich Kommunist?

Joachim trägt hier jetzt vor, mit der großen Wonne des Bühnenmenschen, der nur auf sein Stichwort gewartet hat, dabei auch seine eigene Souffleuse. Und Andreas Maluga, große Augen, schaut ihn an. Er kennt jedes Wort.

Ja Sie dürfen sitzen bleiben

Überhaupt wir sind hier ziemlich liberal.

Lange Haare, Bärte, Ketten, Ringe,

ha'm wir alles schon gehabt.

Andreas Maluga glüht. Fast fällt er vom Stuhl.

Aber in die Akten scheißen mögen wir hier nicht.

Marx und Engels haben Sie gelesen. Sagen Sie uns doch.

Sind Sie Kommunist?

Joachim schließt mit einer angedeuteten Verbeugung. Und Andreas Maluga nickt, halb begeistert, halb von etwas geschüttelt, das offensichtlich größer ist als er selbst, dabei ein sehr breites Lächeln auf den eigentlich sehr schmalen Lippen.

Genau, sagt er dann, Väterchen Degenhardt, das haben wir doch alles gehört.

Die restlichen Worte aber entgleiten ihm. Der Sammler, er muss sich erst mal sammeln. Gegen die Wucht der Zitatemaschine Joachim Król ist auch in Malugas DDR kein Kraut gewachsen. Sie löst, das ist spürbar, jeden Argwohn auf, schiebt jede Abwehr beiseite. Und Joachim fragt unmittelbar. Nach dem Sammeln, dem Fieber, dieser großen Lust an der DDR.

Wie lange, sagen Sie mal, geht das schon so?

Das Leiden, sagt Andreas Maluga und lacht.

Er hat sich Notizen gemacht, seitenlang, und blättert nun in einem alten Heft, bis er seinen Anfang findet. Dann beginnt er zu erzählen. Von seinem Elternhaus, das christlich war, aber links, von seinem Vater, der Arbeiter war und immer zur SPD gehalten hat, von der Friedensbewegung, bei der er ganz vorne mitlief, immer ein Kämpfer, und von seinen Anfängen in der DKP, 1984. Bald schon Berufspolitiker in Essen, im Bücherregal natürlich Marx und Engels. Und schließlich erzählt er auch von seinen Kontakten zu den Genossen, den Grüßen nach drüben, dem wirklich brüderlichen Verhältnis zur SED. Diesem ständigen Austausch, auf den er heute noch stolz ist.

Damals, sagt Andreas Maluga, durften die Kinder der Arbeiterfamilien ihre Ferien in der DDR verbringen. An der Ostsee oder im Harz. Gemeinsam mit ihren Eltern, damit die ganze Familie einen Eindruck bekommen konnte von diesem Land.

Delegationsreisen, sagt Maluga, das gab es. Nur weiß das heute kaum noch jemand.

Als wären die Postkarten aus Usedom in Unna nie angekommen. Er selbst ist damals, gerade Anfang 20, mit einer dieser Delegationen vom Ruhrgebiet nach Leipzig gefahren, als Begleitung in den Partnerbezirk, um sich mal in Ruhe umzuschauen, in den Betrieben und in den Kombinaten, eine Roadshow durch die Zone, auch dort rauchende Schlote, auch dort Arbeiterkinder. Ein Abziehbild der eigenen Heimat und für ihn doch eine ungleich bessere Welt.

Ich war da, sagt er heute, richtig begeistert. Weil der Werksdirektor auch wenig verdient und sich dann mit uns an einen Tisch gesetzt hat.

Volkseigene Offenheit, bisschen Sozialismus zum Anfassen.

Das, sagt er, kannte ich so nicht.

Und auf dem Rückweg begann sein Streit mit dem Westen. Vor der Abfahrt noch hatte er sich ein Lenin-Plakat gekauft, das wollte er unbedingt haben, und eine kleine DDR-Fahne dazu, die er dann, immer die große Freude an den kleinen Widerständen, gut sichtbar in eines der Busfenster hängte. Ein Genosse warnte ihn noch. Nimm die Fahne da raus. Hammer und Zirkel, das gibt doch bloß Ärger. Maluga aber, logisch, ließ sie dort hängen. Am Grenzübergang wurde sie beschlagnahmt, von den Beamten auf der anderen Seite.

Das war, sagt Maluga, reine Provokation. Und es ist nicht klar, wem dieser Satz gilt. Ihm selbst oder den eigenen Zöllnern, Grenzschutzbehauptungen.

Das, sagt er, war meine erste schlechte Erfahrung.

Als Kommunist beim Klassenfeind, als Wessi im Westen. Die Sache mit der Fahne, sie dient ihm bis heute als Beispiel. Für sein Gefühl, fehl am Platze zu sein. Ein Kind, im falschen Staat zur Welt gekommen.

Damals, so muss es gewesen sein, auf dieser Busfahrt zwischen Leipzig und Bochum, hat Andreas Maluga ein Heimweh nach drüben entwickelt, die DDR als gelobtes Land. Die Fahne bekam er nicht wieder, das Lenin-Poster hängte er in sein Zimmer.

Darunter wuchsen die Überzeugungen, die DDR bald die größtmögliche Utopie.

Bis er es nicht mehr aushielt, unbedingt auswandern wollte, 1987. Der finale Entschluss, rüber ohne Reue. Ging aber nicht. Weil die SED ihn nicht gebrauchen konnte. Den Wortlaut der Absage hat Andreas Maluga bis heute nicht vergessen.

Ein Kommunist im Westen, zitiert er nun, hat dort zu kämpfen, wo er hingehört.

Ein Kommunist im Westen soll sich nicht im Sozialismus ausruhen.

Das, sagt er, hat mich völlig sprachlos gemacht.

Damit aber hatte sich die Sache erledigt. Und die Unmöglichkeit wurde zum Dünger des Fernwehs. Das grünere Gras, die besseren Menschen auf der anderen Seite.

Für mich, sagt er, war das so. Obwohl ich nie dort gelebt habe, war ich überzeugt, dass dieses System das einzig richtige war. Und dieser Meinung bin ich immer noch.

Er zögert kurz. Sein Blick wandert. Diese Räume hier, das wird nun deutlich, das Kabinett als Spiegel, Lenin an der Wand, die DDR-Fahne im Fenster, das ist auch sein später Triumph über die Zöllner seiner Jugend. Der Kampf des Kommunisten im Westen, er hat nie geendet.

Und Andreas Maluga ordnet seine Erinnerungen.

Die DDR, sagt er dann, das hatte auch etwas mit Bewusstsein zu tun. Es ging um Literatur, um das andere Denken. Um die Überlegenheit einer Idee.

Deshalb, sagt er, ist auch für mich etwas zusammengebrochen. Damals, 1989.

Den 9. November, für andere Feiertag, hat Andreas Maluga, 27 Jahre alt da, im Keller verbracht. Der passende Ort für die eigene Stimmung.

Während die anderen auf der Mauer getanzt haben, erzählt er, saß ich alleine zu Hause und habe geheult.

Der Mauerfall als persönliche Niederlage, auch das eigene Weltbild in Trümmern. Und in ihm nur Leere. Andreas Maluga, vielleicht der größte Fan der DDR, Fahne und Poster, saß in seinem Keller vor dem Fernseher und sah die Bilder einer Niederlage. Trabis, die mit Champagner begrüßt wurden.

Die DDR, sagt er, das war in diesen Sekunden vorbei, das wusste ich.

Von jetzt auf gleich. Er hatte verloren. Und konnte es kaum ertragen.

Gleich nach drüben, sagt er, das ging deshalb auch nicht. Das war alles zu frisch.

Offene Grenzen wie offene Wunden. Und er wusste noch nicht, wohin.

An Silvester, die große Party vor dem Brandenburger Tor, sah er schließlich, wie David Hasselhoff auf der Mauer tanzte, Piano-Schal und Lederjacke, ein Fernsehrettungsschwimmer auf einem sinkenden Schiff, drei Akkorde. *Looking for Freedom*, es klang wie Hohn. Dunkle Momente, hell erleuchtet.

Der vielleicht längste Winter.

Es musste, sagt Maluga, erst einmal Frühling werden.

Er ist dann nach Nordhausen gegangen, Partnerstadt von Bochum in Thüringen, zusammen mit einem alten Genossen. Dort begann er, Bratwürste zu verkaufen, aus einem Imbisswagen heraus.

Reisegewerbe, sagt Maluga.

Er und sein Genosse, sie fuhren über die Dörfer, standen auf der Kirmes, standen auf Festplätzen und am Straßenrand, und bald standen die Menschen davor, in langen Schlangen, als hätten sie aus diesem Wagen heraus, über die Theke hinweg, mit fettigen Fingern frischgedruckte D-Mark unter das Volk gebracht.

Die Leute, sagt Andreas Maluga, dachten, dass sie bei uns endlich richtige Westwurst bekommen. Endlich mal was anderes als die Thüringer vom Rost. Und sie waren total begeistert. Er lächelt, schief, als hätte er sich selbst ertappt. Die wussten ja nicht, sagt er, dass auch wir nur ins nächste Fleischkombinat gefahren sind.

Das gleiche Produkt wie seit Jahrzehnten. Er und sein Genosse, sie haben den Menschen dort in Nordhausen also DDR-Wurst zu BRD-Preisen verkauft. Ihr Autokennzeichen, BO, allein schon Gütesiegel. Das perfekte Etikett für den kleinen Schwindel, der am Ende einen Geschmack hinterließ.

Die falsche Wurst auf dem Grill als Wendegeschichte im eigentlichen Sinne.

Und er, Andreas Maluga, stand dort und konnte das alles

nicht glauben. Als hätte einer auch die Gewissheiten durch den Fleischwolf gedreht.

Für mich, sagt er, war das unbegreiflich. Dieser plötzliche Run auf alles, was aus dem Westen kam. Bunt musste es sein, und am besten von Coca-Cola. Während die Getränkekombinate aus der Region, sprichwörtlich, den Bach runtergingen.

An manchen Tagen, die Wurst schon aus, standen Maluga und sein Genosse auf einem anderen Marktplatz und verkauften das Bier kastenweise aus einem LKW, einfach so. Weil sie es konnten, jetzt wirklich wilder Westen im tiefsten Osten.

In dieser Zeit, sagt er, ging alles. Und ich habe da auch Dinge gemacht, auf die ich heute nicht mehr stolz bin.

Die Wurst, das war ja nur der Anfang. Danach kamen die Maschinen, der ganz große Rummel. Der ganz große Reibach.

Damals, sagt er, gab es solche Uhrenautomaten für die Kirmes. Da schmiss man eine Mark rein und drehte ein Rad, bis vorne ein Fähnchen rauskam, immer eher Niete als Hauptgewinn.

Das war, sagt Maluga, so ein richtiges Groschengrab. Man warf Geld in einen Schlitz, von dem man nicht wusste, wohin er führte. Und hatte doch keine Chance, dort überhaupt etwas rauszuholen.

Der Solidarpakt als Maschine. Aber natürlich war es auch hier andersherum. Andreas Maluga jedenfalls besaß zu jener Zeit vier solcher Automaten, und er stellte sie, Sommer 1990, auf das Rolandfest in Nordhausen. Auch das ging einfach so.

Auf den Ämtern, sagt er, saßen die alten SED-ler, denen hat man gesagt, hallo, wir sind die Kommunisten aus dem Westen, dann wurde ein Wisch ausgefüllt, fertig.

Das große Abenteuer. Und wieder standen die Leute Schlange bei ihm, der große Run auf die Uhren aus dem Westen. Und weil Nordhausen in diesen Tagen, 1990, immer noch DDR war, ein anderes Land, mit einer anderen Währung, durften die Leute ihr Geld, den Holzdollar, die Aluchips, auch gleich bei ihm tauschen.

Andreas Maluga, die erste deutsche Bank in Nordhausen, sein Kurs bei 5:1. Eigentlich fair.

Danach, sagt er, haben die Leute das neue Geld gleich versenkt. 20, 30, 40, 50 Mark.

Weil sie verrückt waren nach diesen Uhren. Als hätten die schon eine neue Zeit angezeigt. Dabei lagen dort, hinter Glas, nur richtige Billigdinger.

Blenderuhren, sagt Maluga, aus dem Münsterland, auf dem Weg eingekauft, am Straßenrand, für vielleicht 4 Mark 50. Die hielten nicht mal bis zur Wiedervereinigung.

Für viele Menschen war das, waren die Automaten in Nordhausen natürlich der erste Kontakt mit dem Westen, und zur Begrüßung schüttelten sie die Hand eines einarmigen Banditen. Die Automaten standen bald an den richtigen Stellen. Im Kino oder im Sexshop, der gleich nach dem Mauerfall eröffnet hatte, das erste neue Geschäft in der Gegend. Und Andreas Maluga machte Verträge und teilte den Umsatz zur Hälfte mit seinen Pächtern.

Ein Kommunist, der das Kapital umarmte.

Einmal im Monat, sagt er, bin ich dann mit einer Badewanne voll D-Mark zurück nach Bochum gefahren.

Hinter dem Lenkrad jedoch die Grimasse des Zerrissenen, der im Rückspiegel sehen konnte, wie sich seine Prinzipien auflösten.

Natürlich, sagt er, habe ich das ausgenutzt. Aber finanziell war das die beste Zeit meines Lebens.

Andreas Maluga schaut uns an, wie einer, der sich bis heute selbst nicht über den Weg traut, der nicht glauben kann, dass das alles wirklich funktioniert hat. Das echte Abenteuer. Ein Wahnsinn, oder?

Vor allem Joachim nickt. Er ist Schauspieler, und erkennt guten Stoff, wenn er vor ihm auf dem Tisch liegt. Das hier ist natürlich Drehbuchmaterial, der Nachwendefilm, den man auch noch machen könnte, Kommunisten auf der Kirmes, arme Würstchen im Sexshop. Und doch weiß er genau, dass der eigentliche Höhepunkt noch vor uns liegt.

Woher, fragt er also, kamen die Uniformen?

Andreas Maluga nickt. Irgendwann, sagt er, fing das an. Ohne Grund, ohne Absicht. Und er, wilde Erinnerungen, nimmt uns noch einmal mit nach Nordhausen, wo mit den Leuten auch ihre Biographien Schlange standen, jeder Einzelne ein Schicksal. Er hat sie ja alle kennengelernt, die Zurückgelassenen und die Übriggebliebenen, die Wütenden und die Verzagten. An den Automaten, beim Bäcker oder am Sportplatz verhandelten sie ihre Gegenwart, so vergingen die Nachmittage. Und am Abend dann, in der Kneipe, kauten sie auf ihrer Enttäuschung, die bitter schmeckte, und spülten mit Schnaps nach.

Männer, die überzeugt gewesen waren.

Von der Sache, sagt Maluga.

Und die nun langsam merkten, dass diese Sache vorbei war, ihre Überzeugungen noch so viel wert wie ihr Geld. Männer also, denen tatsächlich etwas verloren gegangen war. Ein wenig die Orientierung. Am meisten der Sinn. Sie mussten sich nun zurechtfinden. Und kamen vom Weg ab, weil die altbekannten Abkürzungen plötzlich ins Nichts führten. DDR, SED, LPG, VEB. Vorbei. Als hätten sie jahrzehntelang das falsche Alphabet gelernt. Während selbst die Briefe, die kamen, vom Ende erzählten. Entlassungen und Umstrukturierungen. Briefe, die neue Köpfe hatten und einen anderen Ton. Mit Bedauern müssen wir Ihnen mitteilen. Es tut uns leid. Viel Glück. MfG statt MfS.

Und die Männer verstanden nicht. Einige weinten heimlich.

Andreas Maluga aber saß irgendwann in ihren Wohnzimmern, saß mit am Esstisch und hörte gut zu. Die Männer vertrauten ihm, dem Kommunisten aus dem Westen, und teilten ihre Geschichten, öffneten sich, die letzte Grenze. Und er teilte ihre

Verzweiflung. So hielten sie dort, auf durchgesessenen Garnituren, die Scherben des jeweils anderen in den Händen.

Ich hatte da einen guten Bekannten, sagt Andreas Maluga, der war bei den Grenztruppen gewesen.

Der Rolf, Ende 50 zu diesem Zeitpunkt, ein ganzes Leben in der DDR, war unter Honecker alt geworden, hatte unter Krenz die Arbeit und unter Gerlach die Hoffnung verloren. Jetzt schaltete er den Fernseher an, und ihm gegenüber saß Helmut Kohl.

Für den, sagt Maluga, ist eine Welt zusammengebrochen. Von jetzt auf gleich.

Die ganze Familie, die Frau im Kombinat, der Sohn bei der Bereitschaftspolizei, fühlte sich alleingelassen. Von der Partei, die ja bald schon anders heißen sollte. Und von den Genossen, die plötzlich nichts mehr mit ihnen zu tun haben wollten. Weil der Rolf an der Grenze gestanden hatte, Schulter an Schulter mit dem Schießbefehl. Mauermörder nannten sie ihn. Und im Schrank hing die Vergangenheit.

Altkleider wie Altkader, schwer wie Blei.

Der Rolf, sagt er nun, der wollte das irgendwann alles hinter sich lassen.

Die ganze DDR loswerden. Es war ein grauer Tag in Nordhausen, als er sich offenbarte. Mein Parteibuch, sagte der Rolf, habe ich schon verbrannt, hinten im Garten. Jetzt kommt meine Uniform hinterher.

Als wollte er sich im Ascheregen reinwaschen, so klang es ja. Andreas Maluga aber ließ ihn nicht. Rolf, sagte er nur, das machst du nicht. Die gibst du mir, und ich pass drauf auf. Und so nahm er ihm die Vergangenheit ab und warf sie hinten in den Trabi, den er nun hatte. Der Anfang von allem.

Das, sagt er, war die erste Uniform. Die hängt hier immer noch. Unbeschädigt. Er hält kurz inne, ganz so, als müsste er auch seine eigenen Worte erst einmal begutachten, nach Gebrauchsspuren abtasten. Sehen, ob sie noch einwandfrei funktionieren.

Er hat ja auch die Geschichten gesammelt, vor allem die traurigen.

Beim nächsten Beispiel kommen ihm fast die Tränen.

Da, erzählt er, die Stimme jetzt leiser, gab es einen anderen Freund, der springen wollte. Der schon auf seinem Balkon stand, noch in voller Montur.

Auch er hatte das Ende der DDR nicht verkraftet, auch er wollte nun alles abstreifen.

Den, sagt Maluga, habe ich dann runtergezogen, am Ärmel.

Das war die zweite Uniform.

Von da an ging es wieder über die Dörfer, von da an fuhr Andreas Maluga mit dem alten Trabi die Häuser ab, immer in der Hoffnung, dass die Leute, die ihm öffneten, etwas loswerden mussten. Denn diesmal wollte er ihnen nichts andrehen, er wollte ihnen etwas abnehmen, die guten Stücke, das schlechte Gewissen.

Das war, sagt er, am Anfang ziemlich mühselig.

Übers Land fahren und schauen, wo gerade Geschichte entsorgt wird, um diese Geschichte zu retten. Damit das erhalten bleibt und nicht in feuchten Kellern, im Vergessen verrottet. Die NVA aufgelöst, die Organe entwaffnet, das ganze Land eine Kleidersammlung, jede Garage eine Garderobe.

Da, sagt Maluga, wurden auch die Lebensläufe verramscht.

Und bald sprach es sich herum, dass da einer auf der Suche war.

Nordhausen, sagt er, ist klein, da wussten die Leute schnell Bescheid, in der Stadt und auf dem Land.

Sie warteten schon auf ihn. Der Abschnittsbevollmächtigte, der ihm empfohlen wurde. Der Volkspolizist, der nicht weiterwusste. Der Reichsbahner, der den letzten Zug verpasst hatte, der ehemalige Soldat, der am Frieden litt, der Grenzflieger, der hart gelandet war. Später fuhr Andreas Maluga auch die SED-Kreisleitungen ab. Erst in der Nähe, dann auch bis runter nach Erfurt, ein halbes Land. Immer die gleichen Fragen. Habt ihr noch was? So konnte er in dieser Zeit hinter bestimmt tausend Türen schauen, in die Wohnzimmer und in die Leben hinein, hinter die Gardinen und die Fassaden. Konnte, Wessi im Trabi, Kilometer für Kilometer, den Raum vermessen, der zwischen Mauerfall und Wiedervereinigung lag. Ein weites Land, das gerade bröckelte.

Was, fragt Joachim nun, haben Sie da über die Menschen erfahren, das Sie vorher noch nicht wussten?

Maluga muss schmunzeln. Die Menschen, sagt er, waren damals viel zu nah dran, um zu verstehen, was da wirklich mit ihnen passierte, um das richtig einzuordnen.

Die Menschen, auf die er damals gestoßen ist, waren Betroffene, in den Zeitläuften Verunglückte, die mit der Vergangenheit rangen, von der Gegenwart überfordert waren und Angst vor der Zukunft hatten.

Das, sagt Maluga, trifft es ganz gut.

Er muss ja nur wieder den Rolf nehmen. Seinen Bekannten und dessen Familie. Der hat, ohne Uniform dann, lange keinen Job gefunden und wurde schließlich Wachmann, für sehr kleines Geld. War auf Kontrollgang, während seine Frau zu Hause den Fernseher laufen ließ, Tag und Nacht. Sie hatte die DDR aufgezeichnet, alte Videos, auch eine Flucht. Und der Sohn, der nicht übernommen wurde, saß mitunter daneben, arbeitslos jetzt, bis er so zu reden begann, wie man es bald gewohnt war, über die Ausländer, die kommen und Männern wie ihm alles wegnehmen.

So begann ein neues Kapitel.

Joachim, der sich das alles angehört hat, erinnert sich nun seinerseits, an die Dreharbeiten damals in Brandenburg, der erste Ostkontakt, mit der Kamera voran.

In Marienthal, sagt Joachim, sind wir durch eine Galerie der verlorenen Seelen gefahren. Den ganzen Tag keine Arbeit, das soziale Gefüge erodiert.

Und an den langen Nachmittagen, auf den staubigen Straßen, ist er den Jungen begegnet, die sich die alte Uniform des Großvaters übergezogen hatten. NVA, ganz bewusst.

Die, sagt er, wollten nichts loswerden. Denn ohne den Stolz, den falschen, was wäre dann noch geblieben?

Großes Nicken im Raum, hörbares Ausatmen. Es ist jetzt hier, im Kabinett, plötzlich ziemlich düster geworden.

Vielleicht, sagt Joachim, gehen wir mal vor die Tür. Dort, wieder an Honecker und an Thälmann vorbei, an den Brigadetagebüchern und an den Urkunden, wartet der Tag.

Zur Sonne, sagt Joachim. Zur Freiheit.

Dann, draußen, lehnen er und Andreas Maluga lässig an einer Mauer, finden Gefallen daran. Und es gibt noch mal Kaffee, während die Gespräche langsam auslaufen und sich die Frauen aus dem Bezirk auf ihren Mobiltelefonen kurze Filmchen anschauen, Satireschnipsel über den Osten, falsche Nachrichtensendungen, die Merkel als Staatsratsvorsitzende, das große Waswärewenn der verhinderten Wende. Sich also jetzt auch ein bisschen lustig machen, bevor sie, echt wahr, noch Rezepte tauschen. Die echte Soljanka, die kleinen Geheimnisse, die überdauert haben.

Das, sagt Ursula Thom, hat uns immer stark gemacht.

Die guten Dinge von damals, aus der Röhre und aus der Dose.

Zum Abschied dann hat Andreas Maluga, der Gastgeber, noch ein Geschenk für sie, die Winkermieze. Er legte es behutsam in ihre Hand, einen Kugelschreiber in der Form eines Verkehrsstabs, ein halbes Leben in einer Faust. Den hatte er noch im Lager. Sie lächelt. Fragt aber noch mal nach. Sind Sie sicher, Herr Maluga, dass Sie den entbehren können?

Er nickt nur.

Sie sind ein Schnuckelchen. Sagt sie. Dann stehen sie voreinander und wissen nicht um das letzte Wort.

Zwei Menschen, die von zwei Seiten auf dieses Land schauen können, auf seine Teilung und seine Vereinigung. Auf der einen der Mann von der DKP, der so gerne in der DDR gelebt hätte, aber zu Hause bleiben musste. Auf der anderen die Frau von der Polizei, die irgendwann rausmusste, weil sie eben diese DDR nicht mehr ertragen konnte. Wären sie, ein bisschen früher vielleicht, am gleichen Tag losgefahren, ihrem jeweiligen Traum hinterher, sie wären sich wohl irgendwann auf der Autobahn begegnet, am Grenzübergang Marienborn vielleicht, mitten auf der A2, getrennt bloß von Leitplanken und Trugbildern.

Und auf dem Rückweg dann, die neuen Leben schon im Gepäck, wären sie wieder aneinander vorbeigefahren, er auf der rechten, sie auf der linken Spur. Ursula Thom, die den Leuten etwas Neues verkaufen wollte und Andreas Maluga, der den Leuten etwas Altes abgenommen hatte. Sie mit der Zukunft auf dem Rücksitz, er mit der Vergangenheit. Ohne je voneinander zu wissen.

Schön, sagt er, dass wir uns hier und heute kennengelernt haben.

Stimmt, Ursula Thom reicht ihm die Hand. Und wenn der Krenz kommt, sagt sie noch, dann rufen Sie mich vorher an.

Was sie dem alles erzählen könnte. Und, und, und.

Auf Pfennigabsätzen läuft sie zum Wagen, während Andreas Maluga, wie immer der Letzte, drinnen das Licht löscht.

Und Joachim sagt Tschüss, wie sich das gehört hier in Wattenscheid. Trocken und ehrlich. Auch weil wir weitermüssen. Nächster Halt Zonenrand. Wir haben nun alles, was wir brauchen für die weitere Reise.

Und wenn wir drüben sind, Herr Maluga, dann schreiben wir eine Karte. Versprochen.

EIN METER FELDWEG

Nun lassen wir die DDR erst mal hinter uns, Wattenscheid im Rückspiegel. Noch beeindruckt von diesen ersten Geschichten, lauschen wir ihnen nach, bis Joachim das Radio anschaltet, einen Sender sucht, auf dem er verweilen kann. Die Nachrichten zur vollen Stunde, der Wetterbericht, Staumeldungen, das Nebenrauschen der Welt, das plötzlich wichtig wird, weil wir uns jetzt den Launen der Autobahn ausliefern, diesem vielleicht deutschesten Ding, das A und O, will man von A nach B.

Am Dreieck Dortmund-Nordwest, rechter Fahrstreifen, folgen wir den Schildern Richtung Hannover, das vertraute Weißaufblau, Fernweh im Fahrtwind, A2.

Endlich, sagt Joachim.

Da wollten wir doch hin, der Weg tatsächlich das Ziel. Und gleich sitzen die überhaupt schönsten, weil deutschesten Wörter mit im Wagen. Richtgeschwindigkeit und Beschleunigungsstreifen. Auf der Autobahn, weiße Linien in sauberen Abständen, herrscht eine beruhigende Ordnung. Rechts die Birken und die Bauzäune und die Lastwagen aus Polen, die uns von nun an begleiten werden, in Richtung Berlin, Littmar Transport, Adros Borowski, Schmitz Cargobull. Elefanten, die sich ihr eigenes Rennen liefern, mit dem Kopf voran immer wieder über den Horizont kippen. Und links die Männer in weißen Hemden und schwarzen Audis, die grimmig versuchen, sich selbst zu überholen. Zu Hause wartet die Ehefrau, von dort kommen sie gerade. Sie haben es eilig und geben Gas, obwohl ihnen der Spaß längst vergangen ist. Dazwischen zählt Joachim die Ausfahrten und Raststätten.

Als Hippie in Herne, sagt er, da hieß es immer: Bring mich nach Rhynern. Das war die erste Station. Rhynern bei Hamm. Wenn man dort stand, war man auf dem Trail. Das war, mit etwas Glück, schon der halbe Weg nach West-Berlin. Sonst ging es nach Garbsen, Hannover, wo sich der Rest ergeben musste, wieder den Daumen raus, hoffnungsvolles Gekritzel auf manchmal schon aufgeweichten Pappen.

Die ganzen Stinkerastplätze, sagt Joachim. Er kann sie noch immer auswendig aufsagen, hintereinanderweg, von West nach Ost nach West-Berlin. Rhynern und Garbsen, später Lappwald und Marienborn, Magdeburg-Börde und Michendorf.

Schließlich Dreilinden.

Das, sagt er, war unser Bahnhof.

Hinter jedem Schild ein Moment. Und natürlich könnte man allein an ihnen entlang problemlos die deutsch-deutschen Irrfahrten erklären, Annäherung und Entfremdung, Tank und Rast. Aber das werden wir später erst tun, noch sind wir dort nicht, noch sind wir auf dem Weg. A2 Richtung Helmstedt, früher vor allem Grenzübergang, heute ein Ort, den jeder kennt, der schon einmal daran vorbeigefahren ist. Ein Kontrollpunkt, der über Jahrzehnte mitten in Deutschland am Rand lag und dort dann vergessen wurde. Irgendwo im Niemandsland zwischen Wolfsburg und Magdeburg. Der Zonenrand, ein ganzer Landstrich im Abseits. Weshalb dort, in den angrenzenden Gemeinden, den Vororten und Nachbardörfern, natürlich gleich wieder die besten Erzählungen lauern, die Überlieferungen aus einer verminten Gegend.

Am 13. August 1969, acht Jahre nach dem Bau der Mauer in Berlin, steht der Bergbauingenieur Eckhard Oborny im Führerstand einer E-Lok 83, am Rande seines Tagebaus, Harbke in Sachsen-Anhalt, und kann den Westen schon erahnen, hinter dem Kamm ein Schimmer, die Häuser von Neu Büddenstedt in Niedersachsen, das Dorf mit dem Sportplatz, den er im Tageslicht so oft schon gesehen hatte. Fremde Tore, 200 Meter Luftlinie entfernt vielleicht, aber eine Ewigkeit weit weg. Er möchte genau dorthin, heute noch. In dieser Nacht. Er hat nur eine Chance. Eckhard Oborny ist auf der Flucht, und er ist nicht allein. In der Lok, zusammengekauert, fast starr, hocken, liegen, warten seine Frau und die Kinder, daneben sein Bruder und dessen Familie. Neun Menschen, ein Ziel. Die Kinder haben Beruhigungsmittel bekommen, gegen die Panik. Sie helfen kaum. Schon der Herzschlag kann sie verraten. 180 Sekunden, mehr Zeit werden sie nicht haben. 180 Sekunden, vorher ausgerechnet. So lange dauert es, bis die Grenzstreife alarmiert ist. Wenn sie entdeckt werden. Drei Minuten also, um in den Westen zu gelangen.

Es ist Neumond, die Nacht finster, als Oborny das Ende der Schienen erreicht, er die Lok zum Halten bringt. Noch 30 Meter bis zur Kante der Halde. Hinter ihm liegt die DDR als gigantisches Loch. Hinter ihm liegen irre Minuten. Um überhaupt an diesen Punkt zu gelangen, musste er eine Stellwerkerin überlisten und einen entgegenkommenden Zug passieren lassen, am Wachtturm auf dem Hügel vorbeifahren, darin zwei bewaffnete Grenzer, und die Lok schließlich über verschüttete Gleise steuern.

Jetzt steigt er aus, die anderen folgen ihm, so leise es geht. Und laufen, die älteren Kinder an der Hand, die jüngeren im Arm, bis an die Kante der Abraumhalde, zögern nicht mehr und rutschen die Böschung hinunter, durch weichen Sand. Oborny, im Nacken die Angst und vielleicht schon die Grenzer, findet ein Loch im Stacheldraht, ein Loch in der Grenze der DDR, und schlüpft hindurch, die anderen hinterher, nach und nach.

Sie rennen, auch um ihr Leben, und kommen an einen zweiten Zaun, klettern, zerreißen sich die Kleidung. Und endlich entdeckt Eckhard Oborny den Sportplatz, das grünere Gras. Der Sportplatz ist die Gewissheit. Sie sind drüben. Sie haben es tatsächlich geschafft. Es ist 1:45 Uhr. Eckhard Oborny und die anderen laufen durch menschenleere Straßen, klingeln vergeblich an ersten Türen. Niemand rührt sich. Bis sie an ein Haus kommen, Nummer 10. Dort öffnet eine Frau im Morgenmantel, dann steht auch ihr Mann im Türrahmen. Vor ihnen neun Menschen, zerzaust von der Nacht, verschwitzt von der Hast.

Wir kommen von drüben, sagt Oborny, helfen Sie uns.

Die Frau lässt sie herein.

So geht die Geschichte, die hier jeder kennt. Die Geschichte der Obornys. So steht sie in einem Bericht der *Bild* vom 16. September 1969 unter einer Überschrift, aus der die gleich doppelte Freude spricht. Wir sind im Westen! Wir sind im Westen! Fast hüpfen die Buchstaben. Die erste große Flucht in der Region.

So wird sie uns auch an diesem Vormittag erzählt, von Rose-Marie Hashash, in ihrem Garten in Büddenstedt. Sie ist 78 Jahre alt und lebt heute schräg gegenüber von ihrem einstigen Elternhaus. Selbe Straße, Nummer 13. Auf der Veranda stehen Kaffee und Kuchen, und hinter den Bäumen der Nachbarn kann man die Grenze vermuten, Luftlinie vielleicht 200 Meter. Den 13. August, das Klingeln in den Morgenstunden, sie hat das selbst so oft gehört, dass die Erinnerungen ihrer Mutter zu ihren eigenen geworden sind. Die erste Tür im Westen.

Sie wurde mir und Joachim von der *Gedenkstätte Deutsche Teilung* in Marienborn empfohlen, weil sie als Mädchen hier war, die grüne Grenze als Spielwiese, eine Zeitzeugin, die in der Zone die Zäune hat wachsen sehen und danach lang genug weg war, um heute anders darüber zu sprechen. Sie, gleich begeistert, hat uns eingeladen und noch ihren Neffen dazugeholt, der nun in einem der geflochtenen Stühle neben ihr sitzt, ein stattlicher Mann mit randloser Brille, ihre Erinnerungsstütze. Er soll die Lücken füllen, die ihr von der Zeit gerissen wurden. Er soll aber vor allem seine eigene Geschichte erzählen.

Da, hatte sie am Telefon noch gesagt, werden Sie Augen machen.

Mehr verraten wollte sie nicht. Was sie jedoch meinte, war klar. Wenn wir hier über die Grenze sprechen wollen, über den Zonenrand, dann brauchen wir beide. Die Tante und ihren Neffen, weil sie sich gegenseitig ganz wunderbar ergänzen. Obwohl sie unterschiedlicher kaum sein könnten.

Rose-Marie Hashash, immer schon vom Fernweh getrieben, hat ihr Wohnzimmer mit Reisen gefüllt, es atmet schwer unter Teppichen, Schmuck und Gemälden, während Fotografien einen Blick gewähren auf eine leichtere Zeit, ein früheres Glück, auf ein Leben, das weit weg von hier stattfinden durfte.

Rose-Marie Hashash war jahrzehntelang mit einem Libanesen verheiratet, daher der Name, den man sanft aussprechen muss, das H stumm, der Rest gehaucht wie in einem Film mit der Deneuve, in einem Chanson der Piaf. La vie und die Rose. Mit ihrem Namen und ihrem Mann hat sie in Beirut gelebt, spricht noch immer fließend Arabisch. Wie ihre Kinder, die in der Welt zu Hause sind. Die Familienporträts hängen im Flur. Den Ring trägt sie noch. Der Tod scheidet gar nichts, er zieht nur hässliche Striche unter die schönsten Momente.

Rose-Marie Hashash, hier in dieser Wohnung stellt sie ihr Leben aus, für jeden Gast und für sich selbst, wunderbare Szenen einer Ehe, Etappen einer wilden Fahrt. Vor ihrer Tür, in ihrer Einfahrt, stehen zwei Löwen, weil ihr Mann einer war und ihre Enkelin einer ist. Und daneben ein Esel, als Erinnerung an ein Tier, von dem sie in Jordanien auf den Opferberg getragen wurde. Sie hat ja dann doch einiges erlebt. Und würde sie ein Buch schreiben, den Titel hätte sie schon: Arafat geküsst und für Ben Gurion gekocht. War so. Sie wollte Stewardess werden. Pan Am in Frankfurt.

Nachts träumt sie vom Meer.

Der Neffe seinerseits ist Landwirt, ein Mann, der seinen Geländewagen seit mehr als 30 Jahren über die Ebene lenkt, der das Land kennt und seine Mühen. Jedes Dorf und wirklich jede Kurve, jeden Baum in jeder Allee. Am Gürtel trägt er ein Messer, mit dem er in die Rinde kranker Bäume schneidet oder in die Halme trauriger Pflanzen, wenn sie nicht blühen wie die anderen. Er spricht dann mit ihnen. Und kann am Wind erkennen, ob es ein gutes Jahr wird, eine gute Ernte. Er nennt seinen Traktor Träkker, und zu einer wirklich guten Geschichte sagt er Schtorrie.

Wenn er angerufen wird, spielt sein Mobiltelefon die Titelmelodie von Winnetou, der für die einen hier immer Pierre Brice sein wird und für die anderen nur Gojko Mitic sein kann. Auch da verläuft eine Grenze. Der Neffe, 59 Jahre alt jetzt, wurde hier geboren und hat drüben gebaut, er kennt beide Seiten.

Meine Eltern, sagt er, waren noch richtige Ostler. Schlesien, Westpreußen. Die haben den Krieg gesehen und die Flucht erlebt.

Sein Vater wurde Landwirt hier, das war die Saat. Er, der Sohn, hat die Felder dann übernommen. Ist deshalb geblieben und lebt heute, zehn Kilometer von früher entfernt, in Sachsen-Anhalt. Weiter ist er nie gekommen, weiter musste er nicht gehen.

Das ist die Börde, sagt er, das hier ist hundertprozentiger Boden, einen besseren findest du nicht.

Während sie also vom Fliegen erzählt, hat er sich um die Wurzeln gekümmert, die Erde auswendig gelernt. Er ist das Gedächtnis der Gegend, er hat Schtorries ohne Ende.

Die Abraumhalde von damals, sagt er jetzt, die Böschung der Obornys, die gibt es noch.

Nur ist sie heute natürlich bewachsen, ein für Fremde unschuldiger Hügel, der früher Grenze war und gleichzeitig Sichtschutz, ein tatsächlicher Schutzwall, 40 Meter hoch, das angeblich antifaschistische Geröll der DDR. Heute blühen dort Sonnenblumen, und an den besonders warmen Tagen fährt Rose-Marie Hashash dorthin und pflückt ein paar. Wer aber genau hinschaut, findet sie noch im teilweise hüfthohen Gras, hinter den Birken, auch im

Frühjahr im Raps, die Überbleibsel der Grenze, sie verraten den Todesstreifen, dort wurde geschossen.

Wir können uns das, sagt der Neffe, gerne mal anschauen. Dahinter verbirgt sich ja etwas.

Dahinter, erklärt er, lag der einzige geteilte Tagebau Deutschlands.

Ein großes Loch, in dem Ost und West gemeinsam gebuddelt haben, getrennt nur von einem schmalen Zaun aus einfachen Maschen, verbunden durch einen heißen Draht. Harbke und Helmstedt. Grenzkohlepfeiler nannte sich das.

Das ist, sagt er, natürlich eine Schtorrie für sich.

Sicher gibt es noch einen, der sich daran erinnern kann. Einen Bergmann von damals, einen Kumpel am Zaun.

Den, sagt Joachim, müssen wir treffen.

Frau Hashash nickt, sie packt die Dinge gern an und besorgt uns die Nummer. Alles recht unkompliziert, über Land und unter Leuten. Die Wege sind kurz, die alten Verbindungen haben gehalten. Der Bergmann lebt noch immer in Harbke, an der Lore gleich rechts.

Und Joachim greift wieder nach dem Artikel aus der *Bild*, der als Kopie vor uns auf dem ohnehin schon reichgedeckten Tisch liegt. Die Flucht aus dem Tagebau, das geteilte Loch, das ist natürlich genau, worauf wir gehofft hatten, Fundstücke am Wegesrand. Kohle, zu Diamanten gepresst.

Egal, wo ich hinkomme, sagt er dann, der Pütt ist schon da. Selbstverständlich muss er den Hügel jetzt sehen.

Erst mal aber gibt es Nachschlag, ein Stück Torte noch, eine Tasse Kaffee. Rose-Marie Hashash, darauf besteht sie. Grenzgeschichten auf nüchternen Magen, das sei ohnehin nicht gesund. Dann laufen wir aber, am Sportplatz vorbei, über einen Kiesweg in ein Wäldchen hinein, das nahezu jeden Laut zu schlucken scheint. Links liegen die Felder, die der Neffe bestellt, der grellgelbe Raps in voller Pracht, dahinter Windräder und Bäume, in denen die Misteln hängen, rechts wölbt sich das Gelände, die einstige Halde.

Grillen zirpen, Fliegen surren, mitunter kreischt eine Krähe, ansonsten aber liegt eine seltsame Stille über dem Gelände, eine Nullgeräuschkulisse, als hätte jemand den Moment eingeklemmt, die Zeit im Schwitzkasten, keine Bewegung. Ein Ort in Erwartung. Als wäre er sich seiner selbst bewusst. Und der Neffe zieht aus einer seiner Taschen eine Postkarte, die seine Tante Tage zuvor beim Wühlen gefunden hatte.

Ein grandioser Zufall, sagt sie.

Vorne ein Foto. Darauf genau der Punkt, an dem die Obornys durch die Maschen der DDR geschlüpft waren. Darauf der Weg, auf dem wir nun stehen, die Eisenbahnschienen und ein Warnschild. Unmissverständliche Großbuchstaben, eingefasst von einem roten Kreis. ZONENGRENZE. Und der Neffe reicht Joachim die Karte, damit er das Vergangene vor die Realität halten kann. Es ist ein Abgleich, der nur mit großer Mühe gelingt, weil, wo vorher noch Sicht war, jetzt die Bäume sind.

Birken, Sanddorn und Kiefern.

Pionierpflanzen, sagt der Neffe, so heißen die, erste Bewohner neugeschaffener Lebensräume.

Hier stehen sie meterhoch im Gras, das über die Sache gewachsen ist. Joachim, in den Händen das Foto, dahinter die Gegenwart im Gegenlicht, schüttelt den Kopf. Pioniere.

Wie sich die Pflanzen das alles zurückgeholt haben, sagt er, das ist schon beeindruckend. Man muss sich ja nur die Bäume hier anschauen, um zu verstehen, wie viel Zeit wirklich vergangen ist. 30 Jahre, das wird mir erst an solchen Orten richtig bewusst. Ich verdränge das manchmal, aber dieses Land ist älter geworden, und, Leute, wir sind es auch. Er wischt sich eine noch nicht geweinte Träne aus dem Augenwinkel, Kunstpause, und gibt das Foto zurück. 30 Jahre, Mannmannmann.

Dann, während der Neffe mit langen Schritten das Gelände

durchmisst, spricht aus Rose-Marie Hashash die junge Frau. Das Mädchen an der grünen Grenze, die hier am Anfang so hieß, weil sie nicht befestigt war, keinen Stacheldraht brauchte und keine Scheinwerfer kannte, 50er Jahre. Da konnten die Menschen hier einfach von einem Ort in den anderen laufen, mit zwei Beinen in zwei Ländern stehen, DDR und BRD, Niedersachsen und Sachsen-Anhalt, drüben wohnen und hier arbeiten.

Das aber veränderte sich bald, Stück für Stück.

Bevor der erste Zaun kam, erinnert sie sich, war hier gar nichts. Dann gab es diesen sauber geharkten Streifen Sand.

Das Horrorgericht, sagt sie.

Denn wurde dort im Sand ein Abdruck gefunden, barfuß oder Stiefel, ganz egal, dann wurde der abgemessen, und die Grenzer fuhren nach Harbke, in das kleine Dorf des Bergmanns, zu den Menschen am Rand des Tagebaus, um zu schauen, zu wem er gehören konnte.

Da, sagt sie, bekomme ich heute noch Gänsehaut.

Aber der richtige Schrecken, der kam erst mit dem Mauerbau, die Doppelzäune, das waren fünf Reihen Stacheldraht. Ein Gefängnis in der Landschaft. Das sehe ich noch genau vor mir. Das hat hier niemand vergessen.

Und irgendwann, sagt der Neffe, der wieder dazugekommen ist, haben sich mit dem politischen Klima auch die Schilder verändert.

Statt der Zonengrenze, emailliert und handwerklich gut gemacht, standen dort plötzlich Warnungen aus Kunststoff. Halt! Grenze! Ausrufezeichen! Dann gab es einen Minengürtel um die Kippe herum, und es wurden Handzettel verteilt, auf denen stand, wie man sich zu verhalten hatte, im Umgang mit den Grenzern, den Soldaten der DDR, die mitunter, Ausnahmezustand, auch gleich hinter den Zäunen standen, bewaffnet und ernst. Grimmige Gesellen. So nah, man hätte ihnen auf die Schulter klopfen können. Standen dort, bewegungslos im Befehl.

Die, sagt der Neffe, haben sich nicht gerührt, nicht gelächelt, nichts.

Das, sagt seine Tante, kann man sich heute kaum noch vorstellen.

So stehen sie nun nebeneinander, drei Schritt zwischen ihnen vielleicht, nicht weiter voneinander entfernt als die Grenzer damals vom Westen, und legen die Jahrzehnte Schicht für Schicht übereinander, die Sedimente der Zeit, von den 50er bis in die 90er Jahre, lassen Zäune wachsen und wieder verschwinden und erzählen, ganz nebenbei, die Geschichte dieses Landes, verdichtet auf nur zehn Quadratmeter Erde, zwischen Abraumhalde und Rapsfeld. Hätte man auf diesem Streifen Land damals schon eine Kamera aufgestellt, man hätte die deutsch-deutsche Teilung auf Film bannen können. Ihr Vergehen und ihre Vergehen, im Zeitraffer.

Geschichten, sagt der Neffe, gibt es im Dutzend hier.

Seine eigene beginnt im ersten Winter ohne Mauer.

Ich war ja, sagt er, als Erster drüben.

Als Landwirt im Osten. Eine Schtorrie für sich, die ohne die Obornys, deren Flucht und ihre Folgen, wahrscheinlich gar nicht möglich gewesen wäre. Aber der Reihe nach. Das muss er, der Neffe, jetzt mal in Ruhe erzählen.

Nachdem es die Familie in den Westen geschafft hatte, durch eines der wenigen Löcher im kilometerlangen Zaun der DDR, war da oben, er zeigt auf den Kamm, in die Kronen der Bäume, erst mal Theater. Da standen die Grenzer, Deppen am Rand. Und die Offiziere der Staatssicherheit, die natürlich immer schon mit in der Grube gesessen hatten, mussten sich nun überlegen, wie sie einen solchen, für die Moral und das eigene Selbstverständnis eher wenig förderlichen Zwischenfall in Zukunft verhindern könnten. Saßen dort und rieben sich durch das Gesicht, das sie längst verloren hatten, spürten den Druck und brauchten eine Antwort. Schließlich setzten sie den Wall, unter dem schmerzlichen Verzicht auf mehrere Millionen Kubikmeter Kohle, zurück. Nach hinten, ins Landesinnere. So wurde ein Sicherheitsstreifen geschaffen, 100 Meter breit und 1,8 Kilometer lang, der erst kahl geschlagen, ein Schussfeld, und später, während der Futterknappheit, drüben die Tiere, als Acker genutzt wurde.

Ohne diesen Streifen, sagt der Neffe, wäre ja gar kein Platz gewesen.

Der Streifen, das war plötzlich Land.

Vorgelagertes Hoheitsgebiet, so nannte man das.

18 Hektar Börde, hundertprozentiger Boden. Ein Feld, fast so groß wie der eigene Betrieb, der gleich auf der anderen Seite begann. Dazwischen lief der Weg, auf dem wir jetzt stehen.

Da, sagt er, haben wir immer neidisch rübergeschaut.

Ein Streifen Land als heimlicher Traum. Fremde Ähren. Einen Meter entfernt bloß, aber doch unerreichbar weit weg. Bis dieses Land plötzlich brachlag. Und der Neffe, ein Tagesvisum in einer seiner Taschen, einfach rüberfahren konnte, am 4. Dezember 1989, dem Geburtstag seines Vaters, um dem Chef der LPG in Harbke ein Angebot zu machen.

Der war, erinnert er sich, erst unentschlossen. Hatte dann aber ein paar Wünsche.

Ein Taschenrechner, eine Kettensäge und ein Fotokopierer, das war die Pacht für das erste Jahr. Die Geräte hat er gleich persönlich vorbeigebracht. Den Nutzungsvertrag, darauf einer der letzten Stempel der DDR, bis heute aufbewahrt.

Den, sagt der Neffe, musste Modrow später noch persönlich genehmigen. Der ist am Ende durch viele Hände gegangen. Bis nach ganz oben.

Hans Modrow, fragt Joachim nun, ungläubig erst mal, der letzte Chef der DDR?

Der Neffe nickt. Die Schtorrie geht ja noch weiter. Bisschen Cliffhanger an der Halde.

Er ist damals einfach losgefahren, erst mit dem Auto zur LPG und dann mit dem Träkker in die DDR. Jeden Tag, über den Feldweg. Immer hin und her, ohne sich etwas dabei zu denken. Es war ja nicht weit. Es war ja jetzt sein Land, freies Feld, auf beiden Seiten des Weges. Und er zog seine Furchen und legte die Saat. Er kannte den Boden, er machte schon Pläne, aber der Neffe hatte die Lage unterschätzt.

In meiner ganzen Naivität damals, sagt er, habe ich übersehen, dass wir hier die EU-Außengrenzen verletzt haben, an jedem Tag.

Denn immer, wenn er oder sein Vater, wenn die Männer, die ihnen halfen, mit dem Traktor über den Feldweg gefahren sind, hin und her, haben sie Gerät und Diesel in die DDR exportiert und dann, auf dem Rückweg, wieder illegal eingeführt. Waren also nur mal kurz links, aber doch völlig falsch abgebogen.

Die EU hat Außenschutz, sagt er, und das hier, der Weg, sein Rand, das war die Demarkationslinie.

Bald meldete sich deshalb der Zoll, um den Neffen darauf hinzuweisen, dass er sehr gerne ernten, aber diese Ernte dann nicht zurück in den Westen bringen dürfe, so seien nun mal die Gesetze. Eine Bankrotterklärung. Ein Dilemma zudem, da er sein Getreide auch in der DDR nicht verkaufen durfte. Dort hatte er die nötigen Fristen verpasst, den Mauerfall nicht einkalkuliert.

Dort, sagt er, hätte ich im September 1989 anmelden müssen, was ich im Juli 1990 ernten wollte. Die ganze Absurdität der Planwirtschaft. Am Ende bot er seinen Weizen einem Hundefutterhersteller an. Es blieb ihm nichts anderes übrig.

Wie weit rüber waren Sie denn, will Joachim jetzt wissen. Über welche Distanz sprechen wir überhaupt?

Einen Meter, sagt der Neffe und lacht, der Humor am Galgen, ein Meter war da schon zu viel. Er macht einen Schritt auf uns zu, setzt den rechten Fuß auf, zieht den linken Fuß nach, bleibt dann stehen. Stellt seinen Körper in die Gegend, um das mal zu zeigen. Dieser Schritt, dieser eine Meter vielleicht, damit kommt man normal nicht so weit. Ein Schritt aber kann die Welt bedeuten, wenn die Welt gerade in Aufruhr gerät.

Joachim schüttelt wieder den Kopf, weil sich das natürlich niemand ausdenken kann, diese tatsächlich ernstgemeinte Satire, dieses unfreiwillige Kabarett der Bürokratie. Aber, sagt er dann, irgendwo musste die Grenze ja sein. Irgendwo musste der Strich gezogen werden. Durch das Land, durch die Rechnung. Ost und West, Fronten, die gerade erst weicher wurden.

Und der Neffe, Frühjahr 1990, die Mauer gefallen, war ganz einfach, ganz blöde, noch einmal dazwischengeraten, zwischen die Mächte und ihre Interessen. Hier der Zoll, der, den Finger auf der Karte, den Kopf schüttelte. Und drüben die Grenzer, die einen Bauern nicht von einem Spion unterscheiden konnten. Weshalb sie wenige Wochen später einen Mitarbeiter des Vaters verhafteten, auf freiem Feld, am helllichten Tage.

Einen Stift, wie der Neffe sagt, 17 Jahre erst, der, arglos und pflichtbewusst, rausgefahren war, um den Acker zu düngen, aber zum Mittagessen, anders als abgesprochen, nicht zurückkam. Sie gingen ihn suchen und fanden dort, auf dem Acker, doch nur den Traktor, keine Spur von dem Jungen, der mittlerweile in Stendal saß, in einem Raum zum Verhör. Weil er, ein Schnüffler, so hieß es, ein Provokateur, nach Staatsgeheimnissen gegraben, auf freiem Feld die Souveränität der DDR verletzt hatte. Die Grenzer meinten das ernst und nahmen Fingerabdrücke. Der Neffe und sein Vater, sie sind dann dorthin gefahren und haben das alles erklärt, den Vertrag und die Pacht, das neue Land, das Getreide. Und plötzlich, erinnert er sich, ging da die große Welle los.

War die Grenze in Aufruhr und die Partei sowieso. Ein LPG-Chef, der Volkseigentum an einen Kapitalisten abgibt, das war ein Skandal, selbst der Fotokopierer nun Staatsaffäre.

Deshalb, sagt er, ist das zu Modrow gekommen, der sollte das klären. Und hat dann persönlich entschieden, dass an dem Vertrag unbedingt festzuhalten sei.

Keine Widerrede. Eine direkte Weisung, ein eng beschriebener Brief, der bald aus Berlin kam. Mehr Befehl als Empfehlung. Denn Hans Modrow, der als Vorsitzender des Ministerrates in diesen Tagen die größeren Zusammenhänge im Blick und die Gespräche im Ohr hatte, zwischen Bonn und Berlin, wollte die Wirtschafts- und Währungsunion nicht gefährden. So erzählt es der Neffe an diesem Nachmittag.

Modrow, sagt er, hat gedacht, wenn die jetzt einen solchen Aufruhr machen und einen 17-Jährigen verhaften, den wegen Spionage einbuchten, dann könnte das alles noch scheitern. Dann war das alles umsonst, die ganze Anstrengung der Annäherung.

Denn für einen kurzen Moment, ein nervöses Zucken der Geschichte, hing die Währungsunion tatsächlich an einem schmalen Streifen hundertprozentigen Bodens, stand dieses Projekt auf tönernen Füßen im anhaltinischen Sand.

Dann haben sie den Jungen laufen lassen, sagt der Neffe, und alles ging seinen Gang.

Am 18. Mai 1990 unterzeichnen die Finanzminister Theo Waigel und Walter Romberg den Staatsvertrag zur Wirtschafts-, Währungs- und Sozialunion, die sechs Wochen später vollzogen wird. Am 1. Juli 1990, dem vielleicht wichtigsten Datum zwischen dem 9. November und dem 3. Oktober. Es ist der Tag, an dem die Bürger der DDR ihre Ost- gegen D-Mark eintauschen dürfen, der Kurs nun bei 1:1. Der Tag, an dem alle größeren Sparguthaben, aber auch Schulden halbiert werden und die Treuhand knapp 8000 Volkseigene Betriebe mit vier Millionen Beschäftigten übernimmt, um sie nach und nach zu privatisieren.

Der Tag aber auch, an dem hier in Büddenstedt die letzte Grenze vor der Haustür fiel und der Neffe, ganz legal, die erste deutsch-deutsche Ernte einfahren durfte, um von nun an Getreide aus Sachsen-Anhalt in Niedersachsen zu verkaufen. Getreide aus hundertprozentigem Boden, das sonst Hundefutter geworden wäre.

Das war, sagt er, ein schöner Sommerweizen, hoher Eiweißanteil, hohe Backqualität.

Und 1990 ein gutes Jahr.

Der Neffe ist kurz nach der Wiedervereinigung nach Sachsen-Anhalt gezogen und hat dort einen Hof gepachtet. Weshalb ihn die DDR noch ein bisschen länger begleitete. Hatte sie doch die ersten wiedervereinigten Winter überdauert, in den Köpfen, aber auch im Boden, unter den Pflanzen. Und er ahnte nichts Böses, bis zwei Jahre später das Telefon läutete, am anderen Ende der Leitung ein freundlicher Herr, der ihm ebenso freundlich nur eben mitteilen wollte, dass sie sein Land an der Halde in den kommenden Tagen von den dort noch zu vermutenden Minen befreien wollten. Keine große Sache, aber es wäre besser, jetzt nicht weiter zu graben.

Da stand er, den Hörer in einer seiner sehr großen Hände, und wusste auch nicht mehr weiter. Auf dem Acker die Maschinen, zwischen den Ähren die Männer, jeder Schritt seit Jahren womöglich der letzte, NVA-Kampfmittel, das tödliche Erbe der DDR.

Den Boden, sagt er, hatten wir schon fünfmal umgedreht, mit dem Pflug, mit den Schaufeln.

Dann kamen die Männer vom Räumkommando, drehten den Boden ein sechstes Mal um und entdeckten zwei scharfe Minen, aus dem Gürtel der Kippe noch, hoben sie vorsichtig aus dem Acker und verabschiedeten sich wieder.

Die letzten Spuren des Kalten Krieges, sie verschwanden an diesem Tag, im Sommer 1994.

Gott sei Dank, sagt Rose-Marie Hashash.

Um Gottes willen, sagt Joachim.

Und wir gehen langsam zurück, lassen den Streifen hinter uns und auch den Raps, links liegt wieder der Sportplatz, ein Hektar Spielwiese, grün in der Mittagsruhe. Am Sonntag ist Fußball, SV Glückauf Neu Büddenstedt, dann erwacht das Ende der Straße zum Leben, parken die Autos in dichten Reihen, sind die

Stimmen der Männer und Kinder bis in den Garten zu hören. Jedes Spiel ein Zonenrandderby. Der Strafraum dann das letzte streng bewachte Gebiet. Sechs Männer davor die einzige Mauer.

Zurück zum Haus, über das Kopfsteinpflaster, eine leichte Anhöhe hinauf, ist auch der Weg zurück in die Gegenwart, die sich uns hier jetzt in den Weg stellt. Wie Sperrholz, das noch abgeholt werden muss, sperrig und fordernd. Auch sie möchte nun unbedingt erzählt werden. Und wir möchten sie natürlich hören, auch dafür sind wir gekommen.

Ist das hier, will Joachim also wissen, noch Ost und West. Haben sich diese Begrifflichkeiten gehalten?

Nach all der Zeit. 30 Jahre, Mannmannmann.

Natürlich, sagt der Neffe.

Aber zu 110 Prozent, sagt Rose-Marie Hashash. Da muss sie gar nicht lange nachdenken.

Es gibt hier, erzählt sie dann, Menschen, die sagen immer noch Zone. Drüben die Zone, das bekommst du nicht raus. Wir hier, die dort. Und alle, sagt sie, bewegen sich auf schon ausgetretenen Pfaden, auf den bekannten Routen. Zum Einkaufen, zu den Verwandten, natürlich. Das sind familiäre Wege, sagt sie, die wurden beibehalten.

Manche aus Bequemlichkeit, andere aus Ignoranz. Spurrillen der Gewohnheit, die meisten großzügig mit Vorurteilen asphaltiert. So fahren die einen seit jeher nach Braunschweig und die anderen schon immer nach Magdeburg, das ist geblieben, über Generationen hinweg, die Grenze im Kopf. Und wenn sie sich doch einmal treffen, dann allenfalls auf der Autobahn, erkennen sich an den Kennzeichen und grüßen sich kaum. Das Echo der Hupen seit bald 30 Jahren verhallt.

Ein paar Anhaltiner, sagt der Neffe, stehen heute in Wolfsburg am Band.

Unter den Schloten der Autostadt. Was natürlich das gleich passendste Bild ist, für den Turbokapitalismus, den Wandel der

Gegend. Wenn Menschen, die früher 20 Jahre auf einen Trabi warten mussten, heute täglich den neuen Volkswagen zusammenschrauben, Wendegeschichten am Fließband. Das sind Ausnahmen, dahinter steht das Fremdeln.

Es rostet nicht.

Der Neffe aber, Niedersachse in Sachsen-Anhalt, ist sowohl als auch zu Hause, er kennt beide Seiten und deshalb auch die Sprüche, die Vorbehalte, all die Wunden, die vielleicht nicht mal die Zeit heilen kann. Die ganzen Symptome, verpackt in die Anekdoten der Ablehnung. Als er den Hof gerade gekauft hatte, da ließ er den Zaun gleich erneuern, mit Druckluft und Akkuschrauber. Bald kamen die ersten Nachbarn vorbei, neugierige Blicke. Und deren Reaktion im Kleinen, sagt er, spiegelte die Stimmung der Bevölkerung im Großen. Die einen also lächelten, grüßten freundlich. Endlich, sagten sie, passiert hier mal was. Endlich kümmert sich jemand, sonst wäre hier nur alles zusammengefallen. Die anderen aber standen nur da, in den Gesichtern ein Kampf. Nun schau dir den Wessi an, sagten sie dann, zu faul, um den Nagel selbst reinzukloppen. Als wäre kein Hammer allein schon Betrug an der Fahne, die langsam im Keller verstaubte.

Aber, sagt Joachim, der lange stumm zugehört hatte, diese Reaktionen gab es ja auf beiden Seiten. Auch viele Jahre später noch, das zog sich hinein, gegenseitige Verdächtigungen.

Und er erzählt seinerseits eine Geschichte aus Quedlinburg, Welterbe im Harz. 80 Hektar Fachwerk und Touristen. Dort hatte er vor einigen Jahre mitten im April einen Film gedreht, der an Weihnachten spielen sollte. Weshalb der Regisseur auch einen Weihnachtsmarkt aufbauen ließ, mit Hütten und Schnee, den ein LKW erst noch vom Brocken holen musste. Am Ende des Drehs, der Schnee geschmolzen, die Hütten schon schmuddelig, saßen die Schauspieler im Ratskeller, und irgendwann kam die Kellnerin an ihren Tisch, sichtlich empört, die Arme in den Hüften.

Die war, sagt Joachim, sonst immer sehr nett. Aber an diesem Tag war sie sauer. Nach Sekunden kochender Stille drückte sie ihre Wut in die Runde. Nee, sagte sie, was man sich alles anhören muss wegen euch. Gestern kam hier eine Gruppe Touristen vorbei, Wessis wie ihr, und die haben sich beschwert. Ja, ja, die Ossis, haben die gesagt. Keiner hat Arbeit, aber der Weihnachtsmarkt steht immer noch.

Er erntet das raue Lachen des Landwirts. Das ist gut, sagt der Neffe.

Weil es natürlich genau so ist. Die Wahrheit als noch immer sicherste Pointe.

Diese buckligen Missverständnisse, die verschrobenen Zuschreibungen, die Klischees, die als Kalauer getarnt an der Theke getauscht werden, das alles hat sich natürlich gehalten. Da gehört der schlechte Witz fast schon zum guten Ton.

Und was ist sonst noch geblieben, fragt Joachim und wird noch mal ernst.

Das Fördergefälle, sagt der Neffe.

Er zögert nicht. Es ist der Begriff dieser Gegend. Ein Unwort, das vom Abrutschen und Rübermachen erzählt, von vermeintlichen Gewinnern und tatsächlichen Verlierern. Es wird, ähnlich wie der Solidarpakt in Herne, hart ausgesprochen, dann ausgespuckt, fast als wollte man es loswerden. Und doch trägt es jeder, der 1990 schon dabei war, wie eine Diagnose, ein Attest der Benachteiligung. Eine noch immer schwierige Sache, die große Enttäuschung nach dem Mauerfall. Weil dann wegbrach, was immer sicher gewesen war, Gewissheit. Die so genannte Zonenrandförderung. Fast 40 Jahre waren die Gebiete westlich der innerdeutschen Grenze von EU, Bund und Ländern unterstützt worden, mit Zinszuschüssen oder Investitionszulagen.

Eine Finanzspritze als Entschädigung für die Nachbarschaft zum Eisernen Vorhang, eine Wiedergutmachung für einen Alltag mit Grenzblick.

1994 endete die Zonenrandförderung, lagen die einstigen Randgebiete doch plötzlich in der Mitte von allem. Und während den Betrieben im Westen die Subventionen entzogen wurden, begann in unmittelbarer Nachbarschaft der Aufbau Ost. Die Förderung hatte die Seiten gewechselt, das Geld floss jetzt in den nächsten Ort, ins Bundesland gegenüber, die andere Postleitzahl allein ein Lotteriegewinn mit fünf Richtigen.

Das war die Realität, sagt der Neffe, der ja selbst von den Investitionszuschüssen profitiert hat, 1996 den Hof kaufen konnte.

Drüben. Er nennt es USA. Unser Sachsen-Anhalt. Eine neue Welt.

Ich war dort, sagt er, auf der Gewinnerseite.

Wenn du damals 300 Meter die Straße runtergezogen bist, sagt Rose-Marie Hashash, wenn du dort deine Firma gegründet hast, dann wurdest du subventioniert. Wenn du 300 Meter weiter weg gebaut hast, war es gleich billiger.

So entstand ein Wettbewerb, der besonders für kleinere Firmen nicht zu gewinnen war. 1994 wurde so zum Einschnitt, und plötzlich blutete die Region. Wer konnte, ging. Wer es sich leisten konnte, wanderte ab. Nach und nach wechselte die Industrie die Seiten. Rübermachen, das war der Sprung in die neuen Geldtöpfe.

Eine Firma wie Schuberth aus Braunschweig, sagt der Neffe, ist nach Magdeburg gegangen. Die haben die Helme für den Schumacher hergestellt, das war der Stolz der Region. Nur ein Beispiel von vielen. Zurück blieb die Tristesse. Leere Hallen und leere Gesichter.

Zonenrand, schrieb die *Welt am Sonntag* 2003, ist abgebrannt.

Die Ecke hier, sagt der Neffe, ist hängengeblieben, weil es dieses Gefälle gibt.

Drüben, sagt seine Tante, ist so viel passiert. Drüben konnten sie aus dem Vollen schöpfen. Neue Straßen, Laternen, die Bürgersteige. Aber die Leute hier, auf der anderen Seite, wurden abgehängt. So erzählt sie es. Und es klingt, als hätte der Fortschritt, ein Handelsreisender aus Berlin, unter dem starken Arm einen Koffer voll Geld, damals am Ortsschild Helmstedt einfach angehalten. Als wäre er drüben geblieben. Sie muss, um das zu sehen, ja nur den Computer anschalten, dann Geduld haben, weil sich auf der falschen Seite die Seiten so langsam aufbauen.

Das schnelle Internet, sagt sie, war zuerst im Osten.

Rose-Marie Hashash, von der Welt vergessen manchmal, wartet hier auf ihrer Veranda noch immer auf eine stabile Verbindung. Und an jedem Samstag nimmt sie den Bus und fährt ins Nachbardorf, um Brot zu holen. Der einzige Bäcker im Ort, er musste vor kurzem schließen. Der Bus ist meist leer, Kinder sieht sie kaum noch. Zum Einkaufen fährt sie nach Magdeburg, weil das billiger ist. Mit der Bahncard 50. Das sind so die Kleinigkeiten, ihre Beobachtungen, mit denen sie gerne versucht, das Große zu erklären.

Seit 2017 ist Büddenstedt Stadtteil von Helmstedt.

Weil es der Ort, sagt sie, allein nicht mehr geschafft hätte.

Der Ort ist überaltert. Wer es sich leisten kann, geht. 25 Jahre Gefälle. Da wurden die Gegebenheiten vertauscht.

Jetzt, sagt sie, bröckelt der Westen, und der Osten leuchtet, dort stimmen die Fassaden.

Im Osten, sagt ihr Neffe nun, ist etwas dazugekommen, im Westen ist etwas weggebrochen.

Das ist der große Unterschied, er ist heute noch spürbar.

Und wem geht es besser, fragt Joachim.

Der Neffe lacht. Gefühlt wahrscheinlich keinem.

Weil doch den einen das Geld, den anderen aber das System abhandengekommen ist. Und am Ende stehen sie dort und haben sich gegenseitig im Verdacht. Den Nachbarn, der mindestens das Glück gepachtet hat. Nur rüber gehen sie nicht.

Wir aber brechen nun auf und machen uns auf den Weg über die einstige Grenze, verschüttete Pfade, man muss hier zu Hause sein, um sie auf Anhieb zu finden. Weshalb uns die beiden noch ein Stück begleiten.

Bis nach Offleben, sagt der Neffe. Wo einst die Welt zu Ende war, weil die DDR gleich am Ortsausgang anfing.

Eine Sackgasse, sagt seine Tante. Da ging man nicht hin, man kam ja nicht weit.

Heute steht genau dort, am Ende der Welt, eines jener braunen Schilder, die im ganzen Land an den ehemaligen Grenzverlauf erinnern. Deutschland darauf in Grau, der Eiserne Vorhang eine hässliche Nabelschnur, die sich weiß abzeichnet gegen den Kontinent. Hier waren, steht dort, Deutschland und Europa bis zum 31. Dezember 1989 um 10 Uhr geteilt.

Hier halten wir und parken den Wagen vor einer verlassenen Gaststätte. RESTAURANT GRENZBLICK.

Viel ehrlicher, sagt Joachim, geht es ja kaum.

Sonst aber gibt es nicht viel, keine Zäune, keine Befestigung mehr. Nur wer den Blick senkt, erkennt auf der Straße noch die Spuren der Teilung. Denn am Ortsausgang wird aus Pflaster plötzlich Asphalt, beginnt eine sichtbar andere, glattere Fahrbahn, sie führt nach Sachsen-Anhalt.

Die haben, sagt Joachim, tatsächlich die besseren Straßen.

Das Gefälle auf ebener Strecke. Und weiter hinten dann macht ebendieser Asphalt einen Bogen, als müsste er einem unsichtbaren Hindernis ausweichen. Dort, sagt Rose-Marie Hashash, stand früher ein Wachturm.

Dort ist sie, am 7. Januar 1990, zum ersten Mal über die Grenze gelaufen, mit ihrem Mann an der Hand. Im Turm ein Soldat, den fragte sie noch. Können wir da jetzt wirklich rüber? Der Soldat nickte. Einfach so? Ja, sagte der Soldat, wenn Sie einen Ausweis haben. Wir sind dann, erzählt sie, aber nur zehn Meter gegangen. Das war ein unheimlicher, ein kaum glaubbarer Moment. Dort hinzukönnen, wo vorher immer zu war.

Der Wachturm wurde später abgerissen, die Straße jedoch nie

begradigt. So ist die Erinnerung an die DDR an dieser Stelle ein im Grunde sinnloser Schlenker.

Die Schönheit der Ironie, sagt Joachim. Man erkennt die Geschichte in ihrer Abwesenheit.

Dann verabschieden wir uns von Rose-Marie Hashash und ihrem Neffen und fahren hinein.

Sachsen-Anhalt, Land der Frühaufsteher.

Wir sind hellwach.

AUSGEKOHLT

Nach Harbke, zum Bergmann, fahren wir über sagenhaftes Kopfsteinpflaster, hier leuchtet die Ebene, hier trifft das Ultrablau des Himmels auf das Sattgrün der Heide. Farben, die unecht erscheinen. Und am Rande dieses Weges steht ein Baum, älter als die Menschen selbst, ganz sicher kein Pionier, die Krone leicht über die Straße geneigt.

Wie bei Fontane, sagt Joachim.

Wir verringern unsere Geschwindigkeit, lassen die Landschaft wirken. Joachim macht ein Foto für später, das glaubt uns ja sonst keiner. Nicht die Begegnungen bisher, nicht das Leuchten des Landes. Das alles brennt intensiv auf der Netzhaut, liegt als Echo im Gehörgang. Hinter uns die Felder, vor uns gleich wieder die Kohle. Wir fahren an, überholen einen älteren Herrn, der ein noch älteres Damenrad mit Einkäufen beladen hat, Kartoffeln und Gurken, er kommt vom Markt und schlingert leicht, lächelt und winkt, legt sich zu Hause ins Kornfeld. Hinter der nächsten Kurve: Baustelle, Umleitung, ein Heimatmuseum. Eine vorübergehende Ampel regelt den Gegenverkehr, wir warten.

Danach wieder nur Straße, Himmel und Felder, bis an das nächste Ortsschild gezogen, hinter dem Joachim sofort die Lore entdeckt. Sie steht dort als Denkmal, mit Steinen beladen, wacker und unbeweglich, geronnener Fortschritt. Wichtig jetzt: Kurz ankommen. Dreihundertsechziggradblick. Links im Augenwinkel schieben zwei Kindergärtnerinnen einen voll besetzten Bollerwagen über die Hauptstraße, darin die Kinder, die in Büddenstedt angeblich fehlen, in Harbke weht ihr Lachen herüber.

Ein Klang gegen die sonstige Dorfstraßenruhe, hinter der ein Besucher aus der Stadt immer gleich die Tristesse vermutet, die Geschichten der Abgehängten. Provinzfassaden, jedes Urteil darüber natürlich eine urbane Anmaßung. Die Kindergärtnerinnen aber sehen dann trotzdem so aus, wie man sich jetzt als Wessi die gerade nicht mehr junge Ostfrau auf dem Land vorgestellt hat. Die Haare mehrfarbig, die Nägel auch, darauf der Strass. Sie glitzern in der Sonne, die beiden, als wollten sie sich bewusst bunt abheben gegen das Grau der umliegenden Häuser. Und schieben die Kinder nun unter dem Schlagbaum einer Gartenkolonie hindurch, eine der Kindergärtnerinnen flucht, die andere raucht.

Danach bleibt die Stille, willkommen in Harbke.

Joachim steigt aus und macht auch vor der Lore ein Bild, für zu Hause. Lore, das bedeutet ja immer gleich Heimat. Auch wenn er im Herzen, Ehrensache, natürlich die Steinkohle trägt. Das echtere Ding. Was jetzt an diesem Ort der Andacht kurz verhandelt werden muss.

Braunkohle, sagt er deshalb, das war für uns im Pott immer die zweite Mannschaft. Und er erklärt mir den Unterschied.

Unter und über Tage.

Die einen, ganz einfach, sind in den Berg gefahren, Testosteronbolzen mit dem Presslufthammer über der Schulter, das Ruhrgebiet noch im Saft, die anderen haben die Berge erst aufschütten müssen. Männer in riesigen Baggern.

Er lacht, das Augenzwinkern hinter der Westbrille, das muss zwischendurch auch mal erlaubt sein. Joachim, Hacke und Spitze, jongliert jetzt einfach ein bisschen mit der eigenen Abgrenzung, hält die Vergangenheit in der Luft.

Und überhaupt, er stutzt, schaut noch einmal zurück. Hinter uns die Kippe, die Geschichte der Obornys. Vor uns das Dorf der Bergmänner. Überall auch: von Menschen gemachtes Land, vermessen und auf Karten verzeichnet, mit dem Hammer gedacht und dem Zirkel gezogen.

Grenzen und Fluchten. Er schüttelt den Kopf, amüsiert und nachdenklich. Abraumgedanken.

Erst, sagt er dann, schaffen sie künstliche Hügel, meterhoch. Und dann wundern sie sich, wenn die Menschen, die auf diese Hügel steigen, Fernweh bekommen.

Weil sie von dort oben weit hineinschauen können, in ein anderes Land. Darüber sollten wir, im Wohnzimmer des Bergmanns, auch gleich noch mal sprechen. Das schließlich sollte dort möglich sein. Weil doch der Blick von hier der genaue Gegenschnitt ist zu den Geschichten des Neffen, Aufzeichnungen von der anderen Seite der Halde.

Wir biegen ab, stellen den Wagen auf unebenes Pflaster, hinter Zäunen und rostigen Gittern jäten zwei Männer ihre jeweiligen Gärten, in denen vom Unkraut der Jahre nichts mehr übrig ist, alles leuchtet in Reih und Glied, die Sonnenblumen, die Briefkästen. Vor jedem Haus mindestens ein Mittelklasse-PKW.

Der Bordstein ist abschüssig, so stehen wir noch kurz etwas schief und auch etwas verloren in dieser Gegend, die ersten Blicke treffen uns schon, Argwohneinheiten, dann klingelt Joachim. Orlowski.

Wir hören Schritte, die Tür öffnet sich, und der Bergmann bittet uns herein. Im Flur, kurz notiert, stehen auf einem Sicherungskasten sechs Taschenlampen, als könnte hier noch jeden Moment der Strom ausfallen, die Nacht oder die Vergangenheit hereinbrechen. Im Wohnzimmer, die Couchgarnitur aus braunem Leder, die Schrankwand aus braunem Holz, sitzt seine Frau. Und die Wände erzählen von einem Leben in Wellen, dem Auf und dem Ab des Bergmanns Reiner Orlowski, der auf Sand gelebt hat und am Ende doch von einer Flut erfasst wurde.

Dort gibt es, neben einem Steuerrad, eine Statue der Barbara, der Schutzheiligen der Bergleute. Sie steht auf einem in die Wand geschraubten Podest, erhaben.

Ich bin nicht gläubig, sagt Orlowski, aber die bleibt.

Einmal Bergmann, immer Bergmann, das wird man nicht los.

Joachim kennt die Figur und ihre Geschichte. So eine, sagt er, lag auch auf dem Sarg meines Vaters. Der war, wissen Sie, unter Tage.

Orlowski schaut kurz, ein Zucken des Erkennens. Glück auf, sagt er dann, seine Züge plötzlich ganz weich, setzen wir uns.

Glück auf, das gehört sich doch so. Unter Kumpeln und den Söhnen von Kumpeln. Unter Männern, die von Bergen sprechen, wenn sie von Hügeln erzählen.

Orlowski, sagt Joachim, das klingt wie das Ruhrgebiet.

Meine Mutter, sagt Orlowski und nickt, kam aus Schlesien, mein Vater war Ostpreuße. Orlowski und Król. Wanderernamen, Arbeiternamen. Gleich ganz vertraut. Bald kocht der Kaffee in der Küche, es ist dann gleich gemütlich, im Haus des Bergmanns.

Und Joachim erzählt von der bisherigen Reise. Von Uschi, den Uniformen, dem Unglauben. Und Reiner Orlowski nickt immer nur, als würde ihn das alles nicht sonderlich überraschen. Er ist 78 Jahre alt, wirkt aber zehn Jahre jünger und erinnert in seiner Sehnigkeit an den ehemaligen Marathonläufer und Olympiasieger der DDR Waldemar Cierpinski, er ist eine Extrarunde gelaufen, er nennt das Kind beim Namen.

Ich wurde gut gepflegt, sagt er.

Ein Kompliment, seine Frau lächelt, die kurzen Gesten einer langen Ehe. Orlowski, das erklärt er jetzt, ist Bergingenieur, er hat die Braunkohle studiert. Von der Pike auf. An der Fachschule in Senftenberg erst und später aus der Ferne an der Bergakademie Freiberg, dort musste er hin, alle sechs Wochen, sieben Jahre lang, das Diplom am Ende ordentlich ausgehändigt.

Ich bin, sagt er, in der Kohle groß geworden.

Seit 1960 lebt er in Harbke, er hat hier gegraben und auch gelitten, hat Freundschaften geschlossen und sich durchaus Feinde gemacht, die Erde und auch die Zeit zwischen den Fingern.

Und zwischendurch hätten sie ihn, an der Wand die Heilige, am liebsten zum Teufel gejagt. Aber dazu kommen wir noch.

Erst einmal muss Reiner Orlowski von der Grenze erzählen. Und von der Kohle. Die Geschichte dieses Landstrichs, die später dann zu seiner eigenen wird. Deshalb sind wir ja hier. Zwei Fragende im Wohnzimmer eines Mannes, dessen Beruf es immer verlangte, möglichst schnell eine Antwort zu wissen. Und er, bedächtig, steht noch einmal auf, verlässt den Raum, um etwas zu holen, aus einem der anderen Zimmer. Als er zurückkommt, legt er ein Buch auf den Tisch. *Bagger greifen ein. Ein friedlich gelöstes Grenzproblem.* Von Reiner Orlowski.

Hier, sagt er, steht alles drin.

Und fängt dann, die Gründlichkeit in jeder Geste, die Wörter immer griffbereit, ganz vorne an. Blättert nun rückwärts durch die Jahrhunderte, weil es die Grenze doch ewig schon gibt, der Boden Interessengebiet, begehrt, zerrissen, blutgetränkt. Rechts und links immer schon unterschiedliche politische Interessen, unterschiedliche Glaubensformen und, ja, das auch, unterschiedliche Mundarten. Dort standen die Fürsten von einst, die ihren Hunger nach Macht zuerst mit Land stillen wollten. Im Westen, ein Beispiel nur, Heinrich der Löwe, im Osten der Erzbischof Wichmann zu Magdeburg. Namen, die nach den Waffen ihrer Zeit klingen, nach dem Schwert und dem Kreuz. Weshalb man auf dieser Linie auch wunderbar die Historie aufziehen kann, wie Perlen auf einer Schnur.

Die Grenze hier, so erzählt es Orlowski, muss man sich deshalb gleich mehrfach denken, im Zickzack zwischen Ländern und Blöcken, 1680 vereinbart zwischen Braunschweig-Lüneburg und Magdeburg, den Herzogtümern dieser Region, richtig vermessen aber erst 150 Jahre danach, wegen der Steuern für Grund und Boden. Dann auch mit Grenzsteinen markiert. Von Braunschweigern und Preußen, auch sie Stirn an Stirn.

In Offleben, das hatte uns der Neffe noch erzählt, waren die

Spuren dieser Rivalität lange sichtbar gewesen, hatte die Grenze den Ort bestimmt. Da gab es zwei Friedhöfe, zwei Schulen und noch jede Straße doppelt, einmal für die Preußen, einmal für die Braunschweiger. Eine Teilung, Jahrhunderte vor den Wachtürmen, den Zäunen, dem Schießbefehl.

Viel später dann, nach den Kaisern und nach der Republik, im Größenwahn eines selbsternannten Führers, verlief hier die Reichsgrenze, war das Land in Gauen geordnet. Süd-Hannover-Braunschweig und Magdeburg-Anhalt. Dann aber, Deutschland hatte den Krieg verloren, standen links die Briten und rechts die Russen. Die Siegermächte, sie machten auch hier aus einem Land zwei.

Die Alliierten, sagt Orlowski, haben sich dabei an der historischen Linie orientiert, ein bisschen wurde gefummelt, ein bisschen wurde begradigt, aber im Großen und Ganzen war die alte dann auch die neue Grenze. Nur trennte sie jetzt nicht mehr nur Mundarten, sondern gleich auch, so nennt es Orlowski, zwei ideologische Hemisphären. Ein eiserner Äquator, an dem man in den Jahrzehnten danach die Kälte des Krieges messen konnte. Links der Kapitalismus, rechts der Sozialismus, die vielleicht doch wichtigste Glaubensfrage des 20. Jahrhunderts.

Und die Kohle, fragt Joachim. Der Tagebau geteilt, die Grenze beweglich. Wie kam das? Wann fing das an?

Reiner Orlowski, am Tisch, greift nach seinem Buch, überblättert das Vorwort, in dem er von kleinen Brücken schreibt, mit Sachkenntnis und Respekt gebaut. Steigt dann wieder ein, spricht auch hier in Zitaten, druckreif und genau. Als müsste er noch immer Bericht erstatten. Eine Pflicht, der er gewissenhaft nachkommt. Reiner Orlowski lässt die Zahlen aufmarschieren.

Begonnen, sagt er, hatte das alles schon Mitte des 19. Jahrhunderts, gleich nach der Erfindung der Dampfmaschine.

Die neue Industrie brauchte immer neuen Brennstoff, und die Bäume, sie wuchsen nun mal nicht so schnell und schon gar nicht in den Himmel. Und weil die Steinkohle aus dem Ruhrgebiet für den Transport wenig geeignet und die Elbe nicht zu jeder Zeit schiffbar war, fing man an, vor der Haustür zu suchen, Fossile in hundertprozentigem Boden. Und entdeckte hier schließlich eine Braunkohlemulde, 70 Kilometer lang und etwa sechs Kilometer breit, die von Helmstedt bis nach Staßfurt reichte. Die Grenze verlief genau darüber. Das aber störte lange Zeit niemanden.

Vor dem Zweiten Weltkrieg, erklärt Orlowski, spielte das keine Rolle, da war das hier alles eins. Ein Betrieb, die Braunschweigischen Kohlen-Bergwerke, dem alle Anlagen gehörten. Deshalb wurde die Arbeit an der Demarkationslinie auch nach dem Krieg nicht unterbrochen.

Die Alliierten, erzählt Orlowski, haben damals gesagt: Die Leute brauchen Strom, also rauft euch zusammen. Das ging anfänglich auch gut, bis 1947 noch. Dann aber wurde es politisch, dann wurde es, das muss man so sagen, schon wieder beschissen. Mit der Gründung von BRD und DDR begannen Bürokratie und Politik, die Zerwürfnisse und Befindlichkeiten der Teilung, die Zusammenarbeit zu erschweren, bald wurde das seit 1915 geeinte Gebiet wieder geteilt. Es gab nun zwei Tagebaue, für jedes Land einen, und bald keinen Kontakt zwischen den Betrieben.

Zwischendurch mussten beide Anlagen schließen.

Mit dem Mauerbau dann war die Grenze endgültig undurchlässig geworden.

Und die beste Kohle lag darunter, 15 Millionen Tonnen, von nun an unerreichbar.

Das Land in der Mitte, erst mal für beide Seiten verloren.

Der sogenannte Grenzkohlepfeiler.

Der, sagt Orlowski, durfte nicht angetastet werden. Das war Gesetz, Bergrecht. Wenn ein öffentliches Interesse an einer Anlage besteht, so heißt es im Paragraphendeutsch, dann darf nicht eingeschnitten werden, auch unter Tage nicht.

Hier wäre sonst, sagt er, die öffentliche Sicherheit gefährdet worden, genau an der Grenze. Durch Rutschungen, zum Beispiel. Oder durch Brüche.

Und er meint die Urgewalt der Natur, die Erde, den Druck und das Gestein. Aber natürlich ist dieser Satz, die Spannung darin, gerade hier als Metapher zu lesen, als das mögliche Desaster an der Demarkation. Selbst wenn ihm, dem Bergmann, das in diesem Moment vielleicht gar nicht bewusst ist.

An der Grenze, Ost und West, Stirn an Stirn, Bagger an Bagger, ging es nun mal vor allem darum, keine Lawine loszutreten.

War diese Mulde bei Harbke doch bald schon der größte denkbare Schützengraben an einer verhärteten Front, weil sich auch hier die Blöcke berührten, die NATO und der Warschauer Pakt, in einem Krieg, der mit Worten geführt wurde, und mit Baggern statt Panzern.

Reiner Orlowski stand bald genau dort, um das nächste Unglück zu verhindern. Zwischen den Halden und zwischen den Menschen. Er wusste ja, wie. Sie hatten ihn 1960 in den Tagebau geholt, nachdem die Erde in Nachterstedt, sechs Millionen Kubikmeter, Häuser und Menschen mit sich gerissen hatte, das große Drama in der Nähe. So etwas sollte nicht noch einmal passieren, deshalb brauchte die Bergbehörde nun Männer wie ihn, Hydrologen, Geologen, die sich auskannten, mit dem Willen des Gesteins und den Launen des Wassers. So war er gleich verantwortlich dort, er schützte die Grube, die Leben der Kumpel. Reiner Orlowski musste genau hinschauen.

Das war mein Ressort, sagt er. Die Böschungssicherheit. Die Tagebausicherheit.

Bis 1976. Dann änderten sich die Verhältnisse. Dann wurde er Leiter der Inspektion.

Joachim, der in dem dunklen Sessel so aussieht, als hätte er schon immer dort gesessen, ein ständiger Gast, rutscht nun ein Stück nach vorne, er hat auf die Karten und auf die Fotos geschaut, die Jahre gezählt und würde jetzt gerne mehr sehen.

Das große Loch, mit weitem Blick auf den Rest der Geschichte schauen.

Können wir, fragt er, in den Tagebau fahren?

Orlowski nickt. Natürlich. Es ist ja nicht weit. Ein Steinwurf nur, er lacht. Er muss sich nur eben feste Schuhe anziehen und das Auto aus der Garage holen.

Eine Viertelstunde später fahren wir Kolonne auf einem schmalen Weg, Schotter und Kies, karges Land. Orlowski hält vor einem Schlagbaum, wir bleiben dahinter. Weiter geht es zu Fuß, zu beiden Seiten Gestrüpp, dorniges Dickicht. Schilder warnen vor den Gefahren der Hänge, eine schwarze Hand, die Einhalt gebietet. Bergbaugelände. Unbefugtes Betreten verboten, verwitterte Drohungen. Die Grube dahinter geschützt vor neugierigen Blicken. Unter einer gnadenlosen Sonne zirpen Grillen, sonst ist jene Stille zurück, die wir schon aus Büddenstedt kennen, und es liegt eine seltsame Ahnung über diesem Boden, aus der Geschichte oder aus einem Gefühl heraus, dass hier jeder Schritt noch immer der falsche sein könnte. Der arglose Besucher setzt die Sohle besser sachte auf. Orlowski aber beherrscht den sicheren Gang des Ortskundigen. Dann öffnet sich das Panorama, liegt da zu unseren Füßen eine ganz unglaubliche Landschaft, die Definition von Weite. Und es ist so grün, dass es fast unmöglich ist, sich vorzustellen, wie grau es mal war.

Hier aber, am Rand des ehemaligen Tagebaus, in der Gegenwart des ehemaligen Bergmanns, müssen wir uns das alles dazudenken, die Bagger, Ungetüme aus Stahl, gigantische Landräuber, ihre Schaufeln auch, die sich in den Boden fressen. Die Schornsteine, die Eisenbahnschienen. Und natürlich den Zaun, um den es gleich gehen wird. Das dauernde Dröhnen der Grenze.

Es ist eine Doppelbelichtung der Szene, die Joachim deutlich besser gelingt, er kann sich seinen Teil denken, den verbrannten Himmel der Kindheit, die Schlote der 60er Jahre. Ein Land, aus dem die Farbe gezogen wurde.

Reiner Orlowski steht nun dort an der Kante, das Hemd streng in der Hose, sein Handy am Gürtel, griffbereit in einem Halfter aus Leder, als wäre jedes Telefonat noch immer ein Duell, er hält kurz inne, sein Blick schweift, flackert hinter getönten Brillengläsern. Er gleicht ab, er kartographiert seine Erinnerungen, bevor er sich zu uns dreht, um sie mit uns zu teilen. Und sieht dabei aus, als hätte Caspar David Friedrich versucht, das Ende der Industrialisierung zu malen. Ein Wanderer, unter ihm ein künstliches Tal.

Nun deutet er hinein in die Weite, zieht Linien, teilt das Land mit den Händen erneut. Und wir denken uns Ost und denken uns West, links und rechts, versuchen zu folgen.

Der Kohleabbau, sagt Orlowski, war über die Jahre eine Bewegung aufeinander zu. Unweigerlich, weil die Bagger immer näher an die Grenze schwenkten. Eine Annäherung mit sehr schwerem Gerät, ein Tanz der Kolosse, die schwerfällige Balz um die Kohle, 15 Millionen Tonnen, auf die dann doch beide ein Auge geworfen hatten, natürlich.

Bald, sagt Orlowski, war der Punkt erreicht, an dem allen klar war, dass etwas passieren musste, aus der Bewegung und nicht aus dem Stillstand heraus.

Doch bevor hier in der Börde etwas passieren konnte, mussten sich erst einmal die Gewerke der Welt in Bewegung setzen. Die Menschen im Tagebau, sie warteten auf ein Beben, weit entfernt. Und sahen schließlich die Bilder aus Helsinki.

Dort, in der finnischen Hauptstadt, 1700 Kilometer von Harbke entfernt, wird am 1. August 1975 die Schlussakte der Konferenz für Sicherheit und Zusammenarbeit in Europa (KSZE) unterzeichnet. Sie bildet den erfolgreichen Abschluss eines fast zweijährigen Verhandlungsmarathons, an dessen Ende die teilnehmenden Staaten, darunter auch die USA und die Sowjetunion sowie nahezu alle europäischen Länder, zehn Prinzipien ihrer zukünftigen Beziehungen festlegen. Die Schlussakte regelt, unter anderem, die territoriale Integrität aller Länder, den Verzicht auf Gewalt und die Unverletzlichkeit der Grenzen. Sie wird auch von Helmut Schmidt und Erich Honecker unterzeichnet, die sich am Rande der Verhandlungen mehrfach begegnen.

BRD und DDR sind in Helsinki Sitznachbarn.

Die Akte und die Unterschriften darauf werden zum Wendepunkt in den Beziehungen zwischen Ost und West.

Ein erster großer Schritt hin zur beweglichen Grenze im Tagebau.

Danach, sagt Orlowski, ist auch hier eine bessere Verständigung entstanden. Man hat ein bisschen mehr Kontakt miteinander bekommen und sich dann bald zusammengesetzt, um einen entsprechenden Vertrag aufzusetzen, in dem die Interessen beider Länder berücksichtigt wurden.

BRD und DDR an einem Tisch, das ging dann plötzlich. Aber es musste auch gehen, beide wollten ja etwas, beide brauchten die Kohle. Und bevor sie weiter graben konnten, mussten sie sich eben erst mal die Hand reichen.

Ökonomie schlägt Ideologie, sagt Joachim.

Und Orlowski nickt. Natürlich. Das gab es ja oft.

Und Joachim zählt auf. Ikea, zum Beispiel, hat in der DDR produzieren lassen, unsere Kühlschränke waren von Scharfenstein, und wenn du den Neckermann-Fernseher aufgeschraubt hast, stand da VEB Fernsehelektronik drin. Der dauerhafte Austausch der Technologien, da musste man ja nur in die Röhre schauen.

Orlowski lacht, war so.

Am 19. Mai 1976 jedenfalls wurde schließlich im Ministerium für Außenhandel in Ost-Berlin ein Papier unterzeichnet. Der Vertrag, so heißt es im Original, über den Abbau des grenzüberschreitenden Braunkohlevorkommens im Raum Harbke (Deutsche Demokratische Republik) und Helmstedt (Bundesrepublik Deutschland). Und schon bald konnten die ersten Pläne ausgetauscht werden.

Da, sagt Orlowski, wurden ganz simple Dinge geklärt. Was wollt ihr machen. Wie wollt ihr das machen. Wann wollt ihr das machen. Und vor allem: Wie können wir uns gegenseitig nicht behindern. Das war die überhaupt wichtigste Frage.

Deshalb wurden sogenannte Austauschgebiete festgelegt. Land, das die Seiten wechseln durfte. Das mal den einen und dann den anderen zur Verfügung stand.

Das heißt doch, sagt Joachim, den Blick ebenfalls in die Ferne, dass die Grenze da unten immer wieder neu gezogen wurde. Oder nicht?

Weil die einen doch mit ihren Baggern irgendwann in das Hoheitsgebiet des anderen schneiden mussten.

Genau das, sagt Orlowski, war der Knackpunkt.

Deshalb wurde ein Zaun gebaut, der die Betriebe voneinander trennen konnte, ohne den Abbau zu behindern. Dieser Zaun musste zum Westen hin durchlässig erscheinen und dabei dennoch stark genug wirken, um das Sicherheitsbedürfnis der DDR zu befriedigen. Der sprichwörtlich schmale Grat. Das war die Aufgabe.

Und weil an der Grenze nichts dem Zufall überlassen werden durfte, wurde auch gleich die Beschaffenheit dieses Zaunes vertraglich geregelt. Seine Höhe zuerst. Dann die Weite der Maschen, das Material der Säulen. Zwei Meter hoch durfte er sein. Und während die DDR Betonpfähle benutzte, trieb die BRD Stahlrohre in die Erde. Darüber hinaus hatte jede Seite die Möglichkeit, zwei Türen einzubauen. Zwei Löcher im Zaun, mit Schlössern gesichert. Sie waren die eigentliche Besonderheit dieser Anlage, sie machten aus dieser Grenze einen Ort der Begegnung, dicht und durchlässig zugleich.

An diesen Türen gaben sich Ost und West die Hand.

Und Reiner Orlowski war, soweit er sich erinnern kann, immer dabei. Man hatte ihn zum Leiter der Inspektion gemacht, er war nun der Sicherheitsbeauftragte für den Abbau des Grenzkohlepfeilers, so hieß das nun mal. Und damit auch der Mann, der in den Westen schauen musste, um die Interessen seiner Heimat zu vertreten. Immer am Zaun. Die Grenze vor der Brust, die Grenze im Nacken. Über ihm nur noch der Werksleiter. Bei ihm, so sagt man wohl, liefen die meisten Fäden zusammen. Er hatte die Stimmen im Ohr, Bedenken und Befehle. Den Westen, die Grenzsicherheit. Orlowski sollte die Pläne prüfen. Schauen, ob das überhaupt machbar war, sicherstellen, dass die Bagger von drüben nicht zur Gefahr werden, dazu Provokationen erkennen und Rutschungen verhindern. Und so stand er alle drei Monate am Zaun, unter dem Arm die Papiere, eng beschrieben und schwer.

Vierteljährlich, sagt er, so war es vereinbart, wurden die Unterlagen ausgetauscht. Damit jeder wusste, was der andere vorhatte. Die Treffen wurden über einen Fernschreiber vereinbart. Oder über einen gesonderten Anschluss, Harbke 290, im Büro des Betriebsdirektors. Ein roter Apparat mit schwarzen Tasten. Die Telefonate, oft von besonderer Dringlichkeit, mussten zuvor beim Fernmeldeamt der Deutschen Post angemeldet und in einem Aufzeichnungsbuch dokumentiert werden.

Der heiße Draht, sagt Orlowski.

Die vielleicht stabilste Verbindung zwischen Ost und West. Die Gespräche mit dem roten Telefon waren kurz, mehr Zahlen als Floskeln. Zeit und Ort, Anfrage und Bestätigung. Treffen um 10 Uhr an Tor 1. Mehr brauchte es nicht.

Dann, sagt Orlowski, waren auch beide da. Das war alles sehr pragmatisch. Der Schlüssel musste beim Stab der Grenztruppen abgeholt werden. Dann wurden die Türen geöffnet und mit den Unterlagen nur wenige Worte gewechselt. Zum Handschlag der knappe Gruß der Bergmänner.

Das, sagt er, war Bedingung. Kumpel hier, Kumpel dort. Man begrüßte sich mit Glückauf und ging mit Glückauf auseinander.

Die unbedingt notwendigen Kommandos, immer höflich und korrekt.

Wir haben das, er sagt es mit Stolz, gut geregelt.

Gut und friedlich, vor allem. Ohne Drohungen oder Soldaten. Denn im Bereich der Zäune gab es keine Grenzer. Die sogenannte Zone A wurde lediglich von einer zivilen Betriebswache kontrolliert. Kumpel, die unbewaffnet ihre Runden drehten. Eine bewusste Entscheidung.

Für die Entspannung, sagt Orlowski. Das wäre doch im Chaos geendet, wenn wir uns da mit Waffen gegenübergestanden hätten.

An offenen Türen. Reiner Orlowski also war dabei, wenn die Grenze aufgeschlossen wurde. Und er stand daneben, wenn sie verschoben wurde.

Der Zaun, erzählt er nun, wurde dauernd versetzt. Mal 200 Meter nach hinten, dann wieder 300 nach vorne. Ständig neu gezogen, im Austausch der Gebiete.

Es gab sechs Abbauphasen, sagt Orlowski. Und jede Phase hatte einen Zaunumbau. Die Grenze, hier beugte sie sich dem Willen der Bagger. Und so war der Tagebau in Harbke bald der einzige Ort, an dem die innerdeutsche Grenze beliebig wurde, bewegliche Hemisphären.

Wichtig war dabei nur, sagt Orlowski, dass zu keiner Zeit eine Lücke entstand, ein tatsächliches Loch in der Grenze, weswegen der alte Zaun so lange stehen musste, bis der neue fertiggestellt war. Dann erst konnte das Material abgebaut und in Teilen übergeben werden.

Die immer gleiche Masche, der Wink mit dem Zaunpfahl. Abriss West und Aufbau Ost und umgekehrt.

Die Übergaben selbst waren Staatsakte ohne jedes Publikum oder große Gesten. Auch sie wurden telefonisch vereinbart, in knappen Gesprächen Tag und Uhrzeit durchgegeben. Dann trafen sich zwei Brigaden, während das nun überflüssige Material, dieser Rest Grenze, von einem Bagger über den neuen Zaun gehoben wurde, auch hier wenig Worte im Wind. Glück auf und auf Wiedersehen. Eine Routine, die nur an jenen Tagen unterbrochen wurde, an denen Sprengstoff ausgetauscht wurde.

Kisten voll Dynamit.

Das war ein Unterschied, sagt Orlowski ganz beiläufig, als hätte er seinem Nachbarn nur eben Salz auf die Schwelle gestellt.

Joachim aber stutzt. Und schaut ihn an, mit den großen Augen eines Mannes, der seinen Ohren nicht trauen kann.

Wieso, fragt er dann, habt ihr Sprengstoff getauscht?

Ganz einfach, sagt Orlowski. Und in seinem Lächeln liegt die Überlegenheit eines Mannes, der die Regeln kennt und die Gesetze, die Satzungen und Verfügungen, und der mit den Jahren gelernt hat, dass man mitunter schneller ans Ziel kommt, wenn man auf dem Weg dorthin auf Paragraphen reitet.

Man konnte, sagt er schließlich, nicht einfach den DDR-Sprengstoff nehmen, um auf ausgetauschtem BRD-Gebiet zu sprengen. Oder umgekehrt.

Das ließ die Bergverordnung nicht zu.

So gab es im Leben von Reiner Orlowski eben auch Tage, an denen er in einer schmalen Tür in der Grenze stand, um mit einem ihm kaum bekannten Mann aus dem Westen Dynamit zu tauschen. Nur wäre es natürlich naiv zu glauben, ihn hätten diese Momente aus der Ruhe gebracht.

Das, sagt er, lief alles ziemlich problemlos. Die kamen mit ihren Kisten, schoben sie rüber, und wir fuhren sie weg.

Entscheidend war auch hier lediglich, das Protokoll einzuhalten, die festen Regeln in einem mitunter merkwürdigen Spiel, das ihm in all den Jahren in Fleisch und Blut übergangen war.

Es gehört heute zu ihm, er ist ein Teil davon geworden.

Und wenn Reiner Orlowski hier in Harbke, am Rand der einstigen Grube, in die Landschaft schaut, über den Sanddorn und die Birken, über all die Pioniere hinweg, sieht er noch immer den Wachturm, der auf dem Hügel stand, darin Männer, die Bescheid wussten. Und wenn er davon erzählt, das fällt gleich auf, nennt er all das, die Offiziere und die Befehle, immer nur: die Grenze. Als wäre er dort tatsächlich etwas Größerem begegnet, einem Wesen mit Augen, die alles sehen, und Ohren, die alles hören konnten, allgegenwärtig und launig, manchmal gefräßig, oft genug gnadenlos.

Ein Mahr, der seine Opfer forderte. Und Gehorsam. Mehr Geist als Ort.

Die Grenze. Reiner Orlowski hat mit ihr zusammengearbeitet.

Da ich fachkundig war im Tagebau, sagt er nun, hat man irgendwann gesagt: Orlowski, du machst jetzt die Sicherheit vom Ganzen. Wer geologisch sicher ist, so hieß es, der kann auch politisch sicher sein. Jeden Stein umdrehen.

Was genau, fragt Joachim jetzt, war Ihre Aufgabe?

Ich, sagt Orlowski, musste sicherstellen, dass die Leute richtig eingesetzt werden, die Ordnung gewährleisten. Und damit auch die Zweifler in Ost-Berlin beruhigen.

Die DDR-Führung, sagt er, war nie vollständig überzeugt von diesem Projekt, von dieser Idee eines geteilten Tagebaus. Die waren eher skeptisch, sahen es kritisch. Die Kohle war wichtig, klar, aber zur Not hätte der SED auch die Lausitz gereicht, das geringere Risiko. Deshalb war das eine wacklige Sache. Ein Zwischenfall nur, ein Loch im Zaun, der kleinste Zweifel an der Sicherheit, und sofort wäre die NVA hier gewesen und hätte den Laden dichtgemacht.

Schicht im Schacht, Ende im Gelände.

Das hier, sagt er, lief nur auf Bewährung. Deshalb standen wir unter Beobachtung.

Es ging dabei vor allem darum, einen zweiten Fall Oborny zu verhindern.

Joachim zuckt. Der Name aus der *Bild*, hier klingt er anders. Nicht nach Heldengeschichte, eher nach der großen Enttäuschung, dem Verrat an einer Idee.

Kannten Sie sich, fragt er den Bergmann.

Und Orlowski nickt. Das war ein guter Kollege, wir haben oft zusammen gefeiert, saßen nach der Schicht noch zusammen. Orlowski und Oborny, Tagebaunamen.

Es gab Parallelen.

Er stockt. Der 13. August 1969, die verlassene Lok an der Kippe, die Schlagzeilen im Westen, das ist auch ein Teil seiner Geschichte, rot umrandet im Kalender seiner Biographie.

Die Flucht über den Tagebau, sagt er, so etwas durfte nie wieder passieren.

Deshalb brauchte die Grenze Männer wie ihn. Er kannte das Gelände, die Launen der Menschen. Er sollte über den Rand schauen, in das Leben der Kumpel hinein. Reiner Orlowski, der zuvor dafür sorgen musste, dass der Tagebau nicht einfach in sich zusammenfällt, war nun auch verantwortlich für die Statik eines Systems. Und manchmal musste er dafür Arbeitsplätze austauschen.

Menschen wie Sprengstoff.

Wenn ein Baggerfahrer, sagt er und zählt Beispiele auf, nicht tragbar war, weil er Westverwandtschaft hatte, wenn klar war, dass wir mit dem Probleme bekommen, dann war das schon ein Grund. Oder wenn sich ein anderer bei der Ausweiskontrolle nicht richtig verhalten, gegen die Vorschriften verstoßen hatte, dann mussten wir entweder die Grenze beruhigen oder ihn rausnehmen, bei laufendem Betrieb.

So war das.

Es gab eine Beschaubrücke, dort wurden die Züge untersucht, Waggon für Waggon, manchmal mit Fernsehtechnik. Und an anderen Tagen wurden die Lokführer durchleuchtet, Oborny im Hinterkopf.

Reiner Orlowski läuft einige Meter, macht uns dann aufmerksam auf eine Rinne aus Beton, die in einen Hügel hineinführt. Ein Abwasserkanal, die Eingänge von Drahtgittern gesichert. 200 Meter, dann wäre man drüben gewesen, hinübergekrochen, durch Dunkelheit und Schlamm. Er deutet darauf, wie zum Beweis. Es gab Potenziale, sagt er dann. Es gab immer die Möglichkeit, dass eine Störung passiert.

Und es gab, als Antwort darauf, die klaren Regeln der Grenze, auch sie stehen in seinem Buch. Punkte und Unterpunkte. Darin das Vokabular der Ordnung und Unterordnung, technisch und kalt. Kader und Sicherheitszonen. Ein Raum, in dem Menschen zu Störfällen und Biographien zu den Akten gelegt werden.

Reiner Orlowski hat in jener Zeit Listen erstellt, die Bewerber von außen geprüft, eine Inventur der Arbeitskraft. Diese Listen schickte er weg, nach oben, dann wartete er, bis er eine Antwort erhielt. Das war ein Prozess, der von ihm in Gang gesetzt wurde und an dessen Ende er wusste, wen er anstellen durfte und wen nicht.

Die Kriterien, sagt Orlowski, kannte ich nicht. Aber es musste gesiebt werden, ganz klar.

Die Grenze wollte es so.

Die Order, sagt er, kam damals direkt vom MfS, Abteilung Inneres.

Von der Stasi, sagt Joachim.

Ja, sagt Orlowski. Die Stasi gehörte dazu. Die ist doch ein und aus gegangen bei mir, hat den Betrieb kontrolliert. Das war Alltag. Die war immer dabei, saß mit im Bagger, am Tisch, in der Grube.

Und Orlowski erzählt von den Zusammenkünften, die es wöchentlich gab. Dort trafen sich die Sicherheitsorgane in Summe. Die Grenze, die verantwortlich war. Das Betriebsschutz-Kommando, die Leiter der zivilen Betriebswache, die Staatssicherheit. Da hatte jeder gleich seine Forderungen. Da musste jeder befriedigt werden. Und wenn es Vorkommnisse gab, Zwischenfälle, Probleme, dann musste einer dafür geradestehen.

Das, sagt er, war meine Position, ich musste die Wogen wieder glätten.

Reiner Orlowski war, so hieß das, berichtspflichtig, er hatte das

Wissen und die Position. Die Geologie und die Ideologie. 1986 wurde er zum Werksleiter befördert.

Er wusste, was zu tun war.

Bei der ganzen Geschichte, sagt Orlowski, ist nie ein Versuch gemacht worden, den Zaun zu überwinden. Die Kumpel wussten, wenn hier etwas passiert, ist der Bau dicht. Wenn einer fehlt, können alle nach Hause gehen, das hat sich so eingeprägt.

Sippenhaft, sagt Joachim.

Ja, sagt Orlowski, das wäre die Folge gewesen. Auch wenn man es so nie genannt hat.

Dann lauschen wir gemeinsam den Worten nach.

Rechts steht ein Hochstand, ganz hinten drehen sich die Rotoren der Windräder. Die Jagd und der Strom, die Gleichzeitigkeit des Moments.

Und der Bergmann möchte uns jetzt noch etwas zeigen. Wir laufen zurück, wieder über Geröll, ein leichter Anstieg in der Hitze, hinter uns jetzt die Grube, heute ein See, in dem niemand schwimmen darf, weil das Wasser noch sauer ist.

Wenn man dort reinspringt, sagt Orlowski, wird einem die eigene Haut zu eng.

Dann fahren wir ein Stück, die Böschung immer im Auge, über wildes Gelände, zwischen Wiesen hindurch, bis Orlowski seinen Wagen an den Rand einer Landstraße stellt und wir auf einem Trampelpfad in ein Wäldchen laufen, hinter den Bäumen wieder die Grube. Davor aber noch, zwischen den Bäumen, ein Findling auf Kopfsteinpflaster, gegen das Verrinnen der Zeit in die Gegend gesetzt. Ein verborgenes Denkmal. Darauf in Versalien ein Schriftzug, die Buchstaben in schimmerndes Metall gestanzt. WIEDERVEREINIGUNG.

Joachim stellt sich gleich rechts davon auf und Orlowski gegenüber von ihm. Und über den Findling hinweg reichen sie sich die Hand, Ost und West, Herne und Harbke, lachen dabei für die Kamera.

Der Mauerfall, sagt Orlowski dann, kam zum schlechtesten Zeitpunkt.

Es ist ein Satz, der dort erst mal hängt, über dem Findling, zwischen den Bäumen. Ein Satz, der natürlich gleich die nächste Rutschung auslöst, die nächste Geschichte, die alles mit sich reist, die Menschen und ihre Fundamente.

Der Mauerfall, sagt Orlowski, hat uns kalt erwischt.

Und er meint das Dorf, Harbke, und er meint natürlich sich selbst. Das Ende, hier hatte es schon viel früher begonnen. Weil die Erde nichts mehr geben konnte.

Wir waren, sagt Orlowski, ausgekohlt. Nichts mehr zu holen.

Der Tagebau nur noch eine sinnlose Grube. Und natürlich waren mit der Kohle auch die Arbeitsplätze verschwunden. Einige der Kumpel wechselten ins Kombinat nach Nachterstedt, die anderen sollten bleiben, 700 von einstmals 1150.

Weil die SED den grenznahen Bereich nicht entvölkern, eine demographische Brache verhindern wollte. In Harbke wurde deshalb ein Stahlbaubetrieb aufgebaut, der Ersatzteile hätte herstellen sollen, für die Braunkohle-Industrie in der Lausitz, neue Schlote als letzter Strohhalm.

Wir hatten die Werkstattkapazität, sagt Orlowski, wir hatten die Fachleute. Wir waren gerade dabei.

Dann kam der 9. November. Orlowski im Wohnzimmer, Schabowski im Fernsehen. Listen und Zettel.

Eine Katastrophe, sagt er. Wir hätten noch zwei Jahre gebraucht. So aber ist der Betrieb nicht fertig geworden. Das heißt, wir hatten gar nüscht.

Und Orlowski stand dort mit 700 Leuten verloren in der Gegend. Und wusste auch keinen Rat. Kannte sich nicht mehr aus, plötzlich ein Fremder in einem fremden Wirtschaftssystem. Ein Fährmann, der, zwischen zwei rettenden Ufern, hinter ihm die Kohle, vor ihm der Stahl, von einer plötzlichen Flut erfasst wurde. Einem Tsunami aus Moskau, einer Welle aus

Bonn. Ohne Paddel und ohne Karte, in der Hand einen Kompass, der immer nur wieder nach Osten zeigte. Er kannte ja nichts anderes.

Er hat dann noch einmal einen Umbruch versucht. Ein Betonwerk, mit Unterstützung aus Braunschweig, vier Millionen D-Mark teuer, da kamen 40 Mann unter.

Der Rest wurde über den Vorruhestand und entsprechende Sozialpläne abgewickelt. Oder in der Sanierung des Bergbaus eingesetzt. Ein paar kamen nach Schadeleben, aber das klingt ja auch nur nach Mitleid. Viele sind einfach arbeitslos geworden.

Ausgekohlt. Und das Dorf war ein anderes danach.

Harbke, sagt Orlowski, hat sich davon nie richtig erholt. Es gibt ein Gewerbegebiet. Es gibt keine Apotheke. Und sonst auch nicht viel. Die Leute fahren nach Wolfsburg, da gibt es noch Arbeit.

Und, fragt Joachim, was haben Sie dann gemacht. 1989, 1990, in den ganzen langen Jahren danach?

Erst mal, sagt Orlowski und schaut dabei auf seine Finger, habe ich zu Hause gesessen und aus Frust einen Carport gebaut, hinter dem Haus. Irgendwas musste man ja machen. Die Hände benutzen, um nicht verrückt zu werden. Jetzt, da der Zaun längst abgebaut und jede Tür darin überflüssig geworden war.

Er war handwerklich begabt und daran gewöhnt, gebraucht zu werden. Doch Reiner Orlowski, der so lange mit der Grenze zusammengearbeitet hatte, musste nun schauen, wie er ohne die Grenze Arbeit finden konnte. Irgendwann bekam er eine Anstellung im Archiv in Nachterstedt, dort durfte er sich um die Geschichte kümmern, die alten Unterlagen ordnungsgemäß und sachkundig überführen. Und es war ein bisschen so, als würde er auch sein eigenes Leben abheften, zusammen mit den anderen Papieren.

Später dann ist er noch einmal in den Tagebau zurückgekehrt, wo Munition entschärft wurde, die in der Letzlinger Heide, ganz in der Nähe, geborgen wurde.

Im Dorf aber, in den Straßen von Harbke, war er vom Tagebau schon viel früher eingeholt worden. Weil die Zeit dort Wunden gerissen hatte, die sich mit der Öffnung der Grenzen nicht schließen ließen, im Gegenteil. Es waren Verwundungen, die länger hielten als die DDR. Die Erde hier hat ein eigenes Gedächtnis, der Mauerfall wühlte sie auf, die Menschen hatten natürlich nichts vergessen.

Nach der Wende, sagt Orlowski, waren die Leute aufgescheucht. Die wurden entlassen und suchten danach einen Schuldigen. Und ich war, sagt er, immer an der Spitze, habe immer Verantwortung getragen. Dass ich da jetzt keine Freundschaftsbekundungen bekomme, war mir gleich klar.

Und er erinnert sich an einen Ausspruch von Modrow, direkt nach der Wende. Man muss aufpassen, hatte der noch gesagt, dass nicht einer dem andern sein Deibel wird.

Aber im Dorf ist genau das passiert. Und Reiner Orlowski war der Deibel für alle.

Der, hieß es dann, hat mich entlassen. Da hat es sich entladen.

Ich war, sagt er, für viele das Schwein.

Er macht eine Pause. Lehnt nun an dem Findling, Joachim daneben, beide wirken erschöpft, von dieser Wanderung durch die Schichten, unter der Sonne und unter dem Brennglas.

Wiedervereinigung, ihre Körper verdecken den Schriftzug zur Hälfte, zu ihrer Linken die Terrassen des Tagebaus, die Weite, die Windräder, die an den Himmel zu stoßen scheinen. Zu ihrer Rechten das Tosen der Landstraße, die Schleppwinde der LKW, die den Staub aufwirbeln und mit dem Staub die Bilder von damals, dieser Ort, da kann er nichts machen, atmet.

Am 4. Dezember 1989 ist Reiner Orlowski mit seinem Wagen bis nach Helmstedt gefahren. Er war dort eingeladen, zum Barbara-Fest im Schützenhaus, bei den Kumpeln im Westen, den Stimmen von der anderen Seite des Zaunes. An jenem Tag, an dem sich auch der Neffe auf den Weg gemacht hatte, von Büddenstedt nach Harbke, das Tagesvisum in der Tasche. Sie müssen sich entgegengekommen sein, im Transit des Zufalls. Doch während der eine danach neues Land bestellen konnte, fand der andere daheim nur verbrannte Erde.

Diese Reise nach drüben, sie war das falsche Signal.

Das, sagt er, wurde hier ganz schlecht aufgenommen. Der Orlowski fährt in den Westen, da gingen die Alarmglocken an.

Auch das hat dazu beigetragen, dass das Ansehen hier nicht mehr gut war.

Und Orlowski erzählt von den Blicken. Den abschätzigen und den hasserfüllten, die über seinen Zaun geworfen wurden. Vom Raunen und den vorgehaltenen Händen. Und von den Nachbarn, die immer dann die Straßenseite wechselten, wenn er ihnen entgegenkam. Die versucht haben, ihm aus dem Weg zu gehen. In einem Dorf, in dem man sich nicht aus dem Weg gehen konnte. Weshalb die Ächtung zur Enge wurde. Jedes Dorf kennt solche Geschichten, die Erosion der Gemeinschaft. Unter dem Druck gegenseitiger Verdächtigungen, der Vermutung, aus der irgendwann Überzeugung wird.

Und es waren die Zeigefinger, die ihm den Prozess machten. Seine Biographie allein schon Beweislast. Er, der Türsteher vom Tagebau, taugte natürlich zum Feindbild, war für die einen der verlängerte Arm der Stasi, ein Zulieferer, und für die anderen ein Verräter, ein guter Freund des Klassenfeinds. Einer also, der den Mercedes, die frischgeputzte Bonzenkarre, heimlich in Helmstedt geparkt und mit Mielke bestimmt zu Abend gegessen hatte. Das blieb, das war nicht abwaschbar.

Dabei, sagt er, hatte ich einen Skoda.

Und Joachim lacht, aber es ist nicht als Witz gemeint.

Die ersten Jahre nach der Wende, sagt Orlowski nun, zum Ende hin, waren ein Spießrutenlauf.

Und warum, fragt Joachim, sind Sie nicht gegangen?

Daran, sagt Orlowski, habe ich nie gedacht. Außerdem wusste

ich immer, dass sich die Angriffe gegen meine Position gerichtet haben, aber nicht gegen meine Person. Das muss man aushalten können.

Dann läuft er zurück zu seinem Wagen. Doch bevor er jetzt zurückfährt in sein Dorf, müssen wir noch eine letzte Sache wissen. Listen und Zettel.

Haben Sie, fragt Joachim, jemals in Ihre Akte geschaut?

Und Orlowski schüttelt den Kopf. Nein, sagt er, ich kenne ja mein Leben.

Steigt dann ein und dreht den Wagen auf der Landstraße, Helmstedt im Rücken.

Wir bleiben zurück. Mit uns der Findling und die Gedanken.

Reiner Orlowski, das hatte er erzählt, besitzt noch immer eines der Schlösser von damals, ein überflüssiges Souvenir der Zäune, es hat keinen Sinn mehr. Das letzte Gespräch über das rote Telefon hat er laut Aufzeichnungsbuch am 26. Juni 1989 geführt. Der heiße Draht, er ist lange schon abgekühlt. Harbke 290, kein Anschluss unter dieser Nummer. Was bleibt, ist das Buch, er hat es 25 Jahre nach dem Mauerfall veröffentlicht. Das war ihm wichtig, er wollte damit den Gerüchten begegnen, dem Flüstern der Gegend. Damit alle wissen, was wirklich passiert ist, im Tagebau, was wirklich gesprochen wurde. Das Buch ist seine Antwort auf alle offenen Fragen.

Bagger greifen ein, als würden sie ihm zu Hilfe eilen. Mit dem Buch, so scheint es, ist dann auch wirklich alles gesagt. Die Genauigkeit des Protokolls, sie muss reichen.

Und so stehen auch wir noch kurz schweigend hier, am Findling, an der Straße, die nach Harbke führt und auch nach Helmstedt. Links der Tagebau, der seit ein paar Jahren geflutet wird. In 30 Jahren, sagen die Optimisten, ist dies ein gigantischer See. Und der Tagebau nur noch eine Erinnerung, als hätte es die Grenze hier nie gegeben.

Ausgekohlt, sagt Joachim schließlich, das ist vielleicht das passendste Wort für die Wende, den Mauerfall. Weil darin doch das Verschwinden steckt, das Ende von allem.

Die Kanzler-Versprechen, die nie gehalten wurden.

Ausgekohlt, er lacht.

Dann geht es durch gleich wieder blühende Landschaften zum nächsten Denkmal der deutschen Einheit, einem missglückten Handschlag an der Autobahn kurz vor Marienborn.

LINIENBESTÄTIGT

Die Wölbung der Hände, so heißt die Skulptur des französischen Künstlers José Castell, die hier am 3. Oktober 1995 der Öffentlichkeit übergeben wurde. Eine Mahnung, neun Meter hoch und 50 Tonnen schwer. Für die Freiheit, gegen die Teilung. Sie sollte den Zeitläuften trotzen und den Reisenden an die Geschichte erinnern. Jetzt ist sie mit Moos bewachsen, und das Fundament bröckelt schon, erste Risse. Wir stehen daneben, eine neue Ankunft. Und Joachim, im Tosen der Autobahn, sieht Hände, die in Hände greifen, ein Hakeln und Wringen, ein Ziehen und Quetschen. Er runzelt die Stirn, weiß jetzt auch nicht so richtig. Klettert dann auf den Sockel, für den besseren Überblick.

Da, sagt er schließlich, kommt von rechts die Hand Helmut Kohls und grabscht nach der DDR. Anders ist das ja gar nicht zu erklären. Der grabscht und hat noch Saumagen an den Fingern. Er lacht und nimmt seine Mütze ab.

Dann schweigen wir, eine Minute. Für den Kanzler der Einheit. Schweigen, bis uns einer der polnischen LKW, die hier Rast machen, fast den Kotflügel abreißt. Besser, wir fahren weiter. Dies ist nicht der Ort, um in Ruhe rückwärtszudenken.

Und ohnehin, wir müssen uns beeilen. Die DDR liegt fünf Kilometer entfernt neben einer Tankstelle und hat nicht den ganzen Tag geöffnet.

Wir fahren also erneut auf die Autobahn, rollen kurz mit dem Verkehr Richtung Berlin und nehmen dann die erste Abfahrt, rechts steht der erste Turm, ab jetzt ist auch der Rest gleich wieder denkbar.

Erst einmal aber tanken wir und finden zwischen den Zapfsäulen und den Kühltruhen, den Zeitschriften und Fernfahrertoiletten ein Regal übervoll mit den Devotionalien des Arbeiter- und Bauernstaates, Souvenirs für den kleinen Grenzgänger. Was man sich halt so drüberziehen, in die Wohnung stellen oder ans Auto heften kann. Aufkleber und Tassen, T-Shirts mit Sprüchen, die man nicht glauben möchte: DDR, 1949–1989, ich war dabei. Herzen aus Plüsch, die noch immer für die DDR schlagen, und ein FDJ-Kissen, das neongelbe Logo auf tiefblauem Grund. Als wäre das hier in Marienborn gar nicht die *Gedenkstätte Deutsche Teilung*, in der auch an den Terror erinnert wird, sondern eine Kirmes, auf der ehemalige Grenzer wieder um Hauptpreise schießen dürfen.

Auf dem Parkplatz davor stauen sich Busladungen, die Kennzeichen erzählen von langen Fahrten aus dem tiefen Westen. Auf Bänken ohne Schatten sitzen ermattete Passagiere. Kegelvereine und Schulklassen, Butterfahrten, in der Sonne geschmolzen. Die Männer tragen ihre Kameras vor den Bäuchen, die Kinder starren in ihre Telefone. Und während die einen schon mal hier waren, wären die anderen jetzt doch lieber woanders. Die DDR, sie ist Pflichtbesuch für beide, ein unwirtlicher Ort. Und auf einem Schild über schon roten Köpfen, am gelben Wellblech der Anlage, stehen gut lesbar die Öffnungszeiten. 10–17 Uhr, dann schließt die Grenze wieder.

Sieben Stunden geöffnet, sagt Joachim, immerhin.

Sieben Stunden, das war früher mal anders. Am großen Turm dahinter, etwas abseits des Besichtigungstrubels, wartet dann Peter Grüschow.

Er hat für die Grenztruppen hier gestanden, Wehrdienst bei der Sicherungskompanie, kurz SiK. Ein Jahr lang, jeden Tag. Er kennt sich gut aus, zwischen den Zäunen und Schweinwerfern, sonst führt er hier Schulklassen über die alten Wege, heute aber soll er uns dabei helfen, das hier besser zu verstehen, das Monstrum Marienborn, das von so vielen bereist und von nicht weniger gefürchtet wurde.

Grüschow war vor uns schon da, die Pünktlichkeit des Soldaten. Aber kein Problem. Er ist erst mal den Abschnitt abgelaufen, aus alter Gewohnheit. Erst mal schauen, ob alles in Ordnung ist. Und er hat, auch das aus Gewohnheit, schon mal den Schlüssel zum Turm geholt. Für den besseren Überblick.

Der Kommandantenturm, sagt er und zeigt schräg nach oben, von dort hat man die beste Sicht auf die Autobahn. Und auch die beste Sicht auf das, was die Grenze mal war.

Darf man fotografieren, fragt Joachim.

Jetzt wieder, sagt Grüschow und lacht.

Und die beiden Männer stehen kurz dort, in der Ankunft des anderen, ein wirklich ungleiches Duo. Peter Grüschow, der einstige Grenzer, wirkt selbst wie ein Turm. Er ist sicher 1,90 Meter groß, Joachim reicht ihm etwa bis zur Schulter. Gemeinsam erinnern sie an Paul Simon und Chevy Chase. You can call me Al. Bisschen Graceland im Grenzland.

Ich sag jetzt mal Du, sagt Grüschow. Ich bin der Peter.

Und weil er, der Peter, nun mal ein echter Ost-Berliner ist, die halbe Hauptstadt in der Stimme, sagt er danach, kaum hörbar und mehr zu sich selbst: Ditt war ditte. Als wäre das ein Siegel unter einem Vertrag. Einfach mal so in die Wölbung der Hände gespuckt.

Dann steigen wir eine breite Treppe hinauf in den Turm.

Am Ende der Stufen öffnet er eine Tür, die so schwer in den Angeln hängt, als müsste sie ein altes Geheimnis bewahren. Unbefugten der Zutritt verboten. Wir gehen hindurch und stehen dann unmittelbar vor Apparaten der Überwachung, Knöpfe und Regler, Telefone und Monitore. Das alles sieht erst mal aus wie ein Scherz, ein schlechter natürlich, eine aus Plaste und Restmetall zusammengeklebte Kulisse. Das ganze Wettrüstzeug der Grenze, es wirkt hier, im Abstand der Jahrzehnte, wie verirrte

Science-Fiction. Raumpatrouille Orion im Quadrat der Schädel, Technik aus einer Welt hinter dem Mond. Und unwillkürlich sucht das Auge nach dem in die Armatur eingelassenen Bügeleisen.

Der Blick durch die ausladenden Scheiben aber offenbart noch etwas anderes. Der überlegene Beobachter kann von hier ohne Mühe weit in die Ebene schauen, über die Trassen, die Autobahn und die Wälder hinweg, die von ihr durchschnitten werden. Natürlich, so der erste Gedanke, stand hier die Allmacht mit dem Feldstecher, das Kommando, eine Hand am Megaphon, den Zeigefinger drohend über einem der Knöpfe. Man konnte hier etwas auslösen, ein Land abschließen, die da unten tanzen lassen, in der Hand die Drähte, an der die Grenze hing.

Das große Marionettentheater der Offiziere.

Joachim und ich, wir sehen all das. Museumsmaschinen, wie unter Folie präpariert. Wir sehen die Autobahn, das ganze Gegenwartsrauschen der Durchfahrt, sehen die Tankstellen und die Busse, einen Ort für Geschichtstouristen.

Peter Grüschow aber, das spürt man gleich, schaut anders auf diesen Raum, aus diesen Fenstern heraus, er schaut auf die Anlage und sieht am Ende sich selbst. Einen jungen Mann, ein Leben am Todesstreifen.

Er, heute 52 Jahre alt, hat 12 Monate in Marienborn verbracht, aber zwei Jahrzehnte auf die Grenze geschaut, auf die Türme, die Mauer. Er ist mit ihr aufgewacht und mit ihr ins Bett gegangen, sie war immer da. Ein Horizont hinter Stacheldraht.

Grüschow ist in Berlin aufgewachsen, am Checkpoint Charlie, im 21. Stock eines Hochhauses an der Leipziger Straße. Viel höher ging es damals ja kaum, da hätte man schon im Fernsehturm wohnen müssen. Der aber, das wussten die Kinder, gehörte dem Onkel mit dem Ziegenbart.

Der Vater hat in der Nähe gearbeitet, beim Autobahnkombinat, der Blick auf den Todesstreifen, es war eine gute Gegend.

Da, sagt Grüschow, hat viel Prominenz gewohnt, ganz tolle Leute. Die Tochter vom Honecker, der Vater vom Gysi.

Die Botschafter und ihre Kinder, mit denen er dann zur Schule gehen durfte. Und natürlich die ganzen Politiker.

Die DDR, sagt er, hatte ja für jeden Scheiß einen Minister.

Und er sagt auch: Zu Ostzeiten. Um ein bisschen Abstand zu gewinnen.

Von der Küche der Eltern aus konnte er schon immer weit in den Westen schauen, in das andere Deutschland, das sich hinter der Mauer ausbreitete wie ein Autoteppich. Sein Panorama, eingerahmt von zwei Türmen.

Morgens, sagt er, ging der erste Blick nach drüben. Am Ullstein-Verlag hingen, fast unter dem Dach, eine Uhr und ein Thermometer. Da haben wir dann erst mal geguckt: Kommen wir pünktlich zur Schule, sind wir richtig angezogen.

Eine Kindheit, in Westzeit gemessen, in den Temperaturen des Klassenfeinds.

Und schräg gegenüber, fast hätte man die Hand danach austrecken können, stand das Axel-Springer-Haus. Dort, volle Breitseite, liefen irgendwann die Nachrichten auf einem Spruchband über den Himmel. Frühe 80er Jahre. Und einmal, als Ronald Reagan, Grüschow nennt ihn Cowboy-Ronnie, die Soldaten am Checkpoint besuchte, hing dort oben, gut sichtbar neben einer deutschen und einer amerikanischen Flagge, auch ein Transparent, riesige Lettern der Freundschaft.

God bless you, Mister President.

Da haben die Lehrer im Klassenzimmer die Rollläden runtergelassen, Jalousien wie eiserne Vorhänge. Die Mauer, vor allem auch in den Köpfen.

Und eben immer am Ende der Straße.

Die Grenze, sagt er jetzt, war für uns Kinder Normalität. Wir waren nicht sonderlich indoktriniert. Aber das war der antifaschistische Schutzwall, klar.

Und während er das sagt, beginnt er leicht zu sächseln, verschleppte Vokale, watteweiche Konsonanten. Als könnte man diesen letzten Satz nur dann ehrlich aussprechen, wenn man dabei wie Walter Ulbricht klingt, das Ganze ungenießbare Zeug mit dem Zuckerguss der Parodie überzieht. Das ist sein Ding. Er bricht die Begriffe, um sie packen, dem Ernst der Lage, dem Irrsinn seiner ehemaligen Heimat, besser begegnen zu können.

Den hatte er schließlich schon früh kennengelernt.

Als ich 17 Jahre alt war, sagt Grüschow, wurde meine ganze Familie von der Stasi eingesackt. 1984 war ditt. Da saßen sie 18 Stunden im Verhör, im Polizeigefängnis in der Keibelstraße, ohne voneinander zu wissen.

Den Vater hatte die Stasi am Morgen geholt, den Sohn erst am frühen Abend. Peter Grüschow war nach der Schule noch mit Freunden Billard spielen gewesen, erst mal unauffindbar. Als er nach Hause gekommen war, 17 Uhr etwa, hatten ihm Männer des Ministeriums die Tür geöffnet.

Dann begannen die Untersuchungen, dann begann das Verhör. Mit allem, was man sich so vorstellen kann, Geruchsproben, Haare ausreißen, Fingerabdrücke, die harten Szenen aus dem *Leben der Anderen.* Dazu die Fragen, immer wieder, auf die sie doch keine Antwort wussten. 18 Stunden all-inclusive im Grandhotel *Mischa Wolf.*

Aber wieso, fragt Joachim.

Weil wir, sagt Grüschow, im Verdacht standen, eine Flucht vorbereitet zu haben. Mit Drachenfliegern, sogenannten Delta-Gleitern, von unserem Dach in der Leipziger Straße.

Und, fragt Joachim, habt ihr?

Nö, sagt Grüschow.

Das war natürlich Unfug.

Die Organe, sagt er, hatten einen Hinweis erhalten, aus dem Nachbarhaus, und auf dem Dach die Drachen entdeckt, nutzlose Skelette. Dazu einen Plan für den Flug in den Westen.

Der Traum vom Fliehen.

Das, sagt er, hätte auch klappen können. Das bei uns war ja ein sehr schmaler Teilabschnitt der Grenze. Echte Luftlinie, 30 Meter vielleicht.

Guter Wille, sagt Joachim, guter Wind.

Die Gleiter hatte eine Gruppe aus Sachsen dort oben versteckt, das aber sollte sich erst später herausstellen. Erst einmal waren Grüschow und seine Familie der naheliegende Verdacht, die einfache Lösung, eine Treppe nur runter. Klingeln im 21. Stock.

So gerieten sie mitten hinein, in diese Ermittlungen über ihren Köpfen, weil sie nun mal die Zimmer ganz oben bewohnten.

Und weil sie den Wind kannten.

Wir waren Segler, sagt Grüschow, wir hatten die Möglichkeit, das Material zu besorgen, die Segel, das Gestänge, nützliche Mitbringsel vom letzten Törn auf der Seenplatte.

Das alles hat er Jahre später seiner Stasi-Akte entnommen. Darin auch die Vermutungen, die Maßnahmen und die Abkürzungen. Eine eigene Sprache, nur schwer zu verstehen. Der Zwischenfall an der Leipziger Straße, die Gleiter auf dem Dach, auch er hatte dort einen eigenen Namen bekommen.

Operativer Vorgang Ikarus.

Zu nah an der Sonne, zu nah an der Grenze.

Ditt war ditte. Und doch viel mehr.

Denn das Verhör, diese Nacht im grellen Licht der Staatssicherheit, abgeschottet in völliger Ahnungslosigkeit, hat Grüschow bis heute nicht vergessen.

Da, sagt er, sitzt du dann als kleener Bengel beim Geheimdienst. Und irgendwann geht im Kopf die Maschine an, dieses Rattern der Sorge. Was wissen die? Was können die wissen?

Die Inventur der Möglichkeiten.

Mein Vater, sagt er, war in der Partei, meine Mutter war Lehrerin, aber Pastorentochter, das war schon schwierig. Und natürlich hatten wir auch mal Scheiße gebaut, wir waren ja keine guten

Ossis. Er lacht. Wir haben Westfernsehen geguckt, wir haben Westmusik gehört, die Schallplatten auf Kassetten kopiert. Eben nicht die Puhdys und Karat, sondern Iron Maiden, Judas Priest oder Black Sabbath.

Seine eigene Abgrenzung mit einer Wand aus Metall, Berlin Rock City. Und wenn morgens Fahnenappell war, dann wurde das FDJ-Hemd in der Plastiktüte zur Schule getragen, kurz übergezogen und hinterher, wenn der Zinnober vorbei war, wieder zurück in die Tüte gestopft. Die kleinen Gaunereien der Jugend, Freidenkerpose.

Aber darum ging es ja nicht, sagt er, das wollten die alles nicht wissen.

Es ging um eine Flucht, die nie seine war. Am nächsten Tag durfte er nach Hause gehen.

Was blieb, war der Eintrag in seiner Akte. Seine Vorgeschichte, mit der er für die Grenze unbrauchbar hätte sein müssen, eine verbrannte Biographie, einer, der eigentlich nur im Hinterland, irgendwo in der Mark oder in der Börde, durch den Schlamm hätte robben dürfen. Auf einem staubigen Posten, verkümmert zwischen Birken, einem Stellwerk im Nichts. So lange beschattet, bis man ihn irgendwann vergessen hätte, aus Desinteresse oder aus Bosheit.

Mein Bruder, sagt er, war später bei der Panzereinheit in Hagenow und wurde dort lückenlos überwacht, der hatte sogar einen IM auf der Stube.

Peter Grüschow aber kam zu den Grenztruppen nach Marienborn, an das, wie er es nennt, wirklich größte Loch in der innerdeutschen Grenze. Und nicht nur das, nicht einfach nur so.

Ich war, sagt er, sogar linienbestätigt. Er lacht. Er trägt dieses Wort wie einen Orden.

Linienbestätigt, sagt er, waren nur wenige.

Ausgesuchte Soldaten, die direkt auf der Grenze stehen durften, weil man ihnen zutraute, alleine zu laufen, ohne gleich abzuhauen. Die BRD im Rücken, die DDR vor der Brust. Soldaten, die im Winterdienst dafür sorgen sollten, dass die Männer mit den Schneepflügen, dem wirklich schweren Gerät, nicht in den Westen durchbrechen. Die Schaufeln und Bürsten bis an die Kante. Im Winter also stand Peter Grüschow dann mit den Hacken auf dem weißen Strich, unter dem Schnee oft kaum zu sehen. Der tatsächlich schmale Grat. Er hätte sich nur umdrehen müssen.

Schreib mal eine Karte aus Lappwald, sagt Grüschow, das war immer die Verabschiedung für alle, die zum Winterdienst gingen. Nachts an die Linie.

Lappwald war ein geflügeltes Wort. Der erste Rastplatz in Niedersachsen, keinen Steinwurf entfernt, Versprechen und Fiktion gleichermaßen, die Flucht im Konjunktiv. Aber natürlich kamen, am nächsten Morgen, dann doch wieder alle zurück. Eine Frage der Ehre. Oder der Angst.

Der bestätigte Posten, sagt Grüschow, das war die höchste Weihe für den Grenzer. Zu meiner Zeit waren hier 100 Soldaten, aber auf die Linie durften nur vier oder fünf. Da war man schon stolz drauf. Nur habe ich nie verstanden, wie ich dahin gekommen bin. Erst saß ich bei der Stasi, und drei Jahre später stand ich mit den Hacken auf dem Strich. Das hat sich mir bis zum Mauerfall nicht erschlossen. Wie ging das? War das ein Test, wollten die mich prüfen? Mal schauen, ob der Grüschow einfach losläuft, die Grätsche macht, den echten Abflug nach drüben.

Die Flucht als Spagat, als womöglich leichteste Übung.

Ich habe, sagt er, jahrelang versucht, den Mechanismus dahinter zu verstehen.

Stand da, fragt Joachim, nichts in den Akten?

Doch, Grüschow nickt, am Ende hatte er dort ein paar Zeilen gefunden. Tagebucheinträge, die andere für ihn geschrieben hatten. Die Berichte der Stasi-Männer, Grüschow nennt sie Gummiohren, die großen Lauscher.

Die haben unsere Nachbarn befragt, sagt er, den ganzen Block. Die haben sich auf der Arbeit nach mir erkundigt, wollten alles über mich wissen. Aktion grün, sagt er, so nannte sich das. Ein amtliches Verfahren, um meine Tauglichkeit für die Grenze zu überprüfen. Unter dem Arm ein ganzer Fragenkatalog. Welche familiären Bindungen hat der Junge, ist er in der Gesellschaft engagiert, wie tief gehen die Wurzeln, wie wichtig ist die Familie. Oder hat er Flugblätter verteilt, Witze erzählt. Der Grüschow, hat einer gesagt, sieht aus wie ein Penner. Manchmal hat der auch Frauen dabei. Solche Sachen. Auch das haben sie recherchiert, notiert, abgeheftet.

Grüschow, der sich selbst als Mitläufer beschreibt, als einen Opportunisten, der kein Parteibuch, aber reichlich Westverwandtschaft hatte, zuckt die Schultern, grinst dann breit.

Wie die, sagt er dann, trotz allem zu dem Urteil gekommen sind, dass sie mich da vorne hinschicken können, das weiß ich bis heute nicht.

Linienbestätigt, das war Linientreue unter Waffen. Das passte doch gar nicht zu ihm.

Aber er hatte auch da keine Wahl. Das Militär war nicht seine Idee. Und die Grenze nicht seine Entscheidung. Peter Grüschow, so war das, konnte sich die Uniform, in die sie ihn steckten, nicht aussuchen. Der Wehrdienst war Pflicht und die Zuordnung der Waffengattung eine Lotterie mit vielen Nieten. Eine Ziehung, auf die man doch wenig Einfluss hatte, eine Dienstanweisung des Genossen Minister. Unterschriften und Stempel.

Manche, sagt Grüschow, kamen zur NVA, andere mussten zur Bereitschaftspolizei, die durften dann Fußballfans niederknüppeln. Ein undurchsichtiges Spiel. Man wurde vorher gefragt, aber wusste nicht, was die Antwort bewirkt. Mir war es am Ende egal.

So kam er zur Grenze, weit weg von zu Hause. Ein Zufall vielleicht. Oder ein Missverständnis, als wäre etwas durcheinandergeraten, auf den langen Fluren der Bürokratie, als hätte ihn ein Sachbearbeiter irgendwann einfach falsch einsortiert.

Am Ende jedenfalls gab es Nächte, in denen kaum ein DDR-Bürger näher an der BRD war als Peter Grüschow. Am dransten. Und ditt ist ja wohl mehr als nur ditte.

An der Grenze aber, das lernte er bald, sagte man nicht Ost oder West, dort schaute man nicht nach links oder rechts. Man schaute freund- oder feindwärts, damit war die Richtung gleich klar.

Ditt, sagt er, ein Seufzer mehr als ein Satz, war alles ziemlich pervers.

Er stößt die Silben in den Raum, als könnten sie eine Druckwelle erzeugen. Pervers. Es ist sein Wort für die Grenze, für diesen Ort, den er anders kaum greifen kann. Seine persönliche weiße Linie. Dort der Irrsinn der DDR, hier er selbst, der Soldat, der für diesen Irrsinn im Turm stand, das Gewehr an der Schulter. Es ist das Wort, hinter dem sich all die anderen Geschichten verschanzen, die an diesem Nachmittag noch kommen werden, nach und nach, als müssten sie erst antreten, zum Appell, die Erinnerungen, die er, zerknittert und oll, immer bei sich trägt. Sie passen noch. Das werden wir später sehen.

Jetzt aber ändert Grüschow die Perspektive, deutet hinaus ins Gelände und zeigt Joachim erst mal, wo man als Wessi immer stehen musste, mit dem PKW, damals bei der Einreise.

Der Transitverkehr eine metallene Schlange, die genau hier ihren Kopf verlieren konnte.

Das, sagt Joachim, war immer der große Grusel. Marienborn, das war kein gutes Gefühl, da wusstest du nie, was passiert. Sobald man hier stand, baute sich so eine innere Spannung auf. Natürlich wurden vorher, während der Fahrt, immer auch Witze gemacht, über die Grenzer, die Tellermützen, wir haben sie Sachsen genannt, aber das hier war plötzlich ernst. Hier ging es um etwas. Und das war körperlich spürbar. Im Auto, zwischen den Sitzen.

Da war man, sagt Joachim, immer so beflissen, weil man doch bloß keinen Ärger haben, bloß nicht in der Garage landen wollte.

Während er das sagt, läuft er auf die andere Seite des Turmes, wirft suchende Blicke durch die Scheiben, stockt und zeigt hinter die Fenster. Und über sein Gesicht huscht ein Ausdruck des Wiedererkennens, der Schreck des Vertrauten. Dort unten, gleich neben den weißen Containern der Passkontrolle, steht ein flacher Bau, der an den Seiten rot bemalt wurde, ganz so, als sollte er hier herausstechen, auch von weithin sichtbar.

Die Garage, sagt Joachim. Das ist sie. Das muss sie doch sein, oder?

Er schaut den früheren Soldaten an. Und Grüschow nickt.

Wir können uns die, sagt er dann, gerne anschauen. Die ist öffentlich.

Die Methoden unter Glas.

Also verlassen wir den Turm, und Grüschow dreht den Schlüssel zweimal um, alte Gewohnheit. Draußen helllichter Tag, ein leichter Wind, warme Luft vom Westen her.

Wir gehen bedächtig und ohne Eile. Vorbei an einer Kfz-Rollsperre, die, obwohl längst stillgelegt, dort zu lauern scheint.

Die haben wir Fiffis genannt, sagt Grüschow. Monströse Hunde aus Stahl, die in ihrer Hütte auf ihren Einsatz gewartet haben. Die konnten einen Trabi in der Mitte durchschlagen und alle Insassen darin gleich mit. Pervers.

Und, fragt Joachim, wurden die auch mal benutzt?

Jede Nacht, sagt Grüschow. Wir nannten es Alarmüberprüfung.

Die große Übung, alle Lichter an und alle Schranken dicht. Dann schlugen die Schlagbäume zusammen, und die Fiffis krachten in ihre Lager. So wurde die DDR in jeder Nacht aufs Neue abgeriegelt, eine Inventur der Paranoia. Das, sagt er, war ein audiovisuelles Ereignis. Ohrenbetäubend, blendend. Der Überwachungsstaat als Lasershow. Star Wars mit Wartburgs.

Das, sagt Grüschow, kannten viele Wessis nur aus dem Kino.

Und hätte sich einer von denen nachts hierher verirrt, arglos auf Durchreise, er wäre wohl aus dem Auto gekippt, vor ihm die Summe aller Ängste. Weil die DDR in dieser Sekunde genau so war, wie man sie sich in den Albträumen ausgemalt hatte. Eine kalkulierte Demonstration.

Lärm und Licht, sagt Grüschow, halten unsere Grenzen dicht. Oder andersherum. Licht und Lärm halten Grenzverletzer fern. Das waren die Reime zur Ordnung. Er schüttelt sich und deutet auf die Scheinwerfer, die Türme, diese ganze Anlage, die selbst am Tage, zahnlos und unbewohnt, noch ihren eigenen Schrecken, diese gewollte Einschüchterung atmet.

Und während wir nun laufen, quer über das Gelände, beginnt Joachim zu erzählen. Seinen Marienborn-Moment, bestimmt 40 Jahre her, länger wahrscheinlich. Bilder, die sich über Bilder legen.

Joachim war als Beifahrer an die Grenze gekommen, im Audi eines guten Freundes, der seinen Großvater in Polen besuchen, aber nicht alleine fahren wollte. Von Herne nach Stettin.

Joachim kam gerne mit. Eine kleine Reise, mal was anderes. Sie hatten Butterbrote dabei und sich an der ersten Ecke noch ein paar Bierchen geholt. Zählten dann die Stinkerasthöfe, Rhynern, Garbsen, im Radio liefen die Hits der 70er, damals noch das Beste von heute. Sie kamen gut voran, aber irgendwann, unausweichlich auf dem Weg nach Osten, auch nach Marienborn.

Zwei Jungs, sagt Joachim, lange Haare, räudige Mäntel, natürlich haben uns die Sachsen dann rausgeholt.

Und natürlich sächselt er jetzt, verschleppt und weich.

Fahnsemarächtsran. Gänsefleisch ma'n Gofferraum aufmachen, das volle Programm, die große Tanzrevue, Eastside-Story.

Da, sagt Joachim, haben sie uns erst mal gefilzt, dann das Gepäck durchsucht, und irgendwann sagt einer von denen: So, jetzt machen Sie mal die Taschen leer. Und damit fing es an.

Joachim also, lange Haare, räudiger Mantel, vielleicht auch umgekehrt, man muss sich das ja nur aus Sicht der Sachsen denken, machte die Taschen leer. Taschen, die voll waren mit dem Unrat der Tage, er verteilte ihn auf dem Tisch. Und der Grenzer nickte, auf den Lippen das Lächeln des Triumphs. Dann rief er nach einem Kollegen.

Dort auf dem Tisch, sagt Joachim, lag jetzt ein Haufen Flugblätter. Die hatte ich völlig vergessen.

Joachim war damals, Ende der 70er, an der Universität in Köln eingeschrieben, kein richtiges Studium, aber eine gute Zeit. Und da, sagt er, standen an jeder Ecke die K-Grüppler, Kommunisten wie Marktschreier. KBW, KPD, Spartakus und auch die Chinesen, an deren Namen ich mich nicht mehr erinnern kann. Und jeder von denen hat dir dann so einen Wisch in die Hände gedrückt.

Bunt bedrucktes Altpapier, die Betriebsanleitung für eine bessere Welt, die Agitation in DIN A5.

Die, sagt er, hat man dann zweimal gefaltet und hinten in die Hose gesteckt. Am Arsch.

Er lacht, eigentlich nicht so wichtig.

Hier aber hatten diese Flugblätter plötzlich eine noch mal andere Bedeutung, ein anderes Gewicht. Zweimal gefaltete Beweise. Ein Stapel Revolution. Den Grenzern jedenfalls gefiel das nicht.

Die, sagt Joachim, wollten erst mal wissen, wieso wir hier versuchen, politische Propagandamittel in die DDR einzuführen. Und ich sage noch: Watt will ich?

Eher die falsche Antwort. Denn nun ging es in die Garage, wo der Audi erst aufgebockt und dann auseinandergenommen wurde.

Die haben, sagt Joachim, auch sehr genau unter die Polster geschaut. Und neben mir stand die ganze Zeit ein jüngerer Grenzer, eine Rotznase mit Maschinengewehr im Anschlag. Der war genauso alt wie ich, aber entschieden schwerer bewaffnet. Weshalb ich immer um das Auto herumgegangen bin, um möglichst weit weg zu sein, von ihm und seiner Knarre. Der ist mir aber jedes Mal sofort hinterhergelaufen. Vor und zurück, immer im Kreis. Wie in so einem Dick-und-Doof-Film.

Nur das erlösende Lachen, es blieb aus. Dann begann das Verhör, einzeln.

Der ganze Vorgang, sagt Joachim, hat sicher vier oder fünf Stunden gedauert. Und mein Freund war natürlich außer sich, der wollte ja nur zu seinem Großvater nach Polen, und nun standen wir hier, weil ich den Kommunistenmüll nicht weggeworfen hatte. Aber, er lacht, die Gespräche müssen gut gelaufen sein.

Am Ende nämlich, völlig irre, sprach der diensthabende Offizier noch eine Einladung aus. Herr Król, sagte der damals, Sie scheinen politisch interessiert. Wollen Sie uns nicht mal für ein paar Wochen besuchen kommen.

Joachim aber, der diese Wendung nicht hatte kommen sehen, lehnte höflich ab, verabschiedete sich und stieg zu seinem Freund in den nun nicht mehr aufgebockten Audi. An der nächsten Ecke, ostdeutscher Boden, holten sie sich noch mal zwei Bier und löschten die Nerven. Am Abend kamen sie in Polen an. Die Sachsen aber, die blieben, als wären sie selbst in den Kofferraum geklettert.

Marienborn, das immerzu schlechte Gefühl.

Das sollte erst Jahre später anders sein, an einem Tag im Sommer 1989. Im Rücken vier Tore. Jetzt aber, als wir vor der rot gestrichenen Mauer der Garage ankommen, geht Joachim noch mal einen Schritt zurück.

Hier, sagt er dann, sind die Bilder gleich wieder da.

Die Menschen, die Schlangen. Dieser Terror der Gründlichkeit. Die Pflicht und die Willkür. Darin lag ja der Schrecken. Und in den Sommern die Hitze in einer unnachgiebigen Luft, eine Hitze, die sich in den Autos staute. Bis das Warten unerträglich wurde.

Weil die Zeit zu gerinnen schien. Die Uhren, die in der DDR mitunter anders gingen, hier schienen sie stillzustehen. Und man konnte den Schweiß riechen, unter den Tellermützen, die Tropfen, die auf heißem Asphalt verdampften. Hier wurde der Fluss aus dem Westen gestaut. Marienborn, das war die Schleuse, an der man verdursten, das Nadelöhr, an dem man irgendwann den Faden verlieren konnte.

Und hier, sagt Grüschow, warst du drin. Öffnet dann die Tür der Garage, die innen tatsächlich erst einmal nur aussieht wie eine Garage, der Boden aus Beton und in der Mitte eine Senke, die es den Grenzern erlaubte, sich unter den Wagen hier zu bewegen. Heute liegt ein Gitter darüber, damit die Touristen nicht hineinfallen.

Und Grüschow, der auch diesen Ort oft genug gesehen hat, erklärt, von hier aus, die Abwege und Vorgänge. Weil doch hinter jeder nächsten Tür gleich wieder alles zusammenlief, ein Spiegelkabinett der Schikane. Eine Kleingeisterbahn. Und nicht nur Joachim spürt den Grusel in jeder Ecke.

Da gibt es die Hütte, in der man sich ausziehen musste, auch die Frauen. Nackt bis auf die Nerven. Und den Raum daneben, in dem die Särge aufgemacht wurden. Weil auch Tote, das lernen wir jetzt, die DDR nicht einfach so verlassen durften. Die letzte Reise, sie brauchte entsprechende Papiere, jede Leiche verdächtig. Als hätte auch das letzte Hemd eine Tasche.

Die haben natürlich reingeguckt, sagt Grüschow. Achselzucken. Hinten dann mussten die LKW in die Veterinärstation. Falls uns der Amerikaner mal wieder mit Maul- und Klauenseuche vergiften wollte. Oder mit watt weeß icke.

Der normale Rinderwahn der Grenze. Da BGS, hier BSE. Aufgeweichte Hirne. Lange her.

Und Joachim macht noch ein Foto, für den Freund aus Polen. 1975, sagt er dann. Wo ist nur die Zeit geblieben?

Ist doch gut, sagt Grüschow, dass sie vorbei ist.

Dann drängt es ihn zurück in den Tag.

Draußen stehen die Männer und wissen nicht recht. Ganz so, als müssten sie die Geschichten, die sie hier, im Turm und in der Garage, getauscht haben wie Pässe, erst einmal verstauen. Zwei Reisende, die sich hier über die Jahrzehnte hinweg begegnen. Der Wessi im räudigen Mantel, der Ossi in Uniform. Sie warten ein bisschen, lassen einen Moment verstreichen und noch einen. Und wissen doch beide, dass das noch nicht alles war. Dann greift Peter Grüschow in die Innenseite seines dunklen Parkas.

Er hat, das erzählt er uns jetzt, während seiner Zeit an der Grenze Tagebuch geführt, flüchtige Einträge in einem Taschenkalender der *Jungen Welt* für das Jahr 1988. Auf dem rot-weißen Einband, über der schwarzweißen Fotografie eines Pärchens, tanzen die verspielten Buchstaben einer angeblich leichtfüßigen Jugend. *Mit ein paar Gedanken über Liebe, Lust und Leben* steht dort. Dahinter aber verbergen sich die Notizen aus dem Alltag des Soldaten, Zeitzeugenberichte, die es eigentlich gar nicht hätte geben dürfen.

Tagebücher, Fotoapparate, Stift und Zettel, sagt Grüschow, das war alles strengstens verboten. Man durfte an der Grenze auch keine Aufzeichnungen machen, musste das alles auswendig lernen.

So war es, das große Kopfrechnen der Befehlskette. Und er blättert in seinem Kalender, vorsichtig, als könnte er zwischen den Seiten seinen alten Kameraden begegnen.

Marienborn, sagt er, war ein strenges Regime. Das wusste jeder Soldat. Deshalb wollte man dort auch auf keinen Fall hin.

Deshalb wollte man von dort sofort wieder weg.

Und kam doch nicht weit. Hinter Marienborn war die Welt zu Ende.

Der Arsch der Heide, sagt Grüschow, zwangsbesiedelt und unnachgiebig.

Und zwischen Birken lag ein Ort, an dem es nichts gab außer

Zeit. Die Grenztruppen damals waren vollkaserniert, was bedeutet: Sie durften nicht weg. Keine Ablenkung, keine Mädchen, nicht mal zum Fußball, nach Magdeburg in die Oberliga. Immer nur die gleichen Gesichter, Karten spielen und die Wände anglotzen, bis sich die Tapete zu lösen schien.

Das, sagt Grüschow, war Gulag, Verbannung. Das war wie Knast, nur mit dem Unterschied, dass man im Knast besucht werden durfte.

In der alten Kaserne, in den Baracken von einst, leben heute Asylbewerber. Einmal am Tag fährt ein Bus. Sonst hat sich nicht viel verändert.

Der letzte Kommandant der Grenzübergangsstelle, sagt Grüschow, war auch der erste Direktor des Asylbewerberheims.

Nur logisch, abgelegenes Gelände, abgeschobene Biographien.

Immer schon.

In der Kaserne war der Rest des Landes bald nur noch ein Rauschen in der Wand. Ein Telefon hatten sie nicht, und das Radio war fest installiert. Über der Tür. Ein Lautsprecher, zwei Rädchen daran. An und aus, laut und leise. Zwei Sender, voreingestellt. Zonendose, so nannten sie das. Manchmal gab es Musik.

Die Nachrichten fielen meist aus. Der Kontakt aus der Wand gerissen. Die Leitung von der Leitung gekappt. Nur Briefe durften die Soldaten noch schreiben, die aber gingen auf dem Weg zur Post durch andere Hände. Zur Sicherheit, zum Wohle des Staates.

Peter Grüschow, gerade frisch an der Grenze, hat damals einen Brief an seinen Bruder geschickt, Mai 1987. Eine Seite in der gedrungenen Schrift des Heimwehs. Die Stasi hat diesen Brief abgefangen, ihn geöffnet und kopiert, er liegt seiner Akte bei. Mit der Anmerkung: Geheimnisverrat. Weil er darin die Grenze erklärte.

In diesem Brief aber erzählte Grüschow seinem Bruder auch von einer bleiernen Müdigkeit. Bisschen mehr Schlaf, schrieb er da schon, wäre gut. Die Müdigkeit, sie war sein ständiger Begleiter zu jener Zeit. Sie übermannte ihn auf dem Turm, auf der Linie. Und wenn er abends auf der Stube lag, war er oft zu erschöpft, um noch schlafen zu können. Weil er wieder den ganzen Tag gestanden hatte. Grenzer, das bedeutete ja auch, im Stehen seine Zeit abzusitzen.

Aber, fragt Joachim, war das nicht einfach nur wahnsinnig langweilig?

Nein, sagt Grüschow, das war vor allem einfach nur wahnsinnig anstrengend.

Die ständige Konzentration, die dauernde Anspannung. Kopfstress, dieses Waswärewenn der Bereitschaft. Hätte, könnte. Alles ohne Würde. Die Augen weit aufgerissen, um nichts zu übersehen. Der ganze Körper bis zur Folter gespannt.

Und diese Müdigkeit, sagt Grüschow, hat eben auch dazu geführt, dass wir mitunter im Turm geschlafen haben.

Hätten wir das nur gewusst, sagt Joachim und lacht.

Grüschow schaut ihn kurz an, versucht ein Lächeln, so müde wie seine Erinnerungen.

Schlafen im Turm, sagt er dann, das war natürlich kreuzgefährlich. Es durfte uns ja keiner durchrutschen.

Der Sekundenschlaf als Verrat an der Sache.

Jeder von uns wusste, sagt er, wenn etwas schiefläuft, geht es nach Schwedt. Ins Armeegefängnis. Der tatsächliche Knast. Schwedt, das stand ja für etwas.

Und 213 war die Zahl dazu, sie findet sich auch in seiner Akte. OV Ikarus, Versuch gemäß § 213 StGB. Der ungesetzliche Grenzübertritt.

Zwo-Dreizehner, sagt Grüschow, das waren die Grenzverletzer.

Funksprüche, im Meldenetz hängengeblieben. In Marienborn wurden sie zur Chiffre eines Ernstfalls, der unbedingt verhindert werden musste. Weil ein Regime, das seine Grenzen mit Waffen schützen musste, am Ende nicht nur die Flucht, sondern auch die Unachtsamkeit bestraft hätte.

Die Verletzung der Grenzsicherheit, sagt Grüschow, hatte hohes Strafrechtspotenzial. Und das klingt tatsächlich wie auswendig gelernt.

Dabei, sagt er dann, habe ich jeden Einzelnen, der wegwollte, verstanden. Gründe gab es genug. Und wenn es nur die Wirtschaft war, wir hatten ja dauerhaften Mangel. Keine Probleme, aber davon viele. Einen Überfluss an Mondraketen, aber zu wenig Toilettenpapier. Das war meine DDR. Scheiß Engpässe und dann auch noch Engpässe beim Scheißen.

Für Peter Grüschow, aufgewachsen am Checkpoint Charlie, war es normal, dass Leute versuchten zu fliehen. Nur stand er jetzt hier, am Checkpoint Alpha, und sollte genau das verhindern, wieder ein Spagat.

Dieses ganze Sicherungssystem, sagt er, war doch hoch paranoid.

Und diese Paranoia hoch ansteckend. An der Grenze verdichteten sich die Befindlichkeiten dieses Staates. Hatte Ost-Berlin Schnupfen, bekam Marienborn eine Lungenentzündung. Und es waren die Soldaten, die den Rotz dann wegwischen, dauernd auf dem Posten sein mussten.

Wir hatten, sagt Grüschow, in diesem einen Jahr unglaublich viel Grenzdienst gehabt. 270 Schichten an der Linie, im Turm.

Auch das war pervers. Auch das steht in seinem Kalender. Datum und Dauer, Posten und Aufgabe. Schichten, die meist acht Stunden gingen und manchmal auch zwölf. Was mal mit der Lage im Land und mal mit der Stimmung in der Kompanie zu tun hatte.

Es gab auch Nächte, sagt er, die musste ich durchstehen. Vor allem im Winter.

Das, sagt Joachim, klingt nach Strafe.

Und Peter Grüschow nickt. Durchstehen, das hieß neun

Stunden Kälte, draußen Dienst. Keine Rührung, keine Zigaretten. Dabei Haltung bewahren, das Gewehr, die gemeine AK47, die alte Russenbüchse, schwer an der Schulter. Der Atem, sichtbar in der Nachtluft, das Einzige, was sich noch bewegen durfte. Und drinnen in der Stube saß der Postenführer und rauchte.

Das, sagt er, war immer so einer aus der Gegend hier. Einer von den Börde-Ratten, die wir als Berliner, Rocker mit Westfernsehen, nicht ernst nehmen konnten.

Börde, Altmark, das war ein anderer Osten. Sprache und Menschenschlag. Die echten Ossis, die Idioten aus der Provinz.

Börde, sagt Grüschow, das war immer die Vorsilbe für alles, was schlecht war bei uns. Der Topfkuchen in der Kantine, zum Beispiel, den nannten wir Börde-Panzer. Der war nicht zu genießen, der Fraß für die Bauern. Und natürlich wussten die das und verachteten uns. Die Ratten aus der Börde und die Buletten aus Berlin, das konnte nicht gutgehen.

Wenn wir aber da oben standen, auf dem Dach, sagt Grüschow, haben wir auch mal runtergepisst und dabei *Yellow River* gesungen, ehrlich. Das waren die besten Momente.

Die Strahlkraft der Anarchie.

Jeder Grenzer ein kleiner Außenminister, sagt er schließlich.

So ging der Spruch, die Etikette der Wachsamen. Dann muss Peter Grüschow ganz herzlich lachen, über das Erlebte und wohl auch ein bisschen über sich selbst. Im Ernst von gestern schon die Pointe für heute.

Wir sollten uns benehmen, sagt er dann, aber eigentlich waren wir vor allem junge Bengels mit Scheiße im Kopp.

Junge Bengels zudem, die ein Land bewachen sollten, mit dem viele schon nichts mehr anfangen konnten.

Natürlich, sagt er, gab es auch ein paar Rotbeleuchtete, aber die meisten waren damals, 1988, längst desillusioniert, die mussten ihren Wehrdienst ableisten und wollten doch eigentlich nur nach Hause.

Standen im Turm, aber nicht mehr hinter der Idee.

Wir haben da, sagt Grüschow, nicht den antifaschistischen Schutzwall verteidigt, wir haben versucht, unsere Zeit rumzukriegen.

Das Heimweh fast so stark wie die Müdigkeit.

Jeder von uns, sagt er jetzt, hatte ein Maßband in der Tasche. 150 Zentimeter für die letzten 150 Tage, und wenn einer vergangen war, wurde er mit der Schere abgeschnitten und feierlich entsorgt.

Diese Maßbänder waren kleine Kunstwerke, bemalt und verziert, heimliche Talismane. Und natürlich war ihr Besitz, wie auch der Besitz von Kalendern, unter Strafe verboten.

Man sollte die Zeit hier nicht messen, sagt Grüschow, man sollte sie ertragen.

Andere aber, die Mutigeren vielleicht, hatten sich gleich noch heimlichen Schmuck gebastelt, aus den grünen Ärmelbändern der Uniformen, die sie zuvor bei einem Einsatz in der Bekleidungskammer mit einer Nagelschere abgetrennt hatten, in Halberstadt noch. Grenztruppen der DDR stand darauf. 18 Buchstaben für die 18 Monate im Dienst. Die Bänder wurden am Schlüsselbund getragen und dann ebenfalls nach und nach, Monat für Monat, abgeschnitten. Und war man beim zweiten D angekommen, dann wusste man: Bald geht es nach Hause. Und war nur noch ein Zentimeter übrig, dann durfte man seine Sachen packen und gehen.

Das, sagt Grüschow, waren die kleinen Schweinereien, um die man sich tatsächlich gekümmert hat. Da oben im Turm, auf der Stube, unter den Kameraden. Mit so einer Scheiße hat man versucht, sich über Wasser zu halten.

Warum, fragt Joachim jetzt, bist du nie gegangen, einfach losgelaufen, ein Schritt nur. Raus ins vorgelagerte Hoheitsgebiet. Die Waffe stehenlassen, nicht zurückschauen, auf Nimmerwiedersehen. Den anderen beim Winterdienst den Finger zeigen. Die Karte aus Lappwald schreiben. Mit westlichen Grüßen.

Grüschow überlegt nicht lang.

Weil ich keine Motivation hatte, sagt er dann. Es war nie mein oberstes Ziel, mein Leben im Westen zu verbringen. So groß war der Reiz nicht. Wir waren ja keine Hinterwäldler, wir wussten, was abging. Wussten, dass eine Flucht immer Konsequenzen gehabt hätte, für den Einzelnen, für die Familie. Akten gab es ja schon. Und ohnehin, ich hatte mich mit dem Osten arrangiert. Hier war klar, ich mache den Grenzdienst zu Ende und gehe dann an die Universität nach Dresden.

Das war der Deal, die Absprache mit den Umständen. So blieb er stehen. Die Hacken auf der Linie, Salutieren für die Möglichkeit einer Zukunft.

Peter Grüschow hat bis zum letzten Tag gedient. 18 Buchstaben, 150 Zentimeter. Dann ist er auf einen LKW gestiegen und zurück nach Ost-Berlin gefahren, in zivil. Ohne zu ahnen, dass sich auch die DDR ihrem Ende näherte, Zentimeter für Zentimeter.

Nun laufen wir ein bisschen quer, unter den Flutlichtmasten hindurch, zwischen den Baracken entlang, über uns Wellblech, unter uns Asphalt. Die große Ordnung der Linien, in zeitlos hässliche Formen gegossen. Ein rechteckiges Stück Deutschland.

Ach, sagt Joachim, Symmetrie. Die Ästhetik der Idioten.

Und wir bleiben kurz stehen, schauen über das Gelände. Dann kommt uns eine Schulklasse entgegen. Kinder, die sichtbar gleichgültig, abwesend fast, durch eine Geschichte stolpern, mit der sie kaum noch etwas anfangen können. Sie sind die Enkel der anderen. Sie sind 15 Jahre nach dem Mauerfall auf die Welt gekommen.

Ich bin ja Zeitzeuge, sagt Joachim, ich kann ihnen die Geschichte von der Garage erzählen. Seine Augen leuchten, darin der Hippie von einst. Die große Lust am Unfug. Da aber sind die Schüler schon vorbeigezogen. Und Peter Grüschow zeigt Verständnis. Die DDR, sagt er, ist heute für die so weit weg wie für uns damals der Zweite Weltkrieg. Ein Land nur aus Büchern.

Einmal hat er hier, Zeitzeugenvortrag, eine gemischte Gruppe geführt. 30 Kinder vielleicht. Die hat er dann nach ihrer Herkunft befragt. Neue Bundesländer, alte Bundesländer. Ost und West. Kein einziger Arm in der Luft, nichts.

Dann, sagt er, habe ich nach Niedersachsen gefragt. 15 Hände als Antwort. Und bei Sachsen-Anhalt meldete sich auch der Rest.

Da, sagt er, hat es sich schon aufgelöst. Und vielleicht liegt genau darin auch eine Chance.

So kommen wir an einen langen Schacht, der die Hütten der Passkontrolleure mit dem ersten Kontrollpunkt verbindet.

Die Passförderungsanlage, sagt Grüschow.

Da, sagt Joachim, haben wir früher immer gesagt, sind ganz kleine Grenzer drin, die ganz schnell laufen können.

Weil ihr zu viel Bierchen hattet, sagt Grüschow.

Nein, sagt Joachim, wir hatten immer nur Heuschnupfen.

Hippies in räudigen Mänteln. Er lacht, in die eigene Vergangenheit hinein. Und ist hier sofort wieder Schauspieler. Die Passkontrolle als Bühne, für die dann doch letztgültig beste Geschichte.

Denn einen hat er noch. Den Tag, an dem Marienborn seinen Schrecken verlor.

Die große Ohnmacht der Sachsen. Das Datum weiß er noch genau. 25. Juni 1989.

Am Tag zuvor hatte Borussia Dortmund im Berliner Olympiastadion den DFB-Pokal gewonnen, durch zwei Tore von Norbert Dickel, und 40000 Borussen hatten erst aus der Hauptstadt ein Heimspiel und dann, im Taumel des Triumphs, auch die Nacht zum Tag gemacht. In den Kreuzberger Kneipen, den Charlottenburger Bars. Hingen sich dort in den Armen oder schon über der

Schüssel, sangen, tanzten und stiegen im Morgengrauen wieder in ihre Busse.

Auf der Fahrt, sagt Joachim, haben die meisten natürlich einfach weitergesoffen, nur der Fahrer nicht. Aber vielleicht war der auch Schalker. Jedenfalls hatten die dann kurz vor Marienborn wieder richtig Druck auf dem Kessel. Und als die Busse schließlich dort hielten, am Übergang, taumelten die ersten völlig verstrahlt der Grenze entgegen und fingen an, sich am Schlagbaum zu erleichtern. Nach und nach, immer mehr. Bis da Dutzende standen, Hunderte vielleicht. Die hatten den Pokal geholt, sagt Joachim, die waren an diesem Tag unbesiegbar.

So lehnten sie dort, noch eine Hand frei für den Pass, doppelsichtige Dortmunder, die ohne Schlaf aus Berlin aufgebrochen waren, um schnellstmöglich wieder am Borsigplatz zu stehen. Lehnten dort, und Marienborn färbte sich schwarzgelb. Bisschen Südtribüne an der Ostgrenze.

Die Sachsen, sagt Joachim, wussten überhaupt nicht, wie ihnen geschah. Die hatten erst eine solche Krawatte, wollten für Ordnung sorgen, bauten sich auf und bekamen zum Dank nur einen Schal umgehängt.

Die Oberhand plötzlich in Unterzahl. Ein Dutzend Tellermützen, bestimmt tausend Schlachtenbummler. König Fußball auf Durchfahrt, und aus dem Hintergrund traute sich niemand zu schießen. Eine Generalprobe für den 9. November.

Im Olympiastadion, 40000 Kehlen, hatten die Borussen noch gesungen. Berliner, wir lieben euch, wir holen euch hier raus.

Das, sagt Joachim, war ein Versprechen. Und fünf Monate später war die Mauer dann weg.

Die Dortmunder waren, das kann man so sagen, für einen flüchtigen Morgen die leicht entrückte Vorhut der Wende. Sie, feuchtfröhlich, hatten die Schleuse geflutet. Und als Erste auf der Grenze getanzt. Mehr Westen als an diesem Tag im Juni 1989 war hier womöglich nie gewesen.

Das, sagt Joachim, war die beste Überfahrt, die ich je hatte. Marienborn als Irrenhaus, das werde ich nie vergessen.

Juni 1989, sagt Peter Grüschow, sichtlich beeindruckt, da war ich schon in Dresden, längst nicht mehr hier.

Aber dieses Spektakel, das hätte er natürlich noch gerne gesehen, beste Sicht aus dem Turm, die Bengels auf den sonst billigsten Plätzen.

Peter Grüschow, mit dem Osten arrangiert, hatte damals gerade mit dem Studium begonnen, für ein Leben in der DDR, für die Zukunft im Sozialismus. Im dritten Semester aber brach dann das Land auseinander.

Hast du, fragt Joachim, geahnt, dass so etwas passiert. Hast du gedacht, ich mach das jetzt, ich zieh das jetzt durch, weil der Scheiß eh bald vorbei ist?

Grüschow schaut, nachdenklich, hin- und hergerissen.

Natürlich, sagt er dann, haben wir das alles mitbekommen, in Dresden sogar noch früher. Da war richtig Bambule, die Züge in Richtung Prag, Bullen in voller Montur, Jubel auf den Schienen, Schlagstöcke auf der Straße. Da kündigte sich das an. Aber das echte Ende, sagt er, das habe ich nicht kommen sehen. Das habe ich so nicht für möglich gehalten. Er schüttelt den Kopf, vehement.

Denn als sie dann fiel, die Mauer, die ihn so lange begleitet hatte, vor den Türmen in Marienborn, unter dem Balkon seiner Eltern, hielt er das alles erst mal für den letzten Scherz der Stasi, Mischa Wolf mit der versteckten Kamera, der 1. April am 9. November, und ließ die Freude nicht zu.

Wenn man so assimiliert war wie ich, sagt Grüschow, hat man das nicht sofort für voll genommen. Diese ganze Nummer mit dem Zettel, nach meiner Kenntnis ist das unverzüglich, sofort, ich habe das im Fernsehen gesehen, klar, aber ich habe einfach nicht gedacht, dass das aufgeht.

Die Schranken, die Sache an sich.

Peter Grüschow war am 9. November in Dresden. Und während seine Eltern in Berlin sofort die Treppen hinunterliefen, über die Straße, zum Checkpoint und in den Westen, blieb er dort erst mal sitzen, in den Gliedern die ganze Vorsicht des Soldaten, er kannte sich aus, er war linienbestätigt, er rührte sich nicht.

Zwei Tage später fuhr er nach Hause und machte sich dann doch selbst auf den Weg. Rüber, mit seinem Bruder zusammen. Am 11. November 1989. Ursula Thom, wir erinnern uns, war da gerade in Bochum angekommen. Der Westen kann sehr weit weg sein oder genau vor der Haustür liegen, eine lange Fahrt oder nur einen Spaziergang entfernt. Fünf Minuten brauchten Grüschow und sein Bruder, um jenen Ort zu erreichen, den sie schon ein Leben lang kannten und der jetzt weltberühmt war.

Durch den Checkpoint Charlie zu gehen, sagt er, das war dann definitiv das allergrößte Ding.

Weil es sein Haus- und Hofübergang war. Und weil sie dort auf einen ehemaligen Mitschüler trafen, Lunte. Sohn eines Passkontrolleurs, der selbst Passkontrolleur geworden war.

Ein Sachse, sagt Joachim.

Genau, sagt Grüschow, ein Sachse aus Tradition, der hatte die Grenze geerbt. Und stand dann da mit den anderen, die Gesten wie eingenäht, in viel zu engen Uniformen. Stand da, als könnte er die Sache noch aufhalten. Skistocksteif in der Lawine der Geschichte.

Das, sagt Grüschow, war der schönste Moment, dass Lunte Dienst hatte und uns durchlassen musste.

Sie blieben stehen. Tach, Lunte. Alles klar? Sie lachten sich fast kaputt. Tschüss, Lunte. Und grüß deinen Vater.

Die letzten Worte im Osten.

Dann, sagt Grüschow, haben wir das Begrüßungsgeld im Kino verballert.

Was gab es, fragt Joachim.

Alles, was anstand. Sagt Grüschow. Die ganzen Actionkracher aus'm Westen. Steven Seagal. Jean-Claude Van Damme.

Der schönste Spagat. Das Allerbeste. Danach aber ging der Film erst so richtig los. Die guten Szenen in einem noch mal neuen Leben.

Für mich, sagt er, passte der Mauerfall voll in meine Biographie. Ich bin ein Wendegewinner, durch und durch.

Denn Peter Grüschow konnte in der DDR mit dem Studium beginnen und in der BRD seinen Abschluss machen, Straßen- und Verkehrsanlagenbau.

Damit dann einen Job zu finden, sagt er, das war nicht schwer. Das neue Land brauchte neue Straßen. Verkehrsprojekte Deutsche Einheit, sagt er, so hieß das.

Und so kam es, dass er, linienbestätigt und grenzerfahren, den einstigen Transit teeren und die neuen Bundesländer in alle Himmelsrichtungen asphaltieren durfte. Der Ausbau von hier bis nach Michendorf. Mein Ingenieurbüro, sagt er, hat damals auch die A2 geplant und den ganzen Umbau von Marienborn, das ist ja jetzt praktisch eine Raststätte, nur war ich da leider am Ende nicht dabei.

Aber trotzdem, Marienborn. Das ist der Ort seines Lebens.

Peter Grüschow kommt noch immer alle sechs Wochen hierher. Von Berlin aus über seine A2.

Marienborn, sagt er, lässt mich nicht los. Es ist 30 Jahre her, und ich stehe immer noch hier und erzähle davon. Und ich kann nicht sagen, warum.

Als er damals entlassen wurde, hat Peter Grüschow seine Habseligkeiten, den kargen Besitz des Soldaten, weggeschmissen oder einem der Neuankömmlinge geschenkt. Vererbt, sagt er. Das war ein Ritual, man nimmt nichts mit aus dem Knast.

Die Grenze sollte an der Grenze bleiben.

Und fast scheint es so, als sei auch ein Teil von ihm hiergeblieben, im Turm, die Hacken auf der Linie. In der Tasche ein Maßband, das nie zur Neige geht, egal wie oft er die Schere ansetzt. Deshalb steht er immer wieder hier, auch heute, und sucht den Horizont nach Bewegung ab. Aus Gewohnheit. Für immer ein kleiner Außenminister, dem die Geschichten nicht ausgehen.

Jetzt, sagt er dann, wisst ihr schon mal ein bisschen Bescheid. Aber ich könnte ewig so weitermachen. Beim nächsten Mal dann, er schaut auf die Uhr.

Es ist kurz vor fünf, und er wäre gern unterwegs, bevor die DDR wieder schließt. Hier eingesperrt sein, über Nacht vor allem, das kennt er schon, das braucht er kein zweites Mal. Also steigt Peter Grüschow in seinen Wagen und fährt wieder nach Berlin, ehemals Hauptstadt der DDR, freundwärts und feindwärts zugleich.

WOSSIS

Gleich hinter Marienborn nehmen wir eine zweispurige Landstraße und rollen dem blauen Licht der nächsten Tankstelle entgegen. Erster Kaffee des Tages. Vor den automatischen Türen werden wir von Bannern empfangen, schreibunte Werbebotschaften. Zwei zum Preis von einem, heute gibt es die Hot Dogs im Sonderangebot und auch die Energy-Drinks.

Und im Fastfoodladen nebenan werden, um kurz nach elf, die ersten Hamburger durch offene PKW-Fenster bestellt, die große Coke dazu, zwei Halbstarke geben Vollgas, der eine trägt die klobig auffällige Schirmmütze eines Basketballteams aus Kalifornien, der andere die ausladenden Gesten eines MTV-Rappers.

USA. Unser Sachsen-Anhalt. Westküste auf Ostkosten.

Am Rand des Parkplatzes stehen derweil zwei schwarze Volkswagen, die wenige Kilometer entfernt von hier vom Band gelaufen sind und bald darauf, in einer der Überlandwerkstätten in der Nähe, tiefergelegt wurden. Bullige Geschosse, die Heckscheiben mit den zu erwartenden Aufklebern verziert.

Böhse Onkelz, Frei.Wild, Arschgeweihe fürs Auto. Das musikalische Sparmenü für den stilbewussten Rechtslenker, VW Prolo. Wir beenden den Zwischenstopp, bevor wir noch den Besitzern gegenüberstehen müssen, und machen uns auf den Weg. Die Sonne steht schräg in den Alleen, und wir folgen einer Route über die Dörfer, vom Neffen Tage zuvor noch auf einen Zettel geschrieben.

Es sind Siedlungen ohne Begegnungen. Die Menschen hinter Gardinen vielleicht, die Hühner hinter Zäunen ganz sicher. Im

Vorbeifahren die Läden, die geöffneten und die geschlossenen. Ein Edeka, eine Kreissparkasse, das Restaurant Olympia, heute Ruhetag.

Die Börde hier ist ein Suchbild, auf dem es so gut wie nichts zu entdecken gibt. Alleen, Häuser, Alleen, Häuser. Hintereinanderweg.

Alleringersleben, Eimersleben, Erxleben, Uhrsleben.

Das Leben wirklich nur auf den Ortsschildern. Hier scheint es zu enden. Durchfahrtsstraßen als Sackgassen. Hier aber kann es auch noch einmal ganz neu beginnen, das Leben. Hinter der nächsten Kurve doch eine unerwartete Wendung. Deshalb nehmen wir die nächste Abzweigung rechts und folgen weiteren Schildern in ein Dorf, dessen Wege keine Namen tragen, weil sie keine Namen brauchen. Sie sind kurz, es gibt nicht viele davon, acht Häuser in einer Kurve. Man sagt: Unter dem Kirschbaum, am Wendekreis links, dort, wo der alte Mann immer sitzt. Und jeder weiß, was gemeint ist. Keine Adressen, keine Missverständnisse. Vorne gibt es eine Haltestelle und hinten eine Kapelle mit Friedhof. Weshalb jeder, der am Ortseingang nicht rechtzeitig bremst, einen Wimpernschlag später am Ortsausgang erst ein Kreuz schlagen und dann wieder umkehren muss.

Am Briefkasten rechts liegt unser Ziel hinter einem schweren Tor. Wir biegen ab und fahren ohne Hast auf einen ausladenden Hof, vor und neben uns schweres Gerät. In der Luft eine staubige Ahnung von Fleiß, Maschinen, die durch den Boden pflügen, ihre Spuren zeugen von Größe und Gewicht. Über einer Scheune hängt eine Uhr, beide Zeiger auf der Zwölf, es ist still. Wir stellen den Motor ab.

Gehen ein paar Meter hinüber. Ein Haus unter Bäumen. Dort nun, auf der Treppe, stehen unsere Gastgeber schon, Freiherr und Freifrau von Bodenhausen, und tragen zum Namen, der auf alten Adel schließen lässt, eine Kleidung, die von Arbeit erzählt, dem Zweck dienlich ist, die Ärmel natürlich gekrempelt. Die

Begrüßung so freundlich wie zart. Willkommen, sie stellen sich vor. Almuth und Albrecht, waren gerade noch draußen im Feld, in den Kartoffeln, die sie hier anbauen. Er klopft sich die Erde aus dem Cord seiner Hose, sie legt sich die Worte zurecht. Weiß noch nicht so genau, was das hier jetzt wird. Ein Schauspieler und ein Reporter auf Tour. Und aus dem Haus, mit schwerem Schritt und neugierigen Augen, tritt ein großer Hund, Berner Sennen, das Fell schwarz und braun und weiß gefleckt.

Und Joachim, der mit Hunden heute ähnlich viel anfangen kann wie mit Grenzern damals, Sachsen, Berner, egal, steht kurz dort und schaut das Tier an, als hätte es gerade tatsächlich nach seinem Pass verlangt, als wollte es jetzt gerne mal in seinen Kofferraum schauen. Ein Wachhund, der jeden Reisenden mit der Schnauze voran überprüft. Ein Schnüffler, der uns eher nicht mit Samtpfoten anpacken würde. Der Hund, ein Weibchen, das schon viele Sommer gesehen hat, wird schließlich durch ein klares Kommando zurückgepfiffen. Und Joachim, erleichtert, tritt über die Schwelle ins Haus.

Dann stehen wir in der Küche vor einem breiten Tisch aus Holz, darauf Schüsseln randvoll mit Kartoffeln, die von hier sind. Und Frikadellen, die hier anders heißen. Über beides werden wir gleich noch sprechen müssen. Vorher aber beginnt Almuth von Bodenhausen das Gespräch mit einer Anekdote, weil dieses Treffen hier in gewisser Weise auch ein Wiedersehen ist.

Wir sind uns, sagt sie, wenn auch nur flüchtig, schon einmal begegnet.

Ach ja, fragt Joachim. Und sie lächelt, weiß es genau.

Ja, auf der A2, irgendwo zwischen Bochum und Berlin.

Da, sagt sie, saßen wir in einer Raststätte, und Sie, Herr Król, kamen an unseren Tisch, aufgeregt. Da vorne, haben Sie gesagt, ist ein Pferdeanhänger, der wackelt so. Da stimmt etwas nicht. Dachten wohl, der gehörte zu uns. Aber wir waren, ausnahmsweise, mal ohne Pferd unterwegs. Sie lacht.

Daran, sagt Joachim, erinnere ich mich. Ich dachte, das Pferd dreht gleich durch, und habe deshalb die Besitzer gesucht. Und als ich dann schaute, kamen nur Sie wirklich in Frage. Ich weiß aber auch nicht mehr, wieso. Er denkt kurz nach und kommt doch nicht drauf.

Ich hatte damals, sagt sie, meine Barbour-Jacke an. Das muss es gewesen sein.

Und Joachim nickt, eigentlich klar.

Menschen mit Stallgeruch, an den Schuhen die Börde, am Körper die Adelsmuster typischer Pferdemenschen, so muss es gewesen sein. Bestimmt zehn Jahre her, irre.

Er nimmt Platz und lehnt sich zurück, Almuth von Bodenhausen daneben, ihr Mann gegenüber. Diese Begegnung, das spürt man, hat den Raum geöffnet, den wir jetzt brauchen. Für die Anekdoten und Erinnerungen, die uns hierhergelockt haben, in dieses Dorf ohne Eigenschaften, an diesen Tisch voller Eigenheiten. Und Almuth von Bodenhausen legt ein schweres Fotoalbum auf das Holz, blättert dann durch die Bilder, mit ihnen hat sie den Umbau des Hofes dokumentiert, sie sind bald 30 Jahre alt.

Aufnahmen einer aufwendigen Ankunft, darauf Fremde, die zu Nachbarn geworden sind.

Almuth und Albrecht von Bodenhausen sind im Frühjahr 1991 von Göttingen in die Börde gezogen, hinein in ein damals wirklich noch fremdes Land. Die wahrscheinlich ersten Wessis auf diesem Boden, gleich nach der Wende. Davon sollen sie nun erzählen.

Und Joachim stellt die Frage, mit der es beginnt.

Wie kam es dazu?

Ganz einfach, sagt Albrecht von Bodenhausen, Spross eines Landwirts, es gab da immer den Traum vom eigenen Hof. Diese Vorstellung, von der Erde leben zu können.

Nur, sagt seine Frau, hätten wir uns diesen Traum im Westen nicht erfüllen können.

Sie schaut ihren Mann über den Tisch hinweg an, ebenso liebevoll wie streng. Almuth von Bodenhausen, das wird hier schnell deutlich, ist die Buchhalterin dieser Erzählung, die sie führt wie ihren Betrieb. Sie hat die Zahlen im Blick, die Daten, den Kalender im Kopf, alles säuberlich abgeheftet, in Schubladen sortiert. Die Chronistin ihrer gemeinsamen Nachwendezeit. Hier geht nichts verloren. So gibt sie dem Ganzen den nötigen Halt.

Den elterlichen Betrieb, sagt sie nun, das war immer klar, sollte sein älterer Bruder übernehmen. Die Erbfolge wollte es so. Das Land war verteilt und niedersächsischer Boden zu teuer.

Da war nichts zu machen. Aber länger warten konnten sie nicht.

Almuth von Bodenhausen hatte damals gerade in Landwirtschaft promoviert, an der Wand ihres Mannes hing bald das Diplom, dann kam ihr Sohn auf die Welt, Oktober 1990, ein echtes Wendekind. Sie, junge Eltern und ungeduldig, waren bereit. Sie wollten, so sagt man nun mal, ihr Glück noch mal woanders versuchen. Und wussten schon, wo.

Denn während ihnen die Heimat zu eng geworden war, standen drüben, das hatten sie gehört, die Dörfer oft genug leer, erodierten die Verhältnisse, wurde der Besitz neu verteilt. Eine Chance. Die blühenden Landschaften, mal andersherum gedacht. Und so war die Grenzöffnung hier der große Durchbruch. Als hätten sie hinter der eigenen Welt noch eine zweite, hinter dem Altbau, dieser Mauer, die dort immer gewesen war, einen Acker gefunden. Einen plötzlichen Garten, wirklich fruchtbaren Boden. Dank Kohl genug Platz für ihre Kartoffeln.

Und für alle Ideen dazu. Also fuhren sie los, über Land, bis sie schließlich hierher in die Kurve kamen, dort stand dieser Hof, 200 Hektar, Teil einer ehemaligen LPG, nun in den Händen des *Johanniter-Ordens*.

Das, sagt Almuth von Bodenhausen, hatte mein Vater vermittelt. Nun heiliges Land.

Fünf andere Bewerber gab es darauf. Zwei Protestanten, zwei Katholiken, dazu den alten Chef der LPG, der Atheist war und von Anfang an wenig Chancen besaß.

Es war Winter, als sie zum ersten Mal in das Dorf kamen.

Und eigentlich, sagt Albrecht von Bodenhausen, gab es danach nur einen Gedanken. Hoffentlich bekommen wir das nicht, hoffentlich müssen wir da nicht hin.

Sie standen dort, im Nebel, November 1990, dunkel und kalt. Der Regen, so grau wie die Fassaden, in den Pfützen spiegelte sich die Tristesse. Das ganze Klischee eines Landstrichs.

Düsterdeutschland, sagt er, das war genau, wie man sich das vorstellt.

Es schien nicht richtig zu sein. Der Osten, vielleicht doch die genau falsche Richtung.

Dann aber bekamen sie, gläubige Christen, den Zuschlag. Und weil der Traum größer war als die Bedenken, packten sie ihre Sachen und zogen aufs Land. 170 Kilometer von Göttingen entfernt, die vielleicht längste Reise. Im ersten Frühling nach der Wiedervereinigung, als das Grau noch längst nicht aus den Gassen gewichen war.

Das, sagt Albrecht von Bodenhausen, war natürlich immer noch die volle Breitseite DDR.

Das, sagt seine Frau, war spürbar etwas anderes. Wir kamen aus einer Universitätsstadt, mit einer klaren Westidentität im Gepäck, und standen hier plötzlich vor Herausforderungen, auf die uns niemand hätte vorbereiten können.

Sie klappt das Fotoalbum wieder zu. Und schaut Joachim an. Sieht, wie er lächelt, in froher Erwartung. Natürlich sind es genau diese Herausforderungen, die uns interessieren. Weil sie auf die Brüche deuten, die vermeintlichen und vielleicht auch tatsächlichen Verwerfungen.

Und, fragt Joachim jetzt, wie waren die ersten Jahre dann hier? Gab es das, einen Kulturschock, dieses Fremdeln erst mal?

Und beide, Almuth und Albrecht, müssen gleich lachen. Er nickt, sie schüttelt den Kopf, spricht dann als Erstes.

Es war, sagt sie, kein Schock. Aber erst mal ging es um all das, was es nicht gab. Der Mangel, der war ungewohnt.

Zum Beispiel das Telefon.

Schließlich hatten sie erst mal kein eigenes. Die einzige Leitung der Nachbarschaft teilten sie sich mit dem Bürgermeister des Ortes, einem älteren Herrn, dem ein Arm fehlte und der seine Prothese immer auf der Hutablage seines Trabis durch das Dorf fuhr, ganz so, als wollte er den Menschen im Vorbeifahren winken. An manchen Tagen fehlte ein Amt. Doch als sie das Babyphone in das Kinderzimmer des Ältesten stellten, dröhnte aus der Membran plötzlich russischer Marsch, Musik aus der Letzlinger Halde, in den Ästen der Ewigkeit verfangen.

Am Anfang, sagt Almuth von Bodenhausen, dachten wir, die hören uns ab.

Da überlappte die Zeit.

Und wenn sie zum Konsum fuhren, prallten sie auf die Planwirklichkeit des Sozialismus. Dort, zum Beispiel, fehlte das Kühlregal. In der Nähe grasten die Kühe, doch die Milch war nicht frisch. Und weil kaum jemand je eine Spülmaschine besessen hatte, gab es natürlich auch keine Tabs.

Wir, sagt Almuth von Bodenhausen, waren aus dem Westen natürlich verwöhnt. Und standen da erst mal fassungslos vor den Regalen, darin vielleicht Lose Wurst, Wilthener Goldkrone, Bautzner Senf, aber sonst doch nicht viel.

Die reine Leere, sagt Joachim.

Ja, sagt sie, wenn man etwas haben wollte, das man sonst immer hatte, musste man wieder rüberfahren, nach Helmstedt etwa. Bis hier der erste Supermarkt gebaut wurde, vergingen dann einige Jahre. Der Westen am Fließband, als Kühlkette, er kam erst spät in die Börde.

Bis dahin halfen die Menschen sich selbst, lösten das anders.

Der Tauschhandel, sagt Albrecht von Bodenhausen, war überall greifbar, der gehörte noch lange dazu. Der Bäcker etwa, die Schürze immer über dem nackten Wanst, Schweine hinter dem Haus, gab ihnen 0,3 Hektar Land und bekam eine Tonne Gerste dafür.

So waren es die kleinen Dinge, übrig geblieben, in denen sich die großen Unterschiede offenbarten. Die hocherhitzte Milch, der fehlende Anschluss. Die letzten Vogelscheuchen auf alten Feldern, die letzte Ernte der Monokultur DDR.

Daran aber, sagt sie, hatte man sich sehr schnell gewöhnt. Und außerdem hatten wir bald so viel Arbeit, dass wir uns darüber keine Gedanken mehr machen konnten. Es gab ja so unendlich viel zu tun. Das Haus, der Hof, die Nachbarschaft.

Wir haben hier, sagt ihr Mann und seufzt, ganz schön geackert. Und es ist natürlich das gleich passendste Wort, ackern, weil es hier klingt, als hätten sie sich erst mal hineinarbeiten müssen in dieses Land, in die Menschen, denen sie natürlich auch nicht geheuer waren.

Dabei, sagt Almuth von Bodenhausen, sind wir am Anfang wie auf Zehenspitzen gelaufen, auf den rohen Eiern der Vermutungen, eben weil wir das Bild des Wessis, all die Vorurteile, nicht noch verstärken wollten.

Ganz so, als hätten sie das Dorf andernfalls aufgeschreckt.

Und Joachim, der das Dorf oft gespielt hat, es aus Erzählungen kennt, aber doch immer in der Stadt gelebt hat, fernab von der Enge des weiten Landes, deutet auf seine Tasche, darin ein Buch, 400 Seiten etwa. *Unterleuten* von Juli Zeh, seine Reiselektüre. Der Roman zur Gegenwart der ostdeutschen Provinz, und er schildert den Inhalt, ganz kurz in ausladenden Gesten. Die Kleinkriege im Schlagschatten der Windräder. Wunden, die im Gewitter eines Sommers wieder aufbrechen. Alte Seilschaften, mit denen man sich bestenfalls noch erhängen kann. Das Dorf als Ort, in dem man als Fremder, als Neuankömmling, mit jedem Schritt auf falschem Grund einen Flurschaden anrichten und den Staub aufwirbeln kann, der sich gerade erst gesetzt hat. Jeder Acker ein Minenfeld. Offene Rechnungen, die ein anderer bezahlen muss. Schuldscheine auf vergilbten Zetteln. Der Jägerzaun als Front, dahinter wird es dann schmutzig. Ost und West, Aug in Aug, Zahn um Zahn. Das Ende soll nicht verraten werden. Kennt ihr das, fragt Joachim nun, hattet ihr diese Unterleuten-Momente. Habt ihr das erlebt, so oder so ähnlich?

Und Almuth von Bodenhausen schaut ihren Mann an, eine Aufforderung.

Ganz am Anfang, sagt er, haben wir uns sicher auch ein paar Feinde gemacht.

Im Übereifer des Umbaus, als die Wertarbeit des einen plötzlich zum Sperrmüll des anderen wurde. Sie waren ja, nachdem sie den Hof übernommen hatten, erst mal in ein altes Arbeiterhaus auf der anderen Straßenseite gezogen. Schwerfälliger DDR-Standard, mit einer Braunkohle-Schwerkraftheizung unten, die Rohre armdick, und Heizkörpern, die oben weit in den Raum hineinragten.

Das, sagt er, haben wir dann alles ausgebaut und durch eine Ölheizung ersetzt, es einfach ein bisschen schicker gemacht. Eigentlich keine große Sache. Nur sind wir damit, das kann man so sagen, richtig ins Fettnäpfchen getreten. Weil es nun hieß, da kommen die Wessis, reißen das Alte raus und bauen das Neue ein.

Ist denen nichts heilig, ist denen nicht gut genug, was zuvor Jahrzehnte gehalten hatte. Was wollen die hier?

Die erste Frage im Zorn. Damit waren sie doch, was sie eigentlich nicht sein wollten, die arroganten Akademiker aus Göttingen, diplomierte Landnehmer, nur hierherkommen, um die DDR auszubauen, das Erbe zu verschrotten, in der Hand den Vorschlaghammer der Ignoranz. Dornen in den Augen der anderen.

Albrecht von Bodenhausen erinnert sich noch genau.

Und in Hakenstedt dann, ein paar Monate später, standen sie vor ihm, die Männer der einstigen LPG, Bauern ohne Land, und spuckten drei Silben in den Sand. Abscheu auf hundertprozentigem Boden. Besatzer. Warfen ihm vor, sein Feld nicht angemessen ausgelöst, die noch ausstehende Ernte nicht bezahlt zu haben. Da ging es um Land, das den einen 1945 genommen und den anderen 45 Jahre später gegeben wurde. Und natürlich um Geld, 50000 DM. Altlastschriften.

Albrecht von Bodenhausen ist damals zwischen die Mühlsteine der Geschichte geraten, da wirkten noch die Kräfte der Vorzeit, der neue Boden lange vorher verbrannte Erde.

In einem Roman, sagt Joachim, wäre genau das der alte Konflikt, der über einer Figur schwebt.

Und Albrecht von Bodenhausen nickt.

Aber, sagt er, das hat sich dann, Gott sei Dank, schnell geklärt. Wir haben uns damals vor Gericht geeinigt. Das war wichtig, ich musste das klären, um nicht als derjenige zu gelten, der sich unrechtmäßig bereichert.

Der Besatzer, das bleibt ja, der Landnehmer, das nicht abwaschbare Etikett. Das ist dann Dorfgeschwätz, das Lauffeuer zu den Mistgabeln.

Das Dorf kann flüstern, dann hängen die Worte im Wacholder, in den Hecken. Die Häuser sind hier so niedrig, dass man sich nicht wegducken kann. Es ist unmöglich, sich in der Weite der Felder nicht zu begegnen. Dort draußen wird, wer herausragt, am Ende vom Blitz erschlagen. Und ein Ort, dessen Straßen keine Namen haben, ist immer auch ein Ort, an dem die Leute ganz genau wissen, wo sie hingehören. Man sieht sich. Manchmal auch zweimal am Tag. Und steht sich dann gegenüber, jeder auf seine Weise das Klischee des jeweils anderen.

Später wurde einer der Männer Vertreter für Landmaschinen.

Der, sagt Albrecht von Bodenhausen, ist dann ständig hier angetanzt, um uns Traktoren zu verkaufen.

So ist das im Dorf. Aber das war eben auch nur der Anfang einer damals noch seltenen Nachbarschaft.

Denn Almuth und Albrecht von Bodenhausen waren Ausnahmen. Westdeutsche, die gleich in den Osten gezogen sind, die diesen Schritt gewagt haben, das gab es nicht oft. Sie waren Vorreiter, über tiefe Gräben gesprungen, standen dort zwischen ihren Kartoffeln und warteten auf die anderen, die nicht oder nur zögerlich kamen. Der ganz große Austausch der Deutschen ist bis heute ausgeblieben.

Und die Zahlen bezeugen es. Seit dem Mauerfall sind mehr als vier Millionen Menschen aus dem Osten in den Westen gezogen, während nur etwa halb so viele den umgekehrten Weg genommen haben. Weil der Osten kaum Anreiz bot und weil der Westen nicht an die Auferstehung glaubte, wohl aber an die Ruinen. Wieso, bitte schön, sollte man dahin. Die DDR blieb, auch jetzt, da sie eine ehemalige war, ein weit entferntes Reich ohne Mitte. Die Westdeutschen dachten pauschal und flogen eher nach Mallorca oder Kalifornien, bevor sie in die, allein schon der Name, neuen Länder gefahren wären.

Auch weil die meisten von ihnen von der Wiedervereinigung kaum betroffen waren und lediglich durch die monatliche Gehaltsabrechnung daran erinnert wurden, dass hinter dem eigenen Horizont noch mal etwas ganz anderes passiert sein musste, ein entferntes Beben, schon nicht mehr spürbar im Allgäu, in der Eifel, am Bodensee. Anders als für die Menschen aus dem Osten hatte sich für sie so gut wie nichts geändert. Sie kannten die Zustände, aus dem Fernsehen, den Zeitungen, aber die zeigten auch nur, was man schon wusste. Bleiwüsten und Graustiche.

So ging man nicht eben rüber, um mal zu schauen, wie das Leben dort aussieht, auf der anderen Seite. Rüber, das blieb ein tatsächliches Fremdwort.

Ein Vierteljahrhundert nach dem Mauerfall war noch immer ein Fünftel der Westdeutschen nie in der ehemaligen DDR gewesen, das Bild der anderen schwammig geblieben, die Zuschreibungen aber hatten sich längst verfestigt. Bis heute gibt es Menschen aus Halle, die nie in Halle waren.

Und im Internet, wenn man dort nachschaut, findet man Foren, in denen sich Menschen, die plötzlich doch rübersollen, Hilfe suchen, um Beistand flehen, als müssten sie gleich morgen zur Fremdenlegion. Menschen, im Westen aufgewachsen, die für den Job umziehen, seltener auch der Liebe wegen, meist ist es der Zwang, der sie treibt. Der Ortswechsel, berufsbedingt. Die plötzliche Karrierechance in einem vorher gänzlich unbekannten Land. Und wenn sie nun nachfragen, im Weißraum der Webseiten, klingt es, als würden sie sich noch Impftipps holen für den Dschungel. Der Osten als vermeintlich letztes Takatukaland, Kannibalen und Karnivoren an Schlachtplatten. Als könnte einen das Leben dort auffressen.

Abenteuer, schreibt also einer, betroffen im Betreff, als Wessi in den Osten. Erfahrungen? Ein Wort nur, ein Fragezeichen dazu, eigentlich harmlos. Aber es sind die Antworten danach, die viel verraten über die gesamtdeutschen Befindlichkeiten und den Zwischenstand der sogenannten Wiedervereinigung.

Denn während die anderen nun von sich erzählen, die härtesten Vokabeln zur eigenen Zeit im Osten suchen, öffnet sich eine Schere, gleichermaßen rostig und scharf. Die Nachbereitung der Vorurteile. Darin natürlich auch, wie in jedem echten Klischee und jedem richtigen Märchen, die Wahrheit. Man kann sich schneiden an ihr.

So sprechen sie von der Mentalität, unvereinbar. Von den Unterschieden, die riesig sind. Aber, sagen sie, Kopf hoch, drei Jahre dort kann man noch aushalten und das Ganze dann unter Auslandserfahrung verbuchen. Viel Glück!

Der Osten, schreiben sie, wurde unter der Stasi geformt, die Menschen gleich mit. Daher ist dort jederzeit mit Denunzianten und Nörglern und Neidern zu rechnen. 40 Jahre Sozialismus haben Spuren hinterlassen. Wer aus dem Westen nach Ostdeutschland zieht, schreiben sie, kann sich nur verschlechtern, der muss wissen, worauf er sich einlässt. Die Stimmung mies, die Leute einfach gestrickt, das Gesicht schon morgens zur Faust geballt. Dazu Misstrauen, Frust und ein ganzer Haufen Neonazis. Risiken und Nebenwirkungen. Und in den meisten Käffern gibt es weder Ärzte noch Apotheker. Es sind Warnhinweise, wie man sie auf Medikamente drucken würde, die volle Packung DDR. Viel Spaß!

Leben im Osten, schrieb der *Spiegel* vor 15 Jahren noch, macht Wessis krank. Westdeutsche, die in die neuen Bundesländer gegangen waren, erkrankten demnach oft an Depressionen. Das ließ man so stehen, in roten Buchstaben.

Während die einen also den Umsturz nicht verkraftet hatten, vergingen die anderen am Umzug, eine sieche Nachbarschaft, die aneinander zu leiden schien.

Almuth und Albrecht von Bodenhausen sind trotzdem geblieben. Länger als drei Jahre, über alle Schwierigkeiten hinweg. Und sitzen jetzt hier, Mitte 50, gut gelaunt und kerngesund.

Wie, bitte schön, fragt Joachim und grinst, habt ihr das geschafft?

Almuth von Bodenhausen antwortet zuerst, in Worten, die sie schon länger bei sich trägt, Gründe, die sie mühelos aufzählen kann.

Ich glaube, sagt sie, es ist mir leichter gefallen, mich hier einzuleben, weil ich vorher keine richtige Heimat hatte. Es gab kein Zurück, weil es kein anderes Zuhause gab. Und der Name, der spielte am Ende auch eine Rolle, ganz sicher. Der hörbare Adel, dieses Von, war immer sperrig, immer schon vor uns da. Wir wurden deswegen angeschaut und einsortiert, anders behandelt. Wir kannten das, die Vorurteile. Nur waren wir im Osten nun nicht mehr die Adligen, der Baron und seine Frau, sondern einfach nur die Wessis. Das war, sie lacht, ein Stück weit befreiend.

Und natürlich, sagt ihr Mann, hat es uns geholfen, dass wir erst gegenüber gewohnt haben, in dem Arbeiterhaus auf der anderen, der langen Seite, wie man hier sagt. Dort, mit allen anderen auch, nicht abgehoben weit weg, sondern ganz in echt unter Leuten.

Vor allem Parterre, was ja auch bedeutet, nicht über den Dingen zu sein, von oben zu schauen, sondern in der Nähe vom Boden, auf dem die Tatsachen stehen. Die Fenster zur Straße hinaus, die Blicke der Nachbarn willkommen.

Wir, sagt seine Frau, hatten keine Gardinen und jeder, der vorbeikam, schaute hinein und grüßte dann gleich. Über den Sims in die Küche.

Die Bodenhausens, sagten die Leute im Dorf, leben wie die Russen. Da hatten sie das Von schon vergessen und jede Tücke gleich mit.

Und irgendwann, sagt ihr Mann, kamen die Kinder dazu.

Erst der Sohn, dann die anderen bald. Drei sind ja hier in Sachsen-Anhalt geboren, über die Jahre verteilt, und mit jedem weiteren wuchsen die Wurzeln. Die sprichwörtliche Saat.

Eine echte Familie, so etwas mochte das Dorf.

Das, sagt seine Frau, war ein richtiges Pfund. Im Kinderland-DDR war das großartig. Anfangs hatten wir immer ein Haus der offenen Türen, dann kamen die Kinder der Nachbarn, um bei uns zu spielen.

Und irgendwann kamen auch die Nachbarn, die gar keine Kinder hatten, dafür aber Zeit, mehr als genug. Die waren dankbar für jeden Plausch, standen am Herd oder an der Wiege. Der ältere Herr mit der Schubkarre oder die Nachbarin, der die Arbeit abhandengekommen war. Sie hatte Platinen gelötet für die VEB Fernsehelektronik, alles von Hand. Nun saß sie zu Hause, meist ohne Programm und ohne Kontakt, das Löten am Band, das hatte zusammengeschweißt, viel war nicht mehr übrig, kein Funke, der noch überspringen konnte.

Die Kollektive, sagt Almuth von Bodenhausen, waren zerbrochen. Und die Menschen waren plötzlich auf sich gestellt, manche einsam wohl auch. Aber Alleinsein, wie das geht, das hatte ihnen in der DDR niemand gezeigt. Also kam sie dann rüber zu uns, und wenn sie etwas wissen wollte, über die Steuern, die Anträge fürs Amt, Lohn und Brot, dann haben wir ihr geholfen. Und wenn sie eine Kopie haben wollte, ein Dokument, einen Brief, dann fragte sie scheu. Macht ihr mir eine Ablichtung, so hieß das bei ihr. Almuth und Albrecht von Bodenhausen, sie müssen lächeln dabei. Wörter, die übrig geblieben waren. Die Feinheiten einer anderen Sprache. Auch daran mussten sie sich gewöhnen.

Und sie machten die Ablichtungen und stellten mitunter auch das Telefon zur Verfügung. Ab und an fuhren sie die Nachbarin zum Arzt in die nächste Stadt. Sie kümmerte sich dafür um die Tomaten und um die Kinder, die draußen zu wachsen begannen.

So lernten sie auch das Dorf besser kennen, das Land drum herum. Hörten ihm zu, hörten die Reden und das Gerede, die Sprüche und die Sorgen. Und wussten doch manchmal nicht richtig Bescheid, das Vokabular vor der Tür selbst eine Herausforderung, im wahrsten und unwahrsten Sinne des Wortes.

Man musste ein Ohr dafür haben.

Sprachlich, sagt Albrecht von Bodenhausen, mussten wir uns auch erst mal einleben. Ganz klar. Da gab es Wörter, die wir wirklich nicht kannten. Sachen, die in unserem Wortschatz gänzlich fehlten. Plaste und Kollektiv, zum Beispiel.

Wörter, die sich erst einmal fremd angefühlt haben, ganz ungewohnt, fast stachelig. Wörter wie fremdes Essen. Oder wie dasselbe Essen, nur mit anderen Gewürzen. Diese Sprache, so schien es, schmeckte halt anders. Eine Bratwurst, sagt er, ist hier auch keine Bratwurst. Eine Schmorwurst ist eine Bratwurst. Und die Frikadelle gehacktes Klops. Fettige Feinheiten, an denen man sich die Finger verbrennen konnte.

Und manche Sachen, sagt seine Frau, waren geradezu grotesk. Da wurde dann jeder hier, egal wie alt, mit junger Mann angesprochen. Der konnte Großvater sein, mehrfach, egal.

Das war eine Floskel, und die hielt sich nicht mit Banalitäten auf.

Junger Mann, sagt Albrecht von Bodenhausen, da drehe ich mich bis heute um und schaue, ob hinter mir noch einer steht.

Für immer ein junger Mann, sagt Joachim nun, das klingt nach einem guten Ort. Hier bleibe ich.

Dann schiebt er den Scherz beiseite und macht wieder Platz für die Erzählung aus den Feldern.

Es geht ja noch weiter, weil natürlich auch der Mangel der DDR seinen Eingang in die Sprache gefunden hatte, das Fehlen von etwas, die Unterversorgung, die immer wieder leeren Regale, auf die viele mit Unmut und andere doch mit Humor reagierten, sich vor Lachen die Bäuche hielten, um ihre knurrenden Mägen nicht hören zu müssen. Sie füllten die Leere mit Ironie.

Am Anfang, sagt Almuth von Bodenhausen, ist man hier noch mit einem Beutel zum Markt gegangen, aus Kunststoff oder Vinyl. So eine kleine Tasche mit Henkeln aus Stoff. Und wir standen dort mit bloßen Händen am Morgen, hatten keine Ahnung von nichts. Haben Sie, fragten die Frauen an der Kasse, keinen Beutel?

Und Joachim strahlt. Das, sagt er, habe ich schon einmal gehört. Die hießen Kannja-Beutel, weil: Es kann ja was da sein.

Im Konsum, Orangen oder Bananen sogar, im Übermut, dem krummen.

Stimmt, sagt Albrecht von Bodenhausen, so war es.

Und dann gab es da noch den Klaufix, einen kleinen Anhänger, auf den man mal eben was laden konnte, wenn es doch schnell gehen musste. Der hing hinten am Auto, an der Anhängerkupplung, die sie hier Hamsterkralle nannten.

Irre, sagt Joachim und lacht. Begriffe aus einer anderen Zeit, die im Kopf gleich Bilder erschaffen. Mit dem Klaufix zum Hamstern, die Kartoffeln in Säcken, dann mit dem Beutel zum Bäcker. Der große DDR-Roman in nur einem Satz.

Doch hatte man sich damit erst mal vertraut gemacht, konnte man sich in all dem, diesen Plastekonstruktionen eines volkseigenen Vokabulars, durchaus wohlfühlen. Darin, so der Gedanke, schien alles beweglich, einfacher auch.

Nur mit dem Kollektiv, sagt Albrecht von Bodenhausen, kann ich bis heute nichts anfangen. Diesen Begriff kann ich nicht in den Mund nehmen, weil er für mich noch immer sozialistisch besetzt ist. Da stört der Beigeschmack dann doch. Dabei begegnet ihnen dieses Wort, in der DDR endemisch wie der grüne Abbiegepfeil, noch immer und überall.

Das Elternkollektiv, das Mitarbeiterkollektiv.

Und im Grunde sind Almuth und Albrecht von Bodenhausen mit den Jahren selbst Teil eines Kollektivs geworden, auch wenn sie es natürlich selbst nie so nennen würden. Aber im Dorf, in dem die alten Strukturen noch greifen und das Miteinander noch zählt, gehören sie längst dazu, die eigene Wende, der innere Kreis, Bewohner einer geschlossenen Ortschaft. Weil die Nachbarschaft, als Gefühl und als Wert, eben genau jene Nische ist, in der die DDR überwintern konnte. Jeder hilft jedem, Tomaten und Ablichtungen. Man kümmert sich eben, am Ende so sehr, dass man nicht nur die Wörter, sondern irgendwann auch Verantwortung übernimmt.

Für die anderen und für sich selbst, Wohl und Wehe, Amt und Würden.

Albrecht von Bodenhausen, Landwirt aus Göttingen, ist heute Ortsbürgermeister für dieses und zwei weitere Dörfer. Was diesen Landstrich zur Wahlheimat im eigentlichen Sinne macht. Er lacht. Damit, fürwahr, hatte er selbst am wenigsten gerechnet.

Bürgermeister Bodenhausen, das klingt noch immer so fremd wie der junge Mann, der niemals hinter ihm steht. Obwohl er nun auch schon eine ganze Weile dabei ist, gerade Jubiläum gefeiert hat.

1000 Tage, da hat ihm die *Volksstimme* einen Besuch abgestattet, die Tageszeitung aus der Region. 1000 Tage Bürgermeister, das ist schon ein Ding.

Vor allem, sagt seine Frau, wenn man gar nicht von hier ist. Eben nicht mehr der Einarmige, nicht der Handwerksmeister von Gegenüber. Kein Hiesiger, ein Zugezogener nur. Keiner von uns, haben die Leute gesagt.

Zwischen Hiesigen und Zugezogenen kann ein Zaun liegen, ein Acker, eine Welt. Das Hindernis der Herkunft, das mussten sie erst überwinden.

Und wie, fragt Joachim, ist euch das am Ende gelungen?

Durch die Kirche, sagt Almuth von Bodenhausen.

Dort singt ihr Mann seit 25 Jahren im Chor, immer mittwochs, hat kaum einen Termin je verpasst. Weil die Gemeinde der Ort ist, an dem Gemeinschaft entsteht. Das Kirchenkollektiv, dort begegnet man sich noch. Macht sich miteinander bekannt.

Die Kirche, sagt sie, war für uns der Ausgangspunkt der Assimilierung. Man trifft dort nicht alle. Aber jene, die man trifft, bleiben.

Und irgendwann ist, zwischen den Strophen, so etwas wie Vertrauen entstanden. Es gibt im Dorf sonst keinen Bass, sie brauchten ihn dort. Und Albrecht von Bodenhausen konnte mit seiner Stimme auch seine ersten Stimmen gewinnen.

Man muss halt, sagt er, den richtigen Ton treffen, im Chor und in der Politik. Bis es ganz einfach klingt. Auch wenn es, selbstverständlich, immer noch andere Töne gibt.

Als Bürgermeister hört er sie hin und wieder, wenn er über die Dörfer muss, zu den Geburtstagen, den Ehrungen, wenn er zu den Menschen fährt, die wieder gerne von früher erzählen, Veteranen des Kalten Krieges, die in ihren Wohnungen sitzen wie in einer Kulisse, in Räumen, wie sie Andreas Maluga in Wattenscheid erst nachbauen musste, im schummrigen Licht der Erinnerung, die letzten Funzeln, direkt aus Erichs Lampenladen, SED statt LED.

Was mich noch immer bewegt, sagt er jetzt, sind diese Besuche.

Mit Blumen in der Hand und den besten Wünschen auf den Lippen. Das, sagt er, ist immer Geschichtsunterricht und Staatskunde in einem. Da steckt der Geist der DDR noch in den Schrankwänden, ein trotziger Holzwurm.

Da hängt er noch in den Kleidern, ein Stempel in abgewetzten Pässen. Da gibt es das noch, Ost und West. Weil doch jene, die 1989 dabei waren, die sich erinnern können, zu alt oder gerade schon alt genug waren, das nicht mehr loswerden. Die Wende als Zäsur, als Makel.

Es ist, in den Köpfen der Alten, das Echo einer anderen Zeit. Mitunter ein Schrei, aber meist nicht mehr als ein Flüstern, das immer leiser wird, in der stillen Post der Generationen.

30 Jahre, Mannmannmann.

Die Kinder, sagt Almuth von Bodenhausen jetzt, haben zu all dem längst einen anderen Bezug. Und ihr Mann lächelt.

Unser Sohn, sagt er dann, daran kann ich mich noch erinnern, kam damals an einem Nachmittag aus der Schule und hatte Redebedarf. Das muss 1998 gewesen sein, er ging in die zweite Klasse. Also stand er da und fragte mich gleich. Du, Papi, was ist das eigentlich, ein Wessi? Und ich dachte, aha, jetzt haben sie ihn in der Klasse gefragt. Geschichte als Aufklärung.

Denn bei uns war das nie Thema gewesen. Ossi und Wessi, ich habe ihm das dann in Ruhe erklärt. Und am Ende fragte er uns: Kennen wir einen Wessi? Das war lustig, weil er damit einfach nichts anfangen konnte. Er ist in Göttingen geboren, aber auf anhaltinischem Boden gewachsen, in der Börde. 100 Prozent von hier.

Niedersachsen, das war für ihn nur das Land, in das man fuhr, um die Großeltern zu besuchen.

Oma, wieso hast du so große Fernseher.

Und im Grunde hatte sich das ganze Ost-West-Ding damit an einem einzigen Tag erledigt. Er war, sagt Albrecht von Bodenhausen, längst etwas anderes geworden.

Ein Wossi vielleicht. Das trifft es ganz gut.

Bei den Kindern, sagt Joachim, im Kopf gleich wieder die Schulklassen in Marienborn, da verwischt es, da löst es sich auf. Sie sind keine Zeitzeugen, sie tragen den Rucksack nicht mehr.

Börde ohne Bürde.

Unsere Kinder, sagt Almuth von Bodenhausen, ihre Antwort auch eine Erwiderung, können mit dem Begriff DDR durchaus etwas anfangen, aber sie sind, anders als wir, wirklich Hiesige.

Hineingeboren, nicht zugezogen, haben hier im Fußballverein gespielt und später ihr Abitur gemacht. Sachsen-Anhalt ist ihre Heimat, die Freunde gleich nebenan. Sie sind durchaus stolz darauf, von hier zu sein. Und als sie fortgegangen sind, um zu studieren, im Westen auch, in Köln oder Bonn, da waren sie empört über die Arroganz der Kommilitonen. Sachsen-Anhalt, hatten die gleich gefragt und die Nase gerümpft, kann man da überhaupt leben? Dort an der Universität trafen sie auf Vorurteile, die sich tatsächlich gehalten hatten, auf diesen anderen Blick, der auch ein vernichtender sein kann. Die Herkunft als Witz. Den Wessi, jetzt kannten sie ihn. Und waren plötzlich die Ossis, die anderen. Kaum zu verstehen.

Da, sagt Albrecht von Bodenhausen, sind sie richtig sauer geworden. Haben das alles verteidigt.

Ihre Region, ihr Zuhause.

Und die Mädchen, sagt seine Frau, machen sich heute noch einen Spaß draus und sprechen dann vor den anderen ihren eigenen Dialekt, schnacken hiesig, die Sprache der Börde. Was ungewohnt klingt für die Ohren am Rhein. Wie Berlinerisch, nur dass man die Vokale verschluckt und die Worte rundet, als hätte man tatsächlich eine Kartoffel im Mund. Diese Sprache haben sie mitgenommen, heute im ganzen Land unterwegs. Einer noch in der Nähe, eine andere hoch im Norden. Vier Kinder, vier Himmelsrichtungen, keine Grenzen gesetzt.

Eigentlich, sagt Joachim jetzt, durchaus gerührt, müsstet ihr auftreten, zur Einheit auf die Bühne, als Musterfamilie für die Wende, als gesamtdeutsche Geschichte. So etwas hört man nicht oft. Und er nimmt sich noch eine Frikadelle, gehacktes Klops, und schaut über den Tisch in die Gesichter unserer Gastgeber, dann auf die Uhr. Es ist jetzt auch irgendwie Zeit für ein Fazit. Für die letzte Frage hier, geradeheraus.

Habt ihr, fragt Joachim also, den Umzug jemals bereut?

Albrecht von Bodenhausen antwortet gleich, ohne Zögern.

Nein, sagt er, ich könnte mir ein anderes Leben gar nicht mehr vorstellen. Auch weil ich dieses Leben hier, den Hof, den eigenen Betrieb, die große Familie, so im Westen nicht hätte haben können.

Ohne den Mauerfall, sagt seine Frau, wäre das alles schlichtweg nicht möglich gewesen. Nach der Wende, sagt sie, wurden die Karten neu gemischt. Und wir saßen eben zufällig mit am Tisch, als gegeben wurde. Sachsen-Anhalt, das war einfach ein großes Glück. Wir waren jung damals und durften hier im Osten erwachsen werden. Heute gehören wir hierher, kein Zweifel.

Sagt sie und hält zum Abschluss noch ein Plädoyer für die Nachbarschaft hier, die kleine Ode ans Dorf.

Die Leute hier, sagt sie also, haben zu Hause noch ihre Enten und Schweine, die verstehen etwas von Landwirtschaft, sind nüchtern und packen an. Das gefällt mir, wir fühlen uns wohl.

Es ist der tiefere Blick, nach über 25 Jahren im Dorf. Mittlerweile ist Ruhe eingekehrt, Normalität.

Meine größte Sorge, sagt ihr Mann schließlich, ist heute, dass ich einen der Geburtstage vergesse. Als Bürgermeister.

Kein Scherz. Einen der anderen vergessen, obwohl sie so

wenige nur noch sind, das würde ihm das Dorf tatsächlich nicht verzeihen.

Er klopft auf Holz, dann stehen wir auf und gehen zur Tür, draußen schläft der Hund, es ist kein Geräusch zu hören. Wir verabschieden uns, steigen ins Auto und biegen am Briefkasten links ab. An der Kapelle schlagen wir ein Kreuz, dann lassen wir die wenigen Häuser des Dorfes hinter uns und fahren in einen niedrigen Himmel hinein.

ERBSENZÄHLER

Danach geht es, an den Kartoffeln vorbei, in Schnörkeln über Land. Am Anfang noch in Hörweite der A2, bald aber bleibt ihr vertrautes Rauschen zurück, und wir fahren immer tiefer hinein, verlassen die Börde und erkunden die Altmark, dieses wirklich echte Hinterland. Wir kennen es nicht, wir sind hier zum ersten Mal.

Joachim wollte es so. Ab vom Wege, noch mal etwas Neues erfahren. Als Tramper, sagt er, da durfte man ja nie aussteigen. Der Transit war immer nur Autobahn, kein Links und kein Rechts, die DDR nur Strecke, die hinter beschlagenen Fenstern, im Niesel oder im Dunst, zu fremden Schlieren verwischte. Ohne Pause zwischen Marienborn und Michendorf, der nächsten Station.

Kein Kontakt, keine Ahnung.

Deshalb biegen wir diesmal ab, lassen uns treiben. Von Dorf zu Dorf. Glotzen ein bisschen, staunen dazu. Und Joachim mustert die Häuser, die Gärten, die Höfe, die ihm Vergleiche aufdrängen. Die, sagt er einmal, haben beleuchtete Radwege. Mitten im Nichts. So was gibt es im Ruhrgebiet nicht.

Dann verfahren wir uns, den Finger immer noch auf der Karte, und einer bleibt stehen und hilft uns. Hat kaum noch Zähne, wischt durch die Sätze, er trägt seinen Verein als Pullover. Weiß und Blau, der 1. FC Magdeburg. Endlich wieder zweite Liga. Er winkt uns zum Abschied, jetzt wissen wir weiter, es ist noch ein Stück. Und so beginnen wir, aus Langeweile und Neugierde gleichermaßen, die Flaggen am Rande zu zählen. Dort nun, in jeder Kurve, hängt die Zugehörigkeit von den Balkonen, die Sehnsucht am Mast. Und was es nicht alles gibt, hier auf dem Land. Schalke und Bayern, die Borussia und den HSV.

Farben, die von den Bewohnern erzählen. Weil es ein Unterschied ist, ob sie für die Arbeiter jubeln oder mit der Schickeria, sich in Vergangenheit hüllen oder in Patriotismus. An ihnen, zudem, lässt sich erkennen, wohin der Blick früher schon ging. Rüber, in eine andere Liga. Als wären sie übergelaufen, mit der Fernbedienung in der Hand, der Antenne auf dem Dach. In den 70er oder auch erst in den 80er Jahren. Kinderohren, die am Westradio klebten. Beckenbauer und Netzer. Magath und Wohlfahrt. Dauernd Schlusskonferenz.

Der Rasen auf der anderen Seite immer schon grüner. Die Tore und auch die Chancen größer womöglich. Und natürlich war der Jubel ein heimlicher, die falsche Leidenschaft schon Verrat. So eine Fahne, das ist ja der sichtbarste Stolz, leicht entflammbar zudem. Den behielt man besser für sich, legte ihn sauber zusammen, ballte im Stillen die Faust.

Heute aber flattert der Westen sichtbar im Wind.

Und bei jeder Fahne in Schwarz und in Gelb jubelt Joachim im Auto, weil da einer wohnt, ein Bruder im Geiste.

Die, sagt er, wissen, was sich gehört. Bei jeder Fahne aus München aber wird er von Entrüstung geschüttelt. Das kann er nun mal nicht verstehen, wenn Anhaltiner für Bayern jubeln.

Fragwürdige Gefühle.

Auf einem Feld hängt schließlich noch eine Flagge von damals, Hammer und Zirkel. Hängt dort bewusst. Ein Zeichen gewiss, eine Scheuche für fremde Vögel.

Was soll das, fragt Joachim, spielen die heute? Er lacht.

Dann lassen wir das Nichts wieder zu. Dieses verrückt schöne Gleiten über ausgebaute Straßen, nicht viel steht im Weg, dieses Land lässt Platz für Gedanken. Hier ist Spargel eine eigene Jahreszeit, dann kommen die Polen mit ihren Stecheisen.

Die Altmark, dieser für uns weiße Fleck zwischen Magdeburg

und Stendal, ein Ort aus Erzählungen, in denen sich wehrhafte Bauern einst mürrisch gegen die Gezeiten stemmten, ist heute die vielleicht letzte deutsche Prärie.

USA, sagt Joachim, da ist was Wahres dran.

Weil, und das stimmt auch, die Weite hier urplötzlich und ohne größere Warnung in die Ausläufer der Globalisierung mündet, in diese Suburbia der Neuen Bundesländer, das in den Schriftzügen und Markenbotschaften so überzeichnet amerikanisch daherkommt, als hätte hier jemand versucht, mit ein paar Metern Zaun und überschaubaren Englischkenntnissen den Mittleren Westen nachzubauen.

Mit der Wiedervereinigung, sagt Joachim, sind die Gebrauchtwagenhändler wie Heuschrecken über dieses Land gekommen. Sie haben die Felder planiert und dort ein Angebot geschaffen, wo es vorher kaum Nachfrage gab. Jetzt blitzt und leuchtet es hier, als hätte jemand eine ganze Region tiefergelegt. Und das Essen ist so schnell wie die Autos. Kentucky Fried Chicken, Pizza Hut. Durchfahrtsburger, für Könige und Clowns.

Daneben stehen die Shopping-Center, die Baumärkte und die Möbelhäuser, Hammer und Sessel. Sachsen-Anhalt, hier macht das Bauhaus Schule.

Hinter der nächsten Abzweigung aber ist das Grelle dieser Orte augenblicklich vergangen, und wir fahren durch Orte ohne Leuchten, vorbei an Schildern, die nach Abenteuer klingen, nach Versprechen, an denen wir nicht halten können. Lüderitz, Insel, Jerichow. Sie setzen sich fest, bevor uns das nächste Waldstück schluckt. Und wir nehmen die 188 nach Tangermünde. Eine Empfehlung von Freunden, gleich an der Elbe.

Zum Spaß und weil es wundervoll passt, hören wir kurz hinter Stendal Rainald Grebes zeitlos böses Lied über Sachsen-Anhalt. *Wo fängt es an, wo hört es auf.* Eine Ode an die Ödnis, die gleich noch besser wirkt, wenn hinter der Scheibe die entsprechenden Szenen vorbeiziehen. *Das Land von Luther und Genscher, von*

Cornelia Pieper und Tokio Hotel. Und wir haben die Wahl zwischen Radio Brocken und Radio SAW.

In Tangermünde angekommen, halten wir auf einem Parkplatz in der Nähe des Flusses, an der Kante stehen Wohnmobile auf Asphalt, davor sitzen Rentner auf Klappstühlen aus Plastik. Sie haben den Fernseher nach draußen geholt, schauen ein bisschen.

Das Wasser können sie von dort aus nicht sehen. Es macht ihnen nichts.

Bedrückende Seelenruhe.

Weiter oben aber beginnen gleich schon die Highlights. Da wirbt das erste Restaurant am Hang mit dem sensationellen Slogan *Wir bitten zu Fisch, von A wie Aal bis Z wie Zander.* Was so entwaffnend doof ist, dass man sich eigentlich sofort dazusetzen möchte. Aus dem Innern der Gaststätte aber dringt die Dunkelheit auf den Bordstein, und wir gehen lieber weiter, bevor uns tatsächlich noch jemand zu Fisch bittet.

Wer weiß, was das hier bedeutet.

Die Altstadt von Tangermünde allerdings ist feinstes Mittelalter, war mal Hansestadt und Altersresidenz des Kaisers, ein Setzkasten deutscher Geschichte. Es gibt zwei Hauptstraßen, die zu beiden Seiten an den wichtigsten Bauwerken vorbeiführen, wir laufen über poliertes Kopfsteinpflaster und freuen uns ehrlich über all die Dinge, die es jetzt hier zu sehen gibt, solides Wikipedia-Wissen.

Die Burganlage mit Tanzhaus aus dem 14. Jahrhundert. Das historische Rathaus mit spätgotischer Schauwand. Die Salzkirche, die Stadtmauer, es hört kaum noch auf.

Am anderen Ende der Straße aber geraten wir dann gleich wieder hinein in die jüngere Vergangenheit dieser Stadt, dieses Landes und seiner Bewohner. Dort führt ein Trödler seinen Laden, vor der Tür stehen Weinkisten aus Holz und Lampen aus Rost. Das Übliche. Im Innern aber, an weißen Wänden und hinter Glas, hängen Wahlplakate zum Verkauf, sie spannen den Bogen.

Von einer Diktatur in die nächste.

Wählt Deutschnational, Liste 5. Steht auf dem einen.

Wählt SED. Liste 5. Auf dem anderen.

Kann man kaufen. 580 Euro. Das Preisschild klebt in der Ecke.

Bisschen teuer, sagt Joachim, für so billige Propaganda.

Dann kommt der Trödler hinter einem Vorhang hervor, er hat hinten geschraubt, noch Öl an den Händen, und beobachtet uns nun, als wollten wir stehlen, blinzelt nicht mal. Sieht also, wie Joachim an der Wand gegenüber, kein Scherz, einen alten Verkehrsstab entdeckt. Schwarz und weiß. Noch richtig aus Holz, leicht abgewetzt an den Enden, von vielen Winkermiezen berührt. Wie aus Uschis Erzählung. Ein Zufall, ein irrer.

Den, mein Herr, sagt Joachim, hätten wir gern.

Der Trödler wirft einen Blick an die Wand. 20 Euro, sagt der dann. In der Antwort liegt schon die Abfuhr. Komm, sagt Joachim, machen wir 15. Er lächelt, Spaß am Handel und an der Freude. Und erntet einen vernichtenden Blick.

Wessis, sagt der Trödler, kommen hierher und denken, sie könnten das alles so mitnehmen. Kennen den Wert der Dinge nicht.

Wessis. Zwei Silben, scharfkantig und oll. Er benutzt sie tatsächlich als Schimpfwort. Dann wendet er Joachim den Rücken zu und verschwindet hinter dem Vorhang, der Stab plötzlich doch unverkäuflich.

Kein schlechter Auftritt, sagt Joachim, zurück auf der Straße. Er möchte jetzt, zumindest das, ein Souvenir für zu Hause besorgen. Etwas, das sagt: Ja, wir waren hier. Die DDR im Mittelalter, das gibt es noch. So gehen wir, im Sengen der Mittagssonne, aufmerksam an den Schaufenstern vorbei, bis wir uns am Hinterteil eines gelben Trabis stoßen, das aus einer Backsteinwand auf die Straße ragt, als hätte jemand den Wagen versehentlich auf den

Gehweg gesteuert. Ein Unfall als Witz, eine demolierte Metapher. Im Kofferraum liegt das Geschenkset Held der Arbeit. Ein Paket daneben, mit Hammer und Zirkel frankiert. Darüber prangt in ebenso gelben Lettern der Name des Ladens, zu dem der Trabi gehört. Ostprodukte-Versand. Im Fenster hängt das Sandmännchen, Joachim öffnet die Tür.

Und wir betreten nun, anders kann man es gar nicht sagen, das Kaufhaus des Ostens. In den Regalen, auf allen Brettern die DDR. Die Spreewaldgurken und Knusper-Flocken und Minttafeln. Unser Good-Bye-Lenin-Moment. Davor die Filme der DEFA in Reihe und Glied. Auf den Bügeln die alten Hemden der Metzger und Bergmänner und an der Wand wieder Honecker, wieder Ulbricht. Wie bei Andreas Maluga, in seinem Kabinett in Wattenscheid. Nur greller, unter Neonlicht inszeniert. Darin schon der Unterschied. Denn während Maluga, der Sammler, nichts aus der Hand geben würde, will dieser Laden hier alles loswerden.

Auf einer Weltkarte neben dem Fenster stecken Nadeln mit gelben Köpfen. Man kann von hier aus DDR-Pakete verschicken, den Osten in alle Himmelsrichtungen, darin die Produkte eines vergangenen Alltags. Süßigkeiten und Deodorant. Unter Cellophan, mit Schleife drum.

Der Sozialismus als Geschenk.

Ganz hinten, zwischen den fast schon vergessenen Marken, steht eine junge Frau und weiß nicht so recht, schüttelt immer wieder den Kopf. Joachim stellt sich dazu.

Ich bin 44 Jahre alt, sagt sie schließlich und zeigt auf die Beutel und Flaschen, ich habe das alles mitgemacht, war bei den Pionieren, den ganzen Quatsch. Wenn ich das jetzt hier sehe, dann bekomme ich Gänsehaut. Da kommt das alles wieder hoch.

Beim Brausepulver vor allem, da hatten die ja auch ihre Finger drin, leicht angefeuchtet, die Macher der DDR. Dann zieht sie ein Deo aus dem Regal.

Action Spray, Wahnsinn. Das, sagt sie, riecht wie vor 30 Jahren. In der DDR haben wir ja alle gleich gestunken.

Die Nase vergisst nicht. Die Nase hat die Heimat nie verlassen.

Wir, sagt Joachim, sind aber harte Wessis. Was nehmen wir denn jetzt mit?

Und sie lacht und drückt ihm eine Packung Schokolade in die Hand.

Schlager Süßtafel, sagt sie. Kennt jeder, geht immer.

Und Joachim geht mit der Tafel zur Kasse, hat jetzt ein paar Fragen.

Eine Verkäuferin lächelt. Er zeigt hinein in die Auslagen.

Wer kauft das hier alles, will er dann wissen. Wessis auf der Durchreise? Sie schüttelt den Kopf, eigentlich nicht.

Touristen, sagt sie dann, kommen doch eher selten. Im Alltag kommen vor allem die Alten, die Anwohner, und kaufen hier ein. Die Mutti, die ihr Gardinensalz sucht oder den Seifenbeutel, die vertrauten Dinge von früher.

Mit dem Kannja-Beutel, sagt Joachim und grinst.

Und die Verkäuferin nickt. Wir sind ein kleiner Konsum hier, der letzte in der Ecke.

Mittlerweile steht auch die junge Frau an der Kasse, das Action Spray in der Hand. Das nimmt sie jetzt mit, um es sich selbst zu beweisen. Sie hat den letzten Satz noch gehört.

Aber seien wir mal ehrlich, sagt sie jetzt, im Konsum waren die Regale nicht annähernd so voll. Es gab ja nüscht, aber davon fülle. Und das wussten auch alle.

Dann zahlt sie und verlässt den Laden, erleichtert.

Und Joachim verabschiedet sich, vielen Dank. Draußen ist gleich wieder Hitze, im Rücken wieder der Sandmann, im Rücken wieder die Schauwand.

Auf dem Parkplatz wieder die Rentner, wieder das Fernsehbild. Als gäbe es hier tatsächlich nichts mehr zu sehen. Sie zucken nicht, als Joachim die Autotür schließt.

Über die Elbe geht es zurück auf die A2, von Joachim begrüßt wie ein alter Freund. Wir wechseln den Radiosender, im Ohr die ersten Ausläufer Berlins, schon stößt Mitteldeutschland an Brandenburg. Hier stehen die LKW wie erstarrt auf der rechten Spur. Wir aber fließen dahin. Mit dem Tacho als Kompass, mit 120 in Richtung Nordost. Bis wir das Schild zum ersten Mal sehen.

Michendorf. Kennt man natürlich. Schon so oft gehört.

Für Joachim und all die anderen damals, Kennzeichen aus Bochum, Köln, Münster, war die Raststätte hier immer der letzte Halt vor Berlin, das Zwischenziel am Ende eines langen Schlags, die Augen müde vom Transit, dem Schwarz und Weiß der Leitpfosten, hinter denen sich das Land verschanzte. Dort stoppten die Wagen aus dem Westen, randvoll, die Scheiben beschlagen, dort taumelten die Tramper, benommen noch und auf wackligen Beinen, den Toiletten entgegen, holten vorher tief Luft, die DDR roch nach Diesel und Bratenfett. Intertank und Intershop, Gemischtwaren. Und im Restaurant, an immer voll besetzten Tischen, trafen sich Ost und West. Der Rasthof, 1938 im Landhausstil errichtet, war der Ort, an dem sich Familien oder Freunde, von der Mauer vor Jahren getrennt, für ein paar Stunden gegenübersitzen, verhaltene Blicke und vorsichtige Sätze tauschen durften. Und manchmal auch mehr. Kurze Begegnungen. Unter Beobachtung. Lange her.

Heute ist Michendorf eine Meldung aus dem Radio, Wetter und Verkehr, eine Warnung, mal gesperrt und mal verengt. Eine Baustelle meist, Gruben im märkischen Sand, ein unwirtlicher Trabant im Orbit der Hauptstadt, der im Weg steht und dem Reisenden keine Wahl lässt. Er muss die Fahrt an dieser Stelle verlangsamen, anhalten, selbst wenn der Tank noch halbvoll ist.

Und zwischen den Schaufeln der Bagger und dem Unmut der Fernfahrer, wie hineinmontiert in den Abraum, steht eine Fastfoodfiliale, auf dem Dach der Schriftzug in Rot *Michendorf Süd*, und daneben leuchtet das goldene M als böse Pointe der Zeit.

Darunter wartet Cornelia Wirth, ungeduldig und wehmütig. Sie raucht und hält es kaum aus. Den falschen Geruch aus der Küche, das falsche Lächeln in falschen Uniformen. Den schalen Geschmack auf einer eigentlich lockeren Zunge. Sie wollte sich nur ungern hier treffen. An diesem Nichtort, wie sie ihn nennt, weil er sie doch nur immer schmerzlich an all das erinnert, was einmal gewesen ist.

Cornelia Wirth hat 35 Jahre ihres Lebens in Michendorf verbracht, war Kellnerin erst und Raststättenleiterin später. Hat hier als Mädchen begonnen und als Großmutter abgeschlossen. Immer im Schichtdienst, rein mit dem leeren Tablett und raus mit dem vollen, wieder rein mit dem leeren und raus mit dem vollen. Immer hin und her, während draußen die Welt vorbeizog. Im Zeitraffer der Autobahn erst die Nummernschilder, dann die Jahreszeiten und schließlich die Himmelsrichtungen wechselten. So hat sie das eine Land kommen und das andere gehen sehen, alle Wünsche auf kleinen Zetteln, alle Bestellungen noch im Kopf. Cornelia Wirth hat West-Mark verdient und wurde am Ende vergessen. War jene Letzte, die das Licht löschen musste. Ein Leben zwischen den Stühlen. Sie hätte nie ein anderes führen wollen.

Nun begrüßt sie uns herzlich, schaut Joachim über die Schulter. Wieso, fragt sie also, bist du nicht mit dem Krause hier. Den hättste ruhig mitbringen können, den gucken wir immer gern. Letztens wieder im Fernsehen. Oder kommt der noch, mit dem Mofa um die Ecke?

Sie lacht. Kleiner Spaß. Und doch verrät dieser Moment mehr als nur den rauen Humor der Region. Zwischen den beiden Schauspielern, Krause und Król, verläuft nach wie vor eine Grenze, im Wohnzimmer, mit den Sehgewohnheiten gezogen. Horst Krause ist auch in Michendorf noch immer der Polizist von nebenan, der mit seinem Zweisitzer zum Plausch am Jägerzaun hält, die Heimat im weißen Helm, Joachim jedoch wieder nur zu Besuch.

Die entfernte Westverwandtschaft aus dem Kino. Sie waren mal Brüder, Kipp und Most. Sie konnten mal anders. Auch das: lange her.

Aber klar, sagt sie schließlich, du darfst natürlich trotzdem reinkommen.

Und wir gehen durch eine Tür, die nicht mehr ihre ist, und setzen uns an einen der Tische im Fenster.

So, sagt Cornelia Wirth dann, ick bin die Conny. Nüscht hier mit Sie. Damit fangen wir gar nicht erst an.

Und sie reicht Joachim dieses Du über den Tisch wie die Hand zur Begrüßung, wodurch sie sofort eine entwaffnende Nähe erzeugt. Dieses Du, das wird deutlich, ist die Freikörperkultur am Strand ihrer Unterhaltung. Wir, soll das heißen, machen uns jetzt mal locker, lassen die Hüllen fallen und werfen uns in die Brandung. Nur keine falsche Scheu, Joachim, wir sind hier schließlich unter uns. Dann geht das auch gleich einfacher, mit dem Erinnern, den nackten Tatsachen der Rückschau.

Conny, sagt er, natürlich. Angenehm.

Ost und West auf Du und Du. Mitten rein ins Gespräch.

Ab wann, fragt Joachim die Conny, hast du hier gestanden? Er zeigt in den Raum und meint doch die Tische aus einer anderen Zeit, einen vergessenen Grundriss.

Sie schaut ihn an. Gestanden, fragt sie dann, ein bisschen gespielte Empörung, ich bin immer nur gelaufen.

Bis die Füße geblutet haben.

Es ist der Auftakt ihrer Erzählung, ohne große Schnörkel.

1974 hat Cornelia Wirth in der Raststätte begonnen.

Als Kellner, sagt sie. Kellnerin hätte damals niemand gesagt.

Kellnerin, da fehlte der Klang. Und vielen auch das Verständnis. Willste das wirklich, hatte die Mutter gefragt. Als ob sie die Wahl gehabt hätte.

Eigentlich, sagt sie, wollte ich Erzieherin werden, aber an die guten Berufe kam man damals nur durch gute Beziehungen. Da musste man ordentlich rot sein, am besten mit dem Parteibuch unter dem Kopfkissen schlafen. Ohne die Partei, um Gottes willen, ging da nichts.

Und natürlich sagt sie nüscht, Brandenburger Idiom, spricht die Konsonanten hart, Silben wie kleine Fäuste.

Also wurde sie Kellner, weil ihre Schwester schon Koch war in Michendorf.

Siehste, sagt sie, Beziehungen.

Zwei Jahre dauerte die Ausbildung zum Jungfacharbeiter, sie war 16 damals.

Ja, guck. Sagt Joachim, in den Augen eine Erkenntnis, hinaufgestiegen aus den Niederungen der Jugend. Bilder in Technicolor, wieder der räudige Mantel, die wilden Haare, unter dem Arm einen Koffer aus Pappe. Dann, sagt er, hast du mir sicher mal einen Kaffee gebracht. Könnte doch sein. Und sie nickt.

1974, als Cornelia Wirth gerade angefangen hatte in Michendorf, ist Joachim zum ersten Mal nach West-Berlin gefahren, um seine Freunde zu besuchen, ihre Träume auszuprobieren, eine Reise an den Mittelpunkt der Welt. Die beiden, die Conny und er, könnten sich hier also, ja herrlich, begegnet sein. Eine lustige Vorstellung. Sie Kellner, er Hippie in Ausbildung.

Da, sagt Joachim, bin ich vom Ruhrgebiet aus getrampt.

Euphorisch auf dem Rücksitz.

Getrampt, sie wiederholt das Wort, schaut ihn dann an, mitleidig eher, mütterlich fast. Weeßte, sagt sie, wie viele Tramper wir hier hatten.

Angespült wie Schiffbrüchige, die abgewetzten Koffer in den Händen, manche mit Gitarren auf dem Rücken. Die konntste kaum zählen.

Klar, sagt Joachim, weil man hier Pause machen und endlich was essen konnte. Und im Intershop gab es diesen russischen Sekt. Wie hieß der noch?

Krim, sagt sie.

Stimmt, sagt er. Den gab es in Rot und in Schwarz. Eine Trophäe, wenn man damit in West-Berlin ankam. Aber im Grunde war der immer zu süß.

Na, sagt sie, dann hättste halt mal den Trocknen kaufen müssen.

Kurze Stille, zwei Blicke, dann lachen sie beide.

Und für einen Wimpernschlag stehen sie sich tatsächlich als junge Menschen gegenüber, lange Haare, kurze Sätze. Die Conny und der Joachim, bisschen begeistert auch von der Möglichkeit einer vergangenen Begegnung. Nur bringt er ihr diesmal den Kaffee, weil sich das so gehört.

Und sie bedankt sich, sehr freundlich, auch wenn ihr die Plörre erst am Gaumen und dann in der Seele weh tut. Viel zu heiß, viel zu teuer.

Früher, sagt sie schließlich, hat der Kaffee hier 80 Pfennige gekostet. Ehrlich und schwarz. Dann greift sie in ihre Tasche und legt einen schmalen Ordner aus blauer Pappe auf den Tisch, an den Rändern schon abgegriffen, darin Zeitungsausschnitte und Chroniken, die Belege, die sie aufbewahrt, und die Fotografien, die sie ausgeschnitten hat, in Folien verwahrt, als könnte das Sammeln die Vergänglichkeit bändigen. In diesem Ordner steht die Raststätte noch. Das alte Landhaus mit den weißen Fensterrahmen.

Das, sagt sie, war ein richtiges Schmuckstück. Ein echter Hingucker. Und bei uns im Restaurant gab es alles.

Sie kann das noch auswendig, die Karte, auf der die Heimat noch frisch ist, jedes Gericht ein Beweis. Nudelsuppe. 55 Pfennig ohne und 1 Mark 10 mit Fleischeinlage.

Das Schweinesteak mit Kräuterbutter und Pommes für 3,95. Bulette, Kartoffeln, Rotkraut. Die gute Küche der DDR, paniert und mit Erbsen.

Das, sagt sie, war ja bekannt. Und die Leute, um Gottes willen, haben uns die Bude eingerannt, kamen von nah und fern, warteten von früh bis spät.

Wäre Schlangestehen, dieser Trendsport der DDR, irgendwann doch noch olympisch geworden, hier wäre ganz sicher der Stützpunkt gewesen.

700 Gäste an einem Tag, sagt sie, das war normal. Und während sie spricht, kann man das Brummen fast hören, in der Luft die Gespräche, die Bestellungen, dieses ganze Durcheinander der Durchreise.

Damals, sagt sie, gab es sechs Kellner. Und jeder dieser Kellner hatte fünf Tische, mit denen er in jeder Schicht auf mehr als 1000 Mark Umsatz kam. Mach das mal, im Rücken die Hitze der Küche und die Stimme des Kochs, da rennst du den ganzen Tag, bis du am Ende nicht mal mehr stehen kannst.

Blutige Füße. Sie lacht.

Weil es sich noch heute so anfühlt, als wäre sie in diesen acht Stunden, Schicht für Schicht, zwischen diesen fünf Tischen, jedes Mal die A2 abgelaufen, von Michendorf bis Dreilinden, von hier bis nach Helmstedt. Dabei das Tablett über dem Kopf und ein Lächeln auf den Lippen. So hatte sie es gelernt.

Ein Land hinter Glas.

Mir hat das immer Spaß gemacht, sagt sie, die Schichten, die Aufregung. Oft habe ich gar nicht gemerkt, was draußen passiert ist, weil doch hier drinnen schon so viel los war.

In der Raststätte, sagt sie, konnte man die ganze DDR kennenlernen. Und die BRD gleich dazu.

Tagsüber kamen die Urlauber aus Berlin, die auf dem Weg Richtung Meer oder in die Berge hier stoppten, um den Tank vollzumachen, der Sprit noch billiger als der Spott. 55 Pfennig für einen Liter Super. Und nachts die Discogänger aus der Nähe, verlangten nach Suppe, während nebenan die Fernfahrer, vom frühen Rausch in unruhige Träume begleitet, schon schliefen. Am Morgen wurden sie von den Kellnern geweckt, damit sie noch rechtzeitig zurück in die Spur fanden. Auch Täve Schur war mal da, der Friedensfahrer, wohl eher nicht mit dem Rennrad.

Michendorf, sagt sie, war eine eigene kleine Stadt.

Man musste sie nicht verlassen, um der Welt zu begegnen. Jeder Kellner ein kleiner Außenminister.

Nur durfte sich die Welt nicht einfach setzen, sich die Tische, um Gottes willen, nicht selber aussuchen.

Die Leute, sagt Cornelia Wirth, wurden platziert. Ein Schild an der Tür war Gesetz. Und alle, sagt sie, haben angestanden, egal ob Ost oder West.

Manchmal kamen welche von drüben und haben mit ihren Scheinen gewedelt, hatten Valuten, wollten sich die besten Plätze erkaufen. Vergeblich. In der Schlange war Sozialismus, vor dem Schweinesteak waren alle gleich. Hier wurde nicht unterschieden. Und so saßen sich dann oft genug völlig Fremde gegenüber, von beiden Seiten der Mauer, von den Kellnern zusammengebracht. Saßen dort, zwischen ihnen nur die blassen Karos der Tischdecke, und hatten sich erst mal nichts zu sagen. Die Gespräche, von der Sitzordnung erzwungen, begannen meist langsam, zögerlich nur, eine Annäherung über die Speisekarte hinweg, bis einer von der letzten Reise erzählte und der andere darin den eigenen Stillstand erkannte.

Hast du, fragt Joachim nun, auch mal mit Wessis gesprochen? Oder die Treffen mitbekommen, wenn sich da Verwandte gegenübersaßen, vielleicht sogar Tränen flossen?

Sie schüttelt den Kopf. Für solche Gespräche, sagt sie dann, hatte ich keine Zeit. Das ging alles immer sehr schnell, musste es ja. Essen auf den Tisch, abkassiert. Guten Tag, auf Wiedersehen. Sonst hätte ich das gar nicht geschafft.

Zwischen zwei Gäste passte noch eben ein Lächeln.

Aber, sagt sie, natürlich hat man sofort gesehen, ob sich die Leute schon kannten. Das gab es ja auch. Die Familientreffen, die gar nicht so heimlichen Verabredungen. Menschen, die meist länger zusammensaßen, ein bis zwei Stunden bestimmt.

Die, sagt Cornelia Wirth, haben wenig gegessen.

Hatten sich aber umso mehr zu erzählen. Mussten sich ja dort immer wieder neu kennenlernen, auf engstem Raum. Dabei vorsichtig sein, nicht zu offensichtlich. Nur Gesten tauschen, keine Pakete. Sonst hätte sich wohl, kurz vor dem Abschied, noch ein Dritter einen Stuhl rangezogen, um sie dann unauffällig zum Wagen zu begleiten. Die Leute wussten das.

Auch die Männer ein offenes Geheimnis.

Einige aber, sagt sie, ganz sicher, haben ihrem Gegenüber zum Nachtisch trotzdem noch einen Schein zugesteckt. Oder der Ossi hat einfach das ganze Essen gezahlt, schön in Ost-Mark, und im Gegenzug denselben Betrag in West-Mark bekommen.

Die Leichtigkeit des Aludollars. Die Raststätte als Wechselstube.

Das, sagt sie, war gut für ihn, aber schlecht für die Firma und für die Kellner. Im Restaurant war doch alles 1:1, ein seltenes Gleichgewicht der Kaufkraft.

Wir aber, sagt Cornelia Wirth, wollten D-Mark verdienen. Oder Dollar, das war die Devise.

Das Trinkgeld, das ihr die Gäste manchmal gleich in die Schürze gesteckt haben.

Das große Dankeschön, immer begleitet von den wachsamen Blicken der Männer, die vorher schon da waren.

Die Stasi, sagt Joachim.

Und Cornelia Wirth nickt, natürlich.

Wenn man sich die DDR als Gefängnis vorstellt, dann war Michendorf Hofgang mit Westverwandtschaft, ein Knastbesuch ohne Sicherheitsglas. Aber doch nie ohne Aufsicht.

Die Stasi, sagt sie nun, war überall, auf dem Parkplatz, im Restaurant. Hatte sich gleich gegenüber eingerichtet, auf der anderen Seite der Autobahn. Im Dachgeschoss über der alten Tankstelle, die Gaubenfenster des Nordbaus als Beobachtungsluken.

Die Männer, sagt sie, saßen dann bei uns drin.

Männer wie auf Bestellung, und haben gelauscht. Die Treffen

überwacht, kein Wort verpasst. Saßen den Leuten im Nacken, Erbsenzähler vor ihrem Schweinesteak, die Gummiohren immer an den Lippen der anderen. Behielten die Köche im Blick und kochten doch ihr eigenes Süppchen. Männer, die sie schon von weitem erkannte, problemlos, das Auge geschult. Weil die ihre Tarnung, das Beiläufige, als Uniform trugen.

Wie, will Joachim jetzt wissen, sah denn so jemand aus, ein Mann von der Stasi?

Und sie schaut ihn an, tatsächlich von oben bis unten.

Na, sagt sie, so wie du!

Eigentlich harmlos, aber trotzdem tausend Fragen.

Die, sagt Cornelia Wirth, waren hier. Genau wie der Zoll. Haben ihren Kaffee getrunken und abends auf dem Parkplatz in ihren Autos gelegen. Die meisten von ihnen Stammkunden bald, von der Neugierde getrieben. Jeden Tag Nudelsuppe auf Befehl von ganz oben. Und natürlich gab es auch in der Raststätte Mitarbeiter, die noch einer inoffiziellen Nebentätigkeit nachgingen, seltsame Fragen zum Feierabend.

Aber, sagt sie, das gehörte dazu. Die haben ihre Arbeit gemacht und ich meine.

So war das. Im Schichtdienst.

Und so ist von alldem nur eine flüchtige Geste geblieben. Eine Beobachtung hier am Tisch. Weil Cornelia Wirth sich auch heute noch umdreht, sobald sie im Begriff ist, etwas womöglich Vertrauliches zu erzählen. Sie blickt dann hinter sich, einmal links und einmal rechts, als wollte sie gleich rückwärts über eine stark befahrene Kreuzung laufen. Diesen Schulterblick, auch den wird man nicht los, ein erlernter Reflex. Ein Räuspern ihres Körpers. Weil die Stasi natürlich nicht nur den Kunden, sondern auch den Kellnern ganz genau auf die Finger geschaut hat, bei jeder Abrechnung. Der Sozialismus als Zettelwirtschaft.

Damals, sagt Cornelia Wirth, habe ich immer ein gutes Trinkgeld gehabt, hin und wieder auch 100 D-Mark oder mehr. In der

DDR ein kleines Vermögen. Nur hatte ich dieses Geld nie wirklich selbst in der Hand.

Denn am Abend, nach jeder Schicht, mussten die Kellner ihren Umsatz, die Summe des Tages, in einen Block eintragen, dann auch das Trinkgeld abgeben, auf den letzten Pfennig genau. Und wehe, das hat nicht gestimmt, um Gottes willen, dann war was los. Manchmal gab es Taschenkontrollen.

Westgeld mitnehmen, sagt Cornelia Wirth, war bei Strafe verboten. Einige haben es trotzdem versucht, Münzen in den Socken, Scheine im BH. Die wurden entweder an den Bahnhof versetzt oder gleich entlassen, schöne Scheiße.

Leichte Beute für den Zoll und für Mielkes Spürhunde.

Es gab auch Gauner bei uns, sagt sie. Aber ich hätte das nicht riskiert.

Was ist mit dem Geld dann passiert, fragt Joachim. Es war doch trotzdem deins, oder nicht?

Und sie lacht. So was, sagt sie, kann auch nur einer aus dem Westen fragen. Aber macht ja nüscht.

Sie erklärt das jetzt mal. Die Sache mit den Scheinen und dem Shop.

Wir mussten das Geld, sagt sie, gegen Forumschecks tauschen. Eine Papierwährung der DDR-Staatsbank, mit der die Devisen abgeschöpft wurden. Dünne Scheine, die aussahen wie schlechte Kopien echter Geldnoten und weder zurückgetauscht noch übertragen werden durften.

Spielgeld war das, sagt Cornelia Wirth, bisschen wie Monopoly.

Ohne Schlossallee oder Opernplatz.

Mit diesem Spielgeld allerdings durfte sie dann im Intershop einkaufen gehen, dort waren die Scheine fast Gold wert. Das war ja der Witz. Denn während Ausländer an der Kasse bequem mit der eigenen Währung bezahlen konnten, waren die Forumschecks im sogenannten Schaufenster des Westens das einzig gültige Zahlungsmittel für die Bürger der DDR, denen das Wechselgeld auch gerne in Schokoladentafeln und Lutschern ausgezahlt wurde. Eine süße Erniedrigung, die sie jedoch hinnahmen, im Angesicht der Auswahl.

Der Shop, sagt Cornelia Wirth, das war wie Glücksrad. Dort habe ich mir alles gekauft, die kleinen und die großen Wünsche erfüllt. Den Kassettenrekorder und die Jeans. Und manchmal, sie lächelt, auch Ananas oder Mandarinen aus der Dose.

Der echte Luxus, vorher unvorstellbar.

Ich bin ja, sagt sie, auf dem Dorf groß geworden. Da war nicht viel. Ein Konsum und eine Verkäuferin nur, und die Leute mussten anstehen, während ihnen der Schnaps zugeteilt wurde, Goldbrand und Kirschlikör. Und einmal im Monat, kein Scherz, gab es Bananen. Jeder, sagt sie, bekam dann eine. Sieben Bananen für ihre Eltern und die fünf Kinder.

Auch das war die DDR. Zu allem Überfluss noch die Entbehrungen. Cornelia Wirth hatte also gelernt, mit wenig auszukommen.

Deshalb, sagt sie, war der Shop auch erst mal zu viel. Ein Dschungel der Eindrücke, allein die Gerüche, die Farben.

Um Gottes willen.

Und einmal, unvergessen, hat sie auch ihre Mutti mitgenommen, einfach hinein, durch früher verschlossene Türen, der Shop als Belohnung, als kleine Reise in den Westen. Sie sollte sich dort mal was Schönes aussuchen, die Mutti. Lange stand sie wie verloren zwischen den Dosen, den Flacons und den Päckchen. Glücksrad, ihr fehlten die Worte. Bis sie sich schließlich für ein Stück Seife entschied, das geduftet hat wie der Himmel.

Lux, sagt Cornelia Wirth, die Wäsche, der ganze Schrank roch danach. Daran erinnert sie sich noch genau. Im Shop war sie dem Westen sehr nahe gekommen. Vom Restaurant war es schon nicht mehr weit, hier vermischte es sich, mit jedem Einkauf, mit jeder Bestellung.

Und so konnte Cornelia Wirth, Kellner in Michendorf, am Wechsel der Währungen auch den Wandel der Zeit ablesen. In den Händen der Gäste, den anderen in der Schlange, erst Clara Zetkin und Goethe, Engels und Marx, der Palast der Republik oder das petrolchemische Kombinat Schwedt. Und später, nach der Währungsunion Gauß, Ehrlich, Droste-Hülshoff. Die Spur der Scheine. Aber wenn sie Mark sagt, meint sie immer Ost-Mark, das ist geblieben. Nur manchmal, wenn sie von damals erzählt, sagt sie mittendrin Euro, kommt dann selbst durcheinander, verläuft sich in den Jahrzehnten wie in einem verwilderten Garten. In ihm blüht der Flachs.

Sie macht eine Pause, versucht noch mal, einen Schluck aus dem Becher zu nehmen, na ja. Immer noch ziemlich heiß.

Eine verrückte Zeit, sagt sie dann. Du meine Güte, so lange her.

30 Jahre, sagt Joachim. Mannmannmann, es wird nicht weniger. Und jetzt sitzen wir hier und erzählen davon, als hätten wir einen Sturm überlebt. Zeugen einer ganz besonderen Zeit, wohl auch einmalig in der Geschichte.

Die friedliche Revolution, sagt er. Am Ende ganz ohne Schüsse, eigentlich müssten wir jeden Tag glücklich sein, stolz obendrein. Auf dieses Land.

Und man spürt gleich, dass ihn das noch immer bewegt, der Mauerfall, dieser Winter 1989. Obwohl er sich selbst ferngehalten hat damals, gerade nicht nach Berlin gefahren ist, hinein in die Massen, diese hunderttausendköpfige Glückseligkeit, den Jubel der Geschichtstrunkenen.

Ich konnte das damals nicht, sagt er, mir war das als Augenblick zu groß. Das musste sich erst mal setzen.

Für Joachim, wie für die meisten Westdeutschen, die eben nicht an der Grenze waren, nicht am Brandenburger Tor und nicht an der Bornholmer Brücke, ist der 9. November 1989 ein Ereignis aus zweiter Hand geblieben, eine kollektive Erinnerung, deren Mosaik sich aus den Fernsehbildern, den Filmen, den Augenzeugenberichten zusammensetzt. Und dennoch oder vielleicht gerade deswegen eine besondere Kraft entwickelt, als Anker in die Vergangenheit, weil doch jeder, der wach genug war, bis heute genau weiß, wo er damals gewesen ist, in den Stunden zwischen Schabowski und Champagner. So bleibt die Frage danach vielleicht auch eine der deutschesten Fragen überhaupt.

Wo warst du in dieser Nacht? Joachim hat sie oft genug gestellt, und jetzt stellt er sie wieder. Conny, wie war das für dich?

In Michendorf. So nah dran an Berlin, man hätte das Grollen, das Feuerwerk, das Knallen der Korken doch eigentlich hören müssen.

Und sie lacht, weil sie den Mauerfall im Grunde verpasst hat. Cornelia Wirth, am 9. November hatte sie Spätschicht, mal wieder Dauerlauf bis kurz vor Schluss. 22 Uhr. Sie ist dann erschöpft nach Hause gegangen und hat sich schlafen gelegt. Hat das alles, die offenen Grenzen, die tanzende Hauptstadt, deshalb erst am nächsten Morgen erfahren. Berlin im Radio. Der wahrscheinlich letztgültig größte Hit der 80er.

Und ist, na klar, trotzdem gleich zur Raststätte gefahren. Erst die Arbeit, dann die Wiedervereinigung.

Ich hätte mich gar nicht getraut, sagt sie, dort nicht aufzutauchen. Um Gottes willen.

Erst hinterher ist sie rübergefahren, im Trabi mit ihrem Mann. Nach Spandau, dort blieb sie nicht lang, kaufte nichts ein, bekam keinen Bissen hinunter. Spandau, das war wie der Intershop ohne Scheiben, überall Dschungel. Zu viel. Am Abend aber, zu Hause, hat sich Cornelia Wirth eine Flasche Sekt aufgemacht. Rotkäppchen natürlich, das passende Ende. Dann ging sie wieder zur Arbeit, 11. November, und erkannte erst ihre Raststätte und dann die Menschen kaum wieder.

Die Tage danach, sagt sie nun, waren die verrücktesten in all den Jahren, der reine Wahnsinn. Die Leute kamen von allen Seiten, und alle hielten bei uns.

Wessis, die in den Osten wollten, von Schaulust getrieben. Und Ossis, die unterwegs waren nach Berlin, das Grinsen wie mit der Sichel gezogen, Ausnahmezustand.

Alle, sagt sie, waren gut drauf. Selbst die Wessis, sonst wortlos und kühl, lächelten jetzt. Als hätten ihnen die Umstände Grübchen in die Gesichter gestanzt. So standen die Autos bis auf die A2, Opel und Trabi, und vielleicht war genau diese Schlange der erste Stau kurz vor Michendorf.

In den ersten 14 Tagen nach dem Mauerfall, sagt sie, hatten wir den besten Umsatz aller Zeiten. Die Wessis kamen mit der D-Mark, um den Sekt aufzukaufen.

Alle Flaschen und alle Pakete.

Krimsekt, sagt Joachim und grinst. Heute ein Zar.

Sie zieht die Brauen hoch. Klar. Trocken und lieblich. Michendorf, so schien es, war in diesen Tagen der Nabel der Welt, und der Sekt, er hat so schön geprickelt darin.

Und die Ossis, sagt sie dann, haben uns die Mark vor die Füße geschmissen.

Als wären die Münzen glühend heiß gewesen, die Scheine zu nichts zu gebrauchen. Hier, haben sie geschrien, vor Freude und Glück, habt ihr den Scheiß. Dann sind sie in ihre Trabis gestiegen oder in einen gebrauchten Golf 1 und nach Berlin gefahren oder gleich runter nach Bayern.

Die, sagt sie, haben auch alle sofort getauscht wie die Blöden.

Wollten ihr Geld einfach loswerden, wie eine Erinnerung an schlechtere Tage.

Sie aber blieb zurück, wollte nichts tauschen, wollte nicht rüber, wollte einfach nur, dass es weitergeht wie bisher. So stand sie dort, im Tosen der Wende, fassungslos erst mal, im Rücken die Raststätte als Leuchtturm, während die Karten, die großen wie auch die kleinen, Speisen und Grenzen, neu geschrieben wurden.

Ab dem 10. November, sagt sie jetzt, waren wir Westen. Aber wir sind bis heute keine Wessis geworden.

Dann schaut sie durch eines der Fenster, der Parkplatz in Grau, es hat zu regnen begonnen. Dort draußen ist nicht mehr viel übrig von einst. Eine Brücke, wie früher über die Autobahn gespannt, fehlt. Einfach rübermachen, Süd und Nord, das geht heute nicht mehr. Die Brücken, die es noch gibt, führen ins Nichts, alt und neu, sie treffen sich nicht. Wo damals der Brunnen der Raststätte war, ragt heute eine rote Säule in die Gegenwart. Und im Intershop, einer weißen Baracke, wurde später die Autobahnpolizei untergebracht. Es riecht jetzt anders hier.

Nach der Wende, sagt Cornelia Wirth, hatten wir noch 18 Jahre geöffnet.

Aber ohne die DDR war auch Michendorf nicht mehr dasselbe. Die Raststätte hatte sich kaum verändert, die Stühle aus Bast, die blassen Tischdecken, das war alles geblieben, unangetastet, auch Jahre danach noch Mitropa. Doch wurden die Gäste bald weniger, hielten oft nur noch die Busse, die zur Ostsee fuhren oder in den Harz. Das Brummen verstummte, der Druck war entwichen, ein neues Gefühl.

Wir, sagt Cornelia Wirth, waren jahrzehntelang unter Dampf.

Ein brutales Transit-Treiben. Die Urlauber und die Fernfahrer, die Tramper und die Familien. Und plötzlich blieben sie fort.

Als hätte jemand das Fernweh umgeleitet.

Stattdessen, sagt sie, kamen die Hütchenspieler und die freundlichen Mädchen.

Meist junge Polinnen, die ihre schlanken Daumen in die Schleppwinde der LKWs hielten. Falsche Touristen. Da war der Spaß längst auf der Strecke geblieben. Und auch der Ort selbst schien zu schrumpfen. In den 80er Jahren, zu den Hochzeiten der Raststätte, waren etwa 120 Menschen in Michendorf angestellt. 2008, kurz vor dem Ende, noch zwölf.

Die Überbleibsel, sagt Cornelia Wirth.

Mit ihr hatte noch der Koch durchgehalten.

Gemeinsam standen sie dort hinter der Theke, am Herd und zwischen den Tischen und warteten auf die Vergangenheit. Als hätte man sie dort vergessen.

Am Ende aber kamen doch nur die Bagger.

Kannst du dich, fragt Joachim jetzt, noch an den letzten Tag hier erinnern?

Natürlich, sagt Cornelia Wirth, da habe ich bitterlich geweint.

Am 15. Juli 2008 war dann Schluss, nach 70 Jahren. Und Cornelia Wirth stand zum letzten Mal vor der Tür der Raststätte, die linke Hand um einen der schwarzen Griffe gelegt, in der rechten Hand den Schlüssel. Sehr geehrte Gäste, hatte sie noch auf eine Tafel geschrieben, unser Restaurant wird um 14 Uhr geschlossen. Der Abschied als Angebot des Tages.

Es gibt mehr als nur ein Foto davon. Denn neben ihr standen auch die Schaulustigen. Das Ende der Raststätte, es war eine große Sache. Cornelia Wirth musste an diesem Tag sogar Autogramme geben, ihre Unterschrift auf Ansichtskarten drücken, Michendorf Süd. Und die Tür dann, kein Scherz, sechsmal abschließen. Immer und immer wieder. Für die Kameras, die gekommen waren, für die Journalisten, die sie ganz kirre gemacht haben.

Das war's, sagte sie nach der letzten Umdrehung. Die Aufnahmen von damals hat sie aufbewahrt, jede einzelne.

Michendorf, sagt Cornelia Wirth, war mehr als ein Arbeitsplatz für mich. Das war ein Stück Leben.

Deshalb fiel ihr der Abschied so schwer. Denn nicht als die Mauer gefallen, sondern erst als die Raststätte abgerissen war, ging hier wirklich etwas zu Ende.

In Michendorf, sagt sie, hätte ich auch meinen Lebensabend verbracht.

Unter dem blauen Kreis mit dem blauen R, von weithin schon sichtbar. Der neue Rasthof aber war schon in ihrem Rücken entstanden.

Das, sagt sie, muss man sich mal überlegen. So aus der Sicht einer sozialistischen Erziehung. Da steht 70 Jahre lang eine Hütte, am Rande der Straße. Und jeder kennt die Hütte. Und jeder, der die Hütte kennt, ist auch ein bisschen stolz darauf.

Guter Laden, Aushängeschild. Und jetzt steht dort, wo einmal die Stasi mit am Tisch saß, ein Schnellrestaurant, leuchtendes Fastfood. Cola und Burger.

Aber, sagt sie schließlich, was soll's. Am Ende ist das ja alles Geschmackssache.

Cornelia Wirth hätte hier weitermachen oder nach Grunewald gehen können. Eine andere Raststätte im alten Westen, kurz vor Berlin. Das aber wollte sie nicht.

Das ist eine Tankstelle, sagt sie, da gehöre ich nicht hin.

Heute arbeitet sie in der Cafeteria einer Klinik, immer noch Kellner, Bestellungen, Tablette. Nur irgendwie anders. Ab und an fehlt ihr der Teufel, der los ist.

Aber sie kann dort, ganz in Ruhe, den Leuten beim Leben zuschauen, wie sie sich aufführen, mit reichlich Belag auf dem Teller. Und oft genug muss sie lachen, weil sich die Dinge nicht ändern.

Ossi oder Wessi, sagt sie jetzt, das erkenne ich auch heute auf 50 Meter Entfernung, ein todsicheres Ding.

Mit der Präzision eines Scharfschützen. So wie früher die Männer der Stasi. Cornelia Wirth hat da, in zehntausend Schichten, durch hunderttausend Bestellungen, die ungelenken Ansprachen, die dummen Witze und die schlechten Manieren, ein Auge entwickelt. Ein Auge für den anderen, die Gleitsicht des Transits. In der Raststätte geschult.

35 Jahre, sagt sie, das muss mir erst mal einer nachmachen.

Sie hat das alles gespeichert, so dass ihr heute keine Bewegung entgeht.

Den Unterschied, sagt sie, den konntste allein schon am Gang erkennen. Am ersten Schritt durch die Tür. Wenn da einer aus dem Westen reinkam, dann hat man das gesehen, und man hat es gespürt. Alles war anders. Die Mimik, die Kleidung, das Aussehen. Der Wessi in ihrer Erzählung lächelt nicht, trägt aber gute Stoffe. Der Menschenfeind aus dem KaDeWe, die Breitling am Arm, noch Hummer zwischen den Zähnen, den hatte sie gleich gefressen. Die Haltung war es, die ihn verriet, selbst im Sitzen von oben herab.

Der Ossi dagegen, sagt sie, war eher was Modisches. Der hatte die DDR sichtbar am Leib. Die weißen Tennissocken, weit über die Knöchel gezogen, dazu eine immer viel zu kurze Hose, als wäre er gerade vom Marathon gekommen. Dazu diese Jesus-Latschen, um Gottes willen, das hast du schon gesehen. Und sie lacht, als wäre sie beim Aufräumen auf dem Dachboden gerade auf alte Kostüme gestoßen.

So was, sagt sie, verwächst sich ja nicht, das dauert, das bleibt.

Das Echo der DDR als simpler Dreiklang. Geruch, der in der Kleidung hängt. Kleidung, die an den Menschen klebt. Ein Land, das man nicht mal eben abstreifen kann.

Wenn Cornelia Wirth heute in den Urlaub fährt, nach Warnemünde zum Beispiel, dann setzt sie sich dort jedes Mal ins Café, an den Strand oder an die Promenade und schaut, beobachtet, sortiert. Ost oder West. Ihr Ratespiel der Nachwendezeit.

Die Trefferquote, sagt sie, Selbsteinschätzung, liegt bei etwa 97 Prozent.

Dann muss sie noch mal herzlich lachen, über sich und die Genossen, fröhliche Tennissocken. Und ein bisschen auch über die neuen Nachbarn aus dem Westen, die schlechte Laune auf Falte gebügelt.

Aber wie, fragt Joachim dann, neugierig, sieht so ein Wessi nun aus?

Sie schaut ihn abermals an, so sorgfältig, als müsste sie später ein Phantombild von ihm zeichnen, sagt dann: Na, so wie du!

Wobei nicht klar wird, ob das jetzt ein Kompliment ist oder

doch eine Frechheit oder gleich beides. Ost und West als Gegensätze, die sich noch immer nicht richtig anziehen können.

Aber, fragt Joachim direkt, gibt es das wirklich noch: den Osten? Es ist die Frage, die uns schon seit Tagen begleitet. Hier stellt sie sich wieder, fast von allein.

Und Cornelia Wirth nickt, hat das Beispiel parat, war vor kurzem doch zwei Tage dort. Zwei Tage in Brandenburg. Andere Ecke, hoch Richtung Ostsee. Ein Weihnachtsgeschenk, Wellness in der Nähe von Prenzlau.

Da, sagt sie, ist noch der richtige Osten. Wie in Fehlfarben gemalt. Das ist, um Gottes willen, wie früher.

Als wäre die Zeit stehengeblieben, und neben der Zeit steht einer von der Stasi und schreibt alles mit. Der Hund, der dort einst begraben lag, den hat jemand ausgebuddelt, um ihn gleich noch mal totzuschlagen.

Da, sagt sie, war nichts, kein Personal, keine Straßen.

Und ihr fuhr mitten im Nichts der Schreck in die Glieder. Wie Schluckauf, weil sie plötzlich wieder an sich selbst denken musste. An das Dorf, den Konsum, diese zugeteilte Jugend.

Am Montag war sie froh, wieder zu Hause zu sein.

Den Osten, sagt sie, den hörst du, der ist noch drin in den Menschen. Daran wird sich auch erst mal nichts ändern, zumindest nicht in meiner Generation.

Cornelia Wirth ist 1958 geboren, sie ist seit 15 Jahren Großmutter. Und manchmal, sagt sie, frage ich meine Enkeltochter, wer Honecker war. Aber sie hat keine Ahnung.

Krenz, Thälmann kennt sie nicht mehr. Modrow, Jähn will sie nicht wissen. War, anders als ihre Mutter, nie bei den Pionieren. Aber sie hört zu und lacht, weil ihr die Oma von damals erzählt. Davon, wie es früher mal war.

Die DDR als Märchen. Cornelia Wirth als Mädchen. Lange her.

Ulbricht, sagt sie, ist da nur noch eine Figur.

Wie König Drosselbart, Rumpelstilzchen Honecker. Dazu ein Glas Rotkäppchen. Oma, was machst du für traurige Augen?

Das Ende behält sie für sich.

Und Joachim erzählt ihr, zum Trost und zum Trotz, von den Kindern der Börde, die Geschichte der Wossis, die er natürlich hierher mitgebracht hatte, die Worte noch frisch. Die nächste Generation. So löst es sich auf.

Vielleicht, sagt er dann, ist das gar nicht so schlecht. Mehr Platz im Schrank für neue Kleider.

Ja, sagt sie dann, vielleicht gar nicht so schlecht. Ich möchte die DDR ja auch nicht zurück. Um Gottes willen.

Vor ihrem Haus, wo früher nur Sand war mit Löchern darin, liegt jetzt einwandfreier Asphalt. Und die Leute im Dorf haben Arbeit, wohnen in stolzen Häusern, fahren zwei Autos, fahren jedes Jahr in den Urlaub. Es war nicht alles falsch in der DDR, aber es war doch richtig, dass die Wende gekommen ist.

Den Jammer-Ossi, sagt sie jetzt zum Schluss, den ertrage ich deshalb auch nicht. Uns geht es doch gut.

Nur manchmal, da wünscht sie sich halt die alte Raststätte zurück.

Und so sitzt sie hier im McDonald's, Cornelia Wirth, und schaut auf märkischen Sand.

Das wird alles schön, sagt sie, irgendwann. Aber man sieht hier nichts mehr von früher.

Der Fortschritt, weder vom Ochs noch vom Esel aufzuhalten, hat aus ihrer DDR einen Parkplatz gemacht, ein Fastfoodrestaurant, eine dreispurige Autobahn und einen Dauerstau. Im Frühjahr gibt es Spargel. Dann kommen Touristen. Und parken ihre Erinnerungen zu.

Das, sagt sie, ist eine Schande.

2008, als sie den Laden hier dichtgemacht hat, war noch alles anders. Das war alles noch viel näher dran an der DDR, das sah noch so aus, man hatte diesen Restgeschmack auf der Zunge. Das

Land, aus dem sie stammt, hatte in der Fritteuse überdauert und in den Kacheln, in den *Mitropa*-Tassen und im Lächeln der Kellner. Jetzt, zehn Jahre später, ist das alles tatsächlich harte Vergangenheit, Geschichtsbuchwissen, Fotografien und Zeitungsausschnitte, die bei ihr im Wohnzimmer liegen, wie zum Beweis. Das gab es mal, das war echt. Wir waren echt, wir waren dabei. Transit und Ost-Mark, Stasi und Forumschecks. Ein Land, keine Einbildung. Kein Märchen, über das ihre Enkelin lacht, eine Welt bevölkert von greisen Clowns mit zu großen Brillen und zu spitzen Bärten. Es war ja doch mehr als das. Es war Zuhause.

Dann verlässt Cornelia Wirth diesen Nichtort und fährt zurück in ihr Dorf. In der Tankstelle, das hatte sie zum Abschied verraten, verkaufen sie noch Rotkäppchen-Sekt zu guten Preisen. Der Sprit allerdings ist kaum zu bezahlen. Und weil der Tank noch halb voll ist, fahren wir einfach weiter.

KOPF ODER ZAHL

Dann nehmen wir die falsche Abfahrt und folgen, notgedrungen und angenehm ortsunkundig, den gelben Schildern einer ausladenden Umleitung, unter baufälligen Brücken hindurch, über gerade eingeweihte Kreisverkehre hinweg, links und rechts erstreckt sich Brandenburg, grüne Auslegware bis an den Horizont, darauf leuchtet der Raps, dahinter droht der Wald.

Weißt du, fragt Joachim, mitten hinein in das Rauschen der Straße, warum das alles so friedlich ist? Die Antwort gibt er sich selbst. Weil es hier keine Menschen gibt, mit den Menschen fängt es an. Er schaut über Felder, hinter denen Felder zu Feldern führen, bis dort doch wieder Häuser sind, eine plötzliche Siedlung wie aus dem Katalog, bunt bis zur Übertreibung. Bauboomboxen, die zusammen mit dem Discounter gegenüber aufgestellt wurden. In ihnen wohnen die Neuen. Berliner, die es aus der Stadt gezogen hat, nebenan die Kita, nicht weit weg der Sportverein. Tiere in den Fenstern, Lampions im Garten, immer mittwochs ist Markt, ab morgen auch der Zirkus in der Stadt. In einer riesigen Erdbeere sitzt eine alte Frau. Spielstraßenverkehrsordnung. Dahinter noch mehr Wohngegend, die Zäune so nah, dass der nächste Nachbar schon die beste Aussicht ist. Und Joachim zählt die Briefkästen, die Einfahrten, die Garagen.

Das, sagt er schließlich, sind alles so Häuschen wie bei Monopoly, gleiche Form, gleiche Farbe, die wiegen auch nichts, die kannst du einfach so wegstellen. Überleg mal, du kommst abends nach Hause, und einer hat dein Häuschen weggestellt. Landflucht als Brettspiel. Er lacht sich kaputt über diesen Gedanken.

Dann weicht die Siedlung, und wir finden, hinter einigen Kurven, den Weg zurück auf die Autobahn, endlich die richtigen Schilder. Denn hinter Michendorf, das war immer schon so, beginnt Potsdam. Dort wollen wir hin, dort müssen wir bald sein.

Doch der Verkehr erliegt einem plötzlichen Hitzschlag, und wir stehen dort, wo der Asphalt ineinanderfließt, die A10 zur A115 wird, der doppelte Boden. Gerade noch Brandenburg, fast schon Berlin, der Speckgürtel, volksmundgerecht um die Stadt gelegt, der Ring als schwermütiges Symbol einer schwierigen Ehe. Und wir schleichen uns an, bis die ersten Türme über die Schallschutzwände ragen. Ach, Potsdam. Diese Stadt, am Wasser gebaut, ehemals Residenz der Könige von Preußen, Schlösser ohne Sorgen, liegt dort nun entsprechend majestätisch.

Ein tatsächliches Hoheitsgebiet, der Hauptstadt vorgelagert, mit der sie vor allem die Teilung verbindet. Weil die Mauer hier die Nachbarschaft zerschnitten und die Grenze das gegenüberliegende Ufer, so nah, dass bald jeder Steinwurf strafbar war, unmöglich gemacht hatte. Die Havel als natürlicher Graben, die wichtigste Verbindung darüber erst Sperrgebiet und dann Symbol, von Spielberg verfilmt. Die Glienicker Brücke, einst Brücke der Einheit, für die Bevölkerung gesperrt. West-Berlin, diese Insel, hätte auch auf einem anderen Kontinent liegen können. Der Wannsee ein Ozean dazwischen. Potsdams Partnerstadt ist Bonn.

Später werden auch wir an der Brücke stehen.

Jetzt aber folgen wir einer nach Heinrich Mann benannten Allee zur Brandenburgischen Staatskanzlei, biegen von der Hauptstraße ab, geben dem Pförtner ein Zeichen und werden hineingelassen. Dort, im Raum 174, einem Zimmer mit hohen Fenstern, hinter einem ausladenden Schreibtisch, empfängt uns Rainer Bretschneider an einem für ihn durchaus besonderen Tag, es ist sein letzter als Staatssekretär. Am Nachmittag wird er, nach mehr als zehn Jahren, verabschiedet.

Mit großer Rede und einem Händedruck des Ministerpräsidenten. Rainer Bretschneider wird sich, dem Anlass entsprechend, dann auch eine Krawatte binden, noch aber trägt er den obersten Knopf seines hellblauen Hemdes offen. Sein Jackett hat er ebenso beiläufig über die Lehne seines Schreibtischstuhls gehängt. Die Staatskanzlei ist sein Zuhause, dieser Raum sein Wohnzimmer. Es gibt Kaffee und gerne auch Süßstoff dazu.

An der Wand neben seinem Schreibtisch hängt ein Kalender, auf dem eine Walfischflosse aus dem Meer ragt. In den Regalen gegenüber stehen Aktenordner, sauber in Reih und Glied. Die Aufgaben der vergangenen Monate. Rainer Bretschneider hat noch immer viel zu tun, und oft genug läutet sein Telefon.

Am anderen Ende dann meist jemand, der wütend ist oder Unterschriften gesammelt hat. Jemand, der sich beschweren möchte. Bei ihm, dem Mann für den Flughafen.

Sein neues Etikett, selbst gewählt. Es klebt gut.

Seit zwei Jahren ist Rainer Bretschneider Aufsichtsratschef des BER, dieser Ewigkeitsbaustelle am Rande Berlins. Diesem Witz, der wöchentlich neue Pointen liefert, auch wenn den Leuten das Lachen längst vergangen ist.

Bretschneider wurde noch von Matthias Platzeck als Krisenmanager eingesetzt, vorübergehend eigentlich, ein Feuerwehrmann. Doch weil die Krise Schönefeld noch nicht verlassen hat, soll auch er nun bleiben. Über seine Pensionierung hinaus, gegen eine Aufwandsentschädigung. Um dort zu machen, was er schon immer am besten konnte: Strippen ziehen, Konflikte schlichten. Das zumindest ist der Ruf, der ihm vorauseilt. Er, der erst bei den Liberalen war und später bei der SPD, denkt politisch, handelt politisch, immer schon, immer noch.

Viel Bauch, sagt er, etwas weniger Herz.

Ein Pragmatiker, der Bilanzen zieht, gegenrechnet, den Strich druntermacht. Und der, wenn er zwei Fliegen mit einer Klappe schlägt, vorher schon weiß, was diese Klappe gekostet hat und auch mit welcher Geschwindigkeit sich diese Fliegen fortbewegt haben. So ist er meist Herr der Lage, weil er ihren Ernst früh erkennt.

Darüber hinaus allerdings hat Bretschneider, das wird er später noch sagen, ein intellektuelles Vergnügen an der Konfrontation. Eine große Lust an der Aussprache. Auseinandersetzungen kitzeln ihn, das war früher schon so, er könnte womöglich gar nicht ohne. Deshalb fährt er immer wieder raus nach Schönefeld. Rainer Bretschneider, 70 Jahre alt jetzt, liebt das Fliegen, er könnte längst im Ruhestand sein, die Welt bereisen, stattdessen aber verteidigt er einen Flughafen, von dem noch kein Flugzeug gestartet ist. Gegen alle Widerstände.

Es gibt dort in Schönefeld Menschen, die ihn nicht ausstehen können. Anwohner, Fluglärmgegner. Sie trauen ihm nicht, manche finden, er habe ihr Leben zerstört.

So kann es laut werden am Zaun, in der Einflugschneise der Vorwürfe, ungerecht auch. Rainer Bretschneider allerdings kennt das. Die Wut und der Frust, sie sind ihm nicht fremd, nicht neu, lediglich die Vokabeln haben sich verändert, weil die Gründe andere sind und die Zeiten sowieso, bald 30 Jahre dazwischen.

Rainer Bretschneider, 1948 in Hagen am Rand des Ruhrgebiets geboren, ist gleich nach der Wende nach Potsdam gekommen, als einer der ersten von etwa 35000 westdeutschen Beamten, die zu jener Zeit als Paten in die gerade neu gegründeten Bundesländer geschickt wurden. Er sollte dort, wie seine Kollegen woanders auch, das zentralistische Erbe der DDR überwinden. Ein sogenannter Verwaltungshelfer, zuständig für Personal, Finanzen und Haushalt, der ein System abgewickelt, über Lebenswege entschieden, Abstürze gesehen hat.

Er beherrscht den festen wie auch den feuchten Händedruck.

Am Ende, das sagt er gerne, wird alles gut.

BER oder DDR. Am Ende war er im Osten oft genug das Schwein. Und soll nun erzählen, wie er dort gelandet ist, Potsdam 1990. Das ganze Land eine Baustelle.

Der Flughafen, das ist ja eine andere Geschichte. Heute ist sie zweitrangig. Rainer Bretschneider weiß das, es geht in diesem Gespräch mal nicht um die Zukunft, eine für ihn willkommene Abwechslung.

Also weist er Joachim einen Platz an einer großen Tafel, für Konferenzen gemacht, dunkel und geduldig, ein guter Ort für ein langes Gespräch, und zieht sich selbst einen Stuhl heran, er hat jetzt so zwei Stündchen Zeit. Dann kommen die Journalisten, die Kameras, der Ministerpräsident.

Und Joachim, ungeduldig auch, beginnt gleich mit dem Gespräch. Stellt all die Fragen, die angestauten. Woher, wieso, wann eigentlich? Er hatte sich, auf dem Weg schon, ganz besonders auf diese Begegnung gefreut, weil da einer aus dem Ruhrgebiet, einer wie er, tatsächlich die große Reise gemacht hat, gleich rüber. Und dann, Wahnsinn, sogar geblieben, im besten Sinne angekommen ist. Die maximale Auseinandersetzung mit dem neuen Deutschland. Das mögliche Rückfahrticket mit dem Abfall der Jahre entsorgt. Mit dem, bitte schön, würde er doch über all die Unterschiede und die Gemeinsamkeiten sprechen können, dabei auch Wegmarkierungen abgleichen, ein bisschen in Erinnerungen schwelgen. Hagen und Herne. Vielleicht, so der Gedanke, wartete dort in der Staatskanzlei, Raum 174, die Erkenntnis, kohlestückgroß. So sind diese Fragen gleich auch Fragen an die eigene Geschichte, der Versuch eines Kennenlernens aus dem eigenen Familienalbum heraus.

All das liegt nun mit auf dem Tisch.

Die Kriegskindheit der Eltern, die sich danach aneinandergeklammert haben, um gemeinsam etwas aufzubauen. Der Vater in der Kohle, die Mutter zu Hause, das ganze Milieu, Herne damals, von Schachtanlagen geprägt. Eine echte Wirtschaftswundergeschichte, sagt Joachim. Mit dem Eigenheim als Triumph über die Voraussetzungen.

Und Bretschneider nickt, erkennt sich darin durchaus wieder.

Auch sein Vater war in der Kohle, aber nur kurz. Weil die Mutter doch was Besseres wollte als einen Malocher. Da ist der Vater Beamter geworden. So begegnen sich die Männer hier durch die Biographien der Eltern hindurch, Lebensadern wie Schächte, klopfen sie ab. Und enden beim frühen Tod der Väter.

Meiner, sagt Joachim dann, ist nicht mal 60 geworden. An dem Tag, als ich seine Lebensfrist überschritten habe, stand ich morgens vor dem Spiegel, frisch rasiert, und hatte Gänsehaut, plötzlich älter, als er jemals war. Vielleicht, sagt er, war das der Tag, an dem ich erwachsen geworden bin.

Und er, im Rückblick zu Hause, hat mit einem Mal sein frühes Idiom dabei, tritt nun als Schauspieler auf, in seiner vielleicht besten, weil persönlichsten Rolle. Als Botschafter seines Reviers. Die Zunge gelockert. Worte wie Pferde, er lässt sie zu, die Zügel schleifen. In der Stimme ein Klang, mit dem er zu umarmen versucht.

Bis ihn Rainer Bretschneider ohne Vorwarnung unterbricht. Als wäre es ihm plötzlich alles zu viel. Zu eng, zu nah. Zu bekannt.

Wie reden Sie jetzt eigentlich, fragt er also. Omma, Oppa, hömma und hol mich mal watt von den Schinken da. Ist das immer so?

Und Joachim schaut, als hätte man ihn ertappt, in den Hosentaschen noch das Propagandamaterial der Heimat.

Nein, sagt er dann. Ich lass heute gehen. Ich wollte, hömma, eine Brücke bauen! Er lacht. Ich hatte mir gewünscht, dass Sie noch eine Herzkammer für das Ruhrgebiet haben.

Bretschneider hält kurz inne, dann schüttelt er den Kopf, in seinem Blick liegt nun eine überlegene Schwere, er muss uns enttäuschen. Da, sagt er schließlich, ist nichts mehr, die Wurzeln gekappt, die Brücken abgerissen. Wenig Blick zurück, wenig Platz für Sentimentalitäten. Hagen, das ist lange her. Das Ruhrgebiet, der Westen, Nordrhein-Westfalen. Das ist drei Jahrzehnte weit weg.

30 Jahre, Mannmannmann.

Und Joachim stellt die nun notwendige Frage. Wieso sind Sie überhaupt gegangen?

Rainer Bretschneider lächelt wieder, langsam, das spürt man, kommt auch er in dieser Unterhaltung an, macht es sich gemütlich in seiner eigenen Geschichte, lehnt sich in seinem Stuhl zurück, verschränkt die Hände hinter dem Kopf, draußen der Potsdamer Sommer, man kann die Vögel durch das offene Fenster hören, und beginnt zu erzählen.

Im Westen, sagt er, war meine Karriere in eine Sackgasse geraten. Er hatte Hagen verlassen, in Münster studiert, sein Referendariat in Hamm verbracht und 1977, nach dem zweiten juristischen Staatsexamen, in Düsseldorf eine gute Anstellung gefunden. Landesverwaltung Nordrhein-Westfalen, Ministerium für Wirtschaft, Mittelstand und Verkehr. Ein Beamter, kein Malocher. Die Mutter war sicher stolz. Nach 13 Jahren aber ging nicht mehr viel, bei den Beförderungen waren erst mal andere dran. Rainer Bretschneider kam nicht mehr weiter, Sackgasse eben. Es war ihm, als würde er gegen Mauern laufen, bis eine andere fiel. Und ihn der Ruf aus Potsdam ereilte.

Am 14. Oktober 1990 sollte der neue Brandenburgische Landtag gewählt werden und Bretschneider diese Wahlen begleiten. Als Berater des Regierungsbevollmächtigten.

Ein gutes Angebot. Er hatte die nötige Erfahrung, er hatte nichts zu verlieren. Also packte er seine Sachen und fuhr, die A2 entlang, in ein Land, das es noch gar nicht gab.

Brandenburg, sagt Bretschneider, war da noch nicht Brandenburg. Es gab nur drei Bezirke. Potsdam, Frankfurt (Oder) und Cottbus. Erst am 3. Oktober, dem Tag der Deutschen Wiedervereinigung, wurde das Bundesland unter seinem alten Namen neu gegründet. Elf Tage später war die SPD stärkste Kraft, die Wahlbeteiligung lag bei 67 Prozent, Aufbruchstimmung.

Und Rainer Bretschneider begann, endlich wieder, zu klettern.

Aus dem Keller der Staatskanzlei nach oben. Die Wende hatte ihm eine zweite Chance eröffnet, die Möglichkeit eines Neuanfangs vor einem anderen Horizont. Er nutzte sie und stieg auf. Ein Beamter, der durchaus wusste, wann es wichtig war zu malochen. Er wurde dann, bald schon, Aufbau-Beauftragter für das Verkehrsministerium.

Das, sagt er, ging alles relativ schnell.

Als Antrittsgeschenk hat Rainer Bretschneider damals einen Farbkopierer mitgebracht. Der hatte in Düsseldorf nur rumgestanden, hier war er eine Attraktion. Brandenburg, die ganze Verwaltung, steckte noch in den Kinderschuhen. Doch wer wollte, konnte große Schritte darin machen. Man brauchte nur ein bisschen Anpassungsfähigkeit und das gesunde Talent zur Improvisation, schließlich ging es in den ersten Monaten auch darum, mit dem zu arbeiten, was man hatte, statt über das zu schimpfen, was es eben nicht gab.

So verfügte das Ministerium, ein Beispiel nur, lediglich über ein Telefon, weshalb Bretschneider für Ferngespräche mitunter kurzerhand über die Havel gefahren ist. Dort, auf der anderen Seite der Glienicker Brücke, stand eine Telefonzelle, die Schlange davor oft mehrere Meter lang.

Heute erzählt er gerne davon, mit dem Abstand eines Augenzwinkerns. Der Farbkopierer, der fehlende Anschluss, im Nachhinein stand das für etwas.

Und was genau, fragt Joachim dann auch, war Ihre Aufgabe dort? Aufbau-Beauftragter, das klingt ja schon wichtig.

Ganz einfach, sagt Bretschneider, und weiß doch, wie schwer es tatsächlich gewesen ist. Wir sollten aus zwei Systemen eines machen, Ost und West zusammenführen. Wir hatten laufende Apparate, die hatten laufende Apparate. Nur waren die eben nicht deckungsgleich.

Und er zeichnet den Prozess in die Luft, beide Hände nebeneinander, die Handrücken nach oben.

Das war, sagt er dann, als hätte man versucht, zwei Züge, die jahrzehntelang mit unterschiedlicher Reisegeschwindigkeit über das Land gefahren sind, auf sogar unterschiedlichen Schienen, bei voller Fahrt zu koppeln.

Und er, Rainer Bretschneider, stand bei dieser Himmelfahrt mit in der Zugmaschine, gleich am Kessel, um ordentlich Dampf zu machen. Er musste das Personal rekrutieren und das Geld verteilen. Er musste die Institutionen aufbrechen und, wenn es nicht anders ging, auch die Leute abwickeln. Das, sagt er, war meine Aufgabe. Und natürlich macht man sich da keine Freunde.

Gleich im ersten Jahr, kurz vor Weihnachten 1990, ist Rainer Bretschneider nach Rangsdorf gefahren, um der gesamten Autobahnmeisterei zu kündigen.

Da, sagt er, stand ich vor den Leuten und habe sie nach Hause geschickt, nach draußen in die Kälte entlassen. Das war kein Höhepunkt, das war nicht lustig.

In dem Raum damals schlug ihm die Wut ins Gesicht.

Die schlimmste Bescherung.

Zwei Wochen später aber, sagt er, fing es zu schneien an. Und damit hatte wohl niemand gerechnet. Als hätte es den Winter in der DDR nie gegeben. Denn plötzlich war da niemand mehr, der die Straßen räumen konnte.

Der Schnee, sagt er, war die Rettung.

Am Tag danach wurden die Leute wiedereingestellt. Ein Glücksfall, und doch war im Schneetreiben von Rangsdorf das ganze Chaos des Übergangs sichtbar geworden. Es war ja, sagt Bretschneider, niemand wirklich vorbereitet gewesen. Nicht auf den Winter und auch nicht auf die Wiedervereinigung, all die Niederschläge auf dem Weg dorthin.

Rainer Bretschneider stemmt sich aus seinem Stuhl, ihm ist etwas eingefallen, er möchte uns etwas zeigen, deutet auf seinen Schreibtisch. Dort, auf dem Holz und unter den Akten, liegt eine schwere Glasplatte. Er hat sie 1990 mit nach Potsdam gebracht.

Seine Unterlage, sie war immer dabei. Auf dieser Platte hat er die Arbeitsverträge unterzeichnet und die Entlassungen formuliert. Sie hat die Jahrzehnte seitdem ohne Kratzer überstanden, während vor seinem Schreibtisch mitunter auch Biographien zerbrochen sind.

Ich habe, sagt er, viel Verbitterung erlebt damals. Viele harte Sätze gehört. Das gehörte dazu. Und es gab Leute, für die war ich natürlich der Böse.

Rainer Bretschneider, der Westler mit den Zulagen, der hinter seiner Glasplatte Richter spielte. Der den Aufbau im Titel trug und doch für den Abriss stand, weil er am Ende entscheiden konnte. Darüber, wer bleiben durfte und wer gehen musste. Wer also einen neuen Vertrag bekam und neues Geld und wer eben nicht mehr mitmachen würde, weil da vielleicht doch zu viel Vergangenheit war für eine zweifelsfreie Zukunft. Zu viele Berichte in zu vielen Akten.

Das große Thema, sagt er, war natürlich die Stasi-Überprüfung. Das hatte Priorität.

Rainer Bretschneider war damals Jochen Wolf unterstellt, einem ehemaligen Berufskraftfahrer aus Sachsen, der 1991 Minister für Stadtentwicklung wurde, dann über einen Immobilienskandal stolperte und später ins Gefängnis musste, weil er den Mord an seiner Ehefrau, der vierten bereits, in Auftrag gegeben hatte. Das aber konnte da noch niemand ahnen.

Damals, am Anfang des Aufstiegs, noch lang vor dem Fall, profilierte sich Wolf als unnachgiebiger Stasi-Jäger, der die gesamte Verwaltung, dichter Wald vor lauter Bäumen, durchforsten und alle Angestellten eine Erklärung unterschreiben ließ, zu keiner Zeit für die Stasi tätig gewesen zu sein.

Die Staatssicherheit, erklärte er im Juni 1990 gegenüber dem *Volksblatt* im Havelland, ist eine kriminelle Vereinigung. Dabei ging Wolf davon aus, dass etwa zwei Prozent der 1000 Beschäftigten bei der Stasi gewesen waren und, so nannte er es, Geheimdiensttätigkeiten gegen das eigene Volk übernommen hatten. Etwa 20 verweigerten dann auch ihre Unterschrift, seine Rechnung, so schien es, war aufgegangen.

Bei der Staatssicherheit, sagt Bretschneider, waren wir streng, und wenn wir etwas gefunden haben, wurden die Leute entlassen, rausgekantet. Erbarmungslos. Ganz egal, wie gut sie fachlich waren.

Er macht eine kurze Pause, die Worte stehen im Raum, als könnte man sich daran stoßen.

Diese ganze Stasi-Kiste, sagt er schließlich, hat mir als Wessi aber überhaupt nicht gefallen. Weil ich hier keine Vita hatte, keinen festen Boden unter den Füßen.

Und man kann sich gut vorstellen, wie das gewesen sein muss, wie er dort stand, Rainer Bretschneider, zwischen den Akten, bis zu den Knien in den Vermutungen, diesem Treibsand der Vergangenheit. Brandenburg als fremdes Gelände, auf dem, nicht lange her, noch andere Gesetze gegolten hatten. Was wusste er schon.

Dann erzählt er die Geschichte dazu.

Ich hatte damals, sagt er, eine Sekretärin, die kam aus der Zivilverteidigung und konnte an der mechanischen Schreibmaschine fehlerlos schreiben. Weil sie in der DDR kein Tipp-Ex hatte und die Fehler nie hätte reparieren können. Deshalb machte sie keine. So einfach war das. Schrieb fehlerlos und wie die Feuerwehr. So etwas hatte ich noch nie gesehen. Deshalb habe ich sie gleich überprüft. Das waren meine Vorbehalte.

Er lacht, ungenau.

In den Akten fand sich dann nichts, die Sekretärin war nie bei der Stasi gewesen. Sie durfte bleiben, sie hatte keinen Fehler gemacht.

Später, sagt Bretschneider, wurden noch viele entdeckt, die anfangs gelogen hatten.

1990, das war nur der erste Schub. In den Amtsstuben roch es noch lange nach Misstrauen, nach Reue und Scham. Auch das war ein Erbe der DDR. Auch damit musste er umgehen.

Rainer Bretschneider ist hier, über seinen Schreibtisch hinweg, Menschen begegnet, die in einem anderen System groß geworden waren. Menschen, die er zuvor bestenfalls aus dem Fernsehen kannte. Sie hatten Funktionen ausgefüllt, andere Regeln befolgt, eine andere Erziehung genossen als er. Und wahrscheinlich hätten sie sich viel zu erzählen gehabt, aber die Begegnungen blieben kurz, auf das Wesentliche beschränkt, eine tatsächliche Abwicklung, kein Platz für Sentimentalitäten.

Im Schutzraum seines Amtszimmers konnte er die Distanz wahren, sich erst mal einlesen in dieses Land. Das ging, die Sicherheit der Paragraphen. Die Glasscheibe zwischen ihm und den anderen.

Aber, fragt Joachim jetzt, wie war das dann draußen, nach Feierabend, in der Zeit ohne Anzug, vor der Tür gerade nicht mehr DDR. Gab es da den großen Kulturschock?

Die Wende im Kopf, bei der man sich den Nacken zerren konnte. Brandenburg, ein Zustand wohl auch. Und Rainer Bretschneider lächelt.

Das ging, sagt er dann. Das war gar nicht so schlimm. Weil wir vom Osten, so muss man es sagen, erst mal gar nicht viel mitbekommen haben.

Die neuen Männer aus dem Westen, die Verwaltungshelfer und Juristen, blieben in den ersten Monaten nach ihrer Ankunft unter sich.

Wir waren, sagt er, im Grunde vollkaserniert, haben bis zum Umfallen gearbeitet, manchmal 80 Stunden in der Woche, und sind dann direkt in die Kneipe gefallen oder ins Bett.

Wie ein Bautrupp auf Montage, wie nach einer Schicht auf der Bohrinsel, erschöpft von der langen Wanderung durch die immer neuen Aktenberge, an den Daumen noch Druckerschwärze.

Rainer Bretschneider, das hat er der *Berliner Morgenpost* einmal erzählt, ist in diesen ersten Monaten ständig umgezogen, er hatte noch keine feste Bleibe und schlief deshalb in den Gästehäusern der DDR, mal an der Universität, mal draußen in Caputh, einem Vorort, der nur lustig klingt, als Kommentar auf die Vergangenheit, und schließlich in Fahrland, vor den Fenstern die letzten Panzer der Russen, morgens um vier immer schon. Die Betten waren kalt oder schmal, fremde Federn, mit denen sich niemand schmücken wollte.

So gab es kaum Kontakt zu den immer neuen Nachbarn, die jeweils nur wenige Meter entfernt ihren eigenen Tapetenwechsel zu verkraften hatten. Dünne Wände, dick genug. Dahinter hatten sie ja auch einen Namen für Untermieter wie ihn.

Besserwessi. Erste Eindrücke, die bleiben.

Wir, sagt er nun, waren den Leuten natürlich von Beginn an suspekt. Wir waren die grauen Männer, wir waren die tatsächlichen Besatzer. So muss man das sehen.

Männer in neuen Anzügen, die das Land vermaßen und dabei vermessen wirkten, die Fehler suchten und Verfehlte aufspürten. Aufschneider, mit dem Zollstock als Skalpell. Sie waren Gäste, sie waren nicht gern gesehen.

Alles, was sich die Menschen hier aufgebaut hatten, sagt Bretschneider jetzt, galt plötzlich nichts mehr. Alles, was die DDR ausgemacht hatte, war nichts mehr wert.

Sperrmüll der Geschichte nur noch, altes Gemäuer, Bauruinen.

Und wir, sagt er, waren die Typen mit der Abrissbirne. Denn mit einem Mal galten die Westregeln. Ganz automatisch. Die Gesetze der Sieger. Egal, ob das nun vernünftig war oder nicht. Es ging da gar nicht um Legitimation. Wir hatten recht. Wir hatten den Kampf der Systeme gewonnen. Und das, sagt er, haben einige natürlich ausgenutzt. Die haben sich, das kann man so sagen, benommen wie Hund.

Er hält kurz inne, als wollte er das Gewicht seiner Worte mit Schweigen aufwiegen. Und Joachim, in die Stille hinein, erzählt von Cornelia Wirth, vom fehlenden Lächeln der Wessis, die sie heute noch auf 100 Meter Entfernung erkennen würde, diese Haltung, diese ganze Inszenierung einer moralischen Überlegenheit.

Und Rainer Bretschneider nickt. Die meisten, sagt er, werden heute sagen, dass sie nicht arrogant aufgetreten sind, dass sie nie überheblich waren. Sie wollten, das werden sie sagen, die Leute ja nur zum Laufen bringen, ein neues Tempo einführen.

Aber im Grunde ist niemand wegen der Brüder und Schwestern aus dem Osten hierhergekommen, niemand aus Sorge oder Nächstenliebe. Da muss man sich nichts vormachen. Ich habe wenig Altruisten kennengelernt. Die meisten sind für die eigene Freiheit gekommen. Da gab es auch Goldgräber, mitunter gescheiterte Existenzen, die von der Möglichkeit eines Neuanfangs angelockt wurden, beruflich oder persönlich.

Für die war Potsdam ein bezahlter Abenteuerurlaub, da gab es unglaublich viel Adrenalin. In den Augen der Menschen hier, sagt Bretschneider, waren wir oft genug Trampeltiere, Eindringlinge. Wir gehörten hier nicht her.

Dann macht er noch eine Pause und legt schließlich einen Satz hinter all die anderen Sätze, einen Gruß nach Michendorf, wenn man so will.

Ich, sagt er also, würde jedoch von mir behaupten, gelächelt zu haben. Nur weiß ich nicht, wie das angekommen ist. Vielleicht sah es falsch aus, eine angestrengte Grimasse.

Er lacht, entschuldigend fast, als müsste er das Lächeln beweisen. Dabei kann er durchaus nachempfinden, was es bedeutet, erst mal der andere zu sein, der aus der Zone.

Einmal, am Anfang des Abenteuers, war er gemeinsam mit seiner Frau von Potsdam nach Sylt geflogen, mit der Pan Am von Tempelhof aus, Inselgeschichten, Urlaub vom Aufbau. Es war ihr Hochzeitstag. Und am Abend dann im Restaurant, die Tische standen nah beieinander, kamen sie ins Gespräch mit einem älteren Herrn, der, durch Gesprächsfetzen, die hinübergeweht waren, mitbekommen hatte, woher sie kamen. Potsdam, Hauptstadt Brandenburgs, für ihn wohl noch ein Land ohne Licht, mehr Bauern als Arbeiter. Interessant, sagte er, und wechselte unmittelbar aus der Förmlichkeit heraus ins Joviale, überwand die Distanz vom Sie zum Du in einem Halbsatz. Und beruhigte die beiden erst mal. Er wisse ja, sagte der Herr, dass nicht alle Ossis faul seien. Er klopfte ihnen auf die Schulter. Macht ja nichts.

Dann, sagt Bretschneider, hat er meiner Frau, die Finanzwissenschaften studierte hatte, erst mal das Wirtschaftssystem der BRD erklärt. Eine Starthilfe, ein Augenzwinkern. Für eine bessere Zukunft.

Für ihn, sagt Bretschneider, waren wir ja die Ossis, die sich hierher verirrt hatten, an die irgendwie falsche Küste. Er wollte uns helfen.

Bretschneider und seine Frau, Spiel mit den Vorurteilen, haben den Herrn nicht eingeweiht, wozu auch. Es machte ihnen Spaß, Identitätsfasching, und nebenbei lernten sie eine Menge über dieses Land. Es wurde ein vergnüglicher Abend.

Am Ende dann, sagt Bretschneider, haben wir dem Kellner ein großzügiges Trinkgeld gegeben.

Da kam der Herr noch einmal zurück, im Flüsterton. So viel, sagte er, muss man hier im Westen nicht geben. Daran, bitte schön, sehe man ja noch immer die Unterschiede. Nächstes Mal, sagte er, geben Sie einfach weniger. Ein väterlicher Rat aus dem Westen.

Dann verabschiedete er sich, gute Nacht.

Und Bretschneider und seine Frau, er aus Hagen, sie aus Köln, blieben zurück. Amüsiert, aber auch nachdenklich. Waren sie doch selbst zum Klischee geworden.

Da, sagt Bretschneider, haben wir verstanden, wie das gewesen sein muss.

Die Arroganz der einen, aus der die Kränkung der anderen entstehen konnte.

Und trotzdem hat die Annäherung gedauert. Weil selbst Nachbarschaft oder, später dann, eine geteilte Postleitzahl allein nicht reichen, um so etwas wie Identifikation zu erzeugen. Am Anfang, ganz klar, passte er nicht hinein, war ihm der Osten doch eine Nummer zu klein.

Und Rainer Bretschneider hat auch für dieses Gefühl die entsprechende Anekdote dabei, sauber notiert auf einem Blatt Papier. Er, der Jurist, ist gut vorbereitet, für alle Eventualitäten und Abzweigungen dieses Gesprächs ausreichend gewappnet. So beugt er sich nach vorne, verschwörerisch fast, und fängt von neuem an zu erzählen.

Wir, sagt er, haben zwischendurch in einem DDR-Neubaugebiet gelebt, draußen in Drewitz, geduckt in der Platte. Und da waren die Parkplätze alle zu schmal, weil die für die Trabis gedacht waren und für dic Wartburgs. Wir aber hatten einen Honda, und mit dem musste ich mich da immer reinquetschen, das passte kaum. Rainer Bretschneider also stand mit seinem alten Wagen vor der neuen Wohnung und bekam die Tür nicht auf, was ihm das Ankommen nicht gerade erleichterte.

Da, sagt Joachim, stand der Wessi also immer über dem Strich.

Und Bretschneider lacht. So war es. Der Wessi, sagt er, die Sau, musste gleich auf zwei Parkplätzen stehen.

Raumgreifend, anmaßend. Kein guter erster Eindruck. Aber was sollte er tun.

Was die DDR übrig gelassen hatte, sagt Rainer Bretschneider, war ein Gefühl von Enge.

Und er hat einen Moment gebraucht, um sich daran zu gewöhnen, an die neuen Umstände, die neuen Nachbarn, den Umgang und den Ton. Dann aber fand er hinein in dieses Land. Auch weil er auf Menschen traf, die es gut mit ihm meinten. Türöffner, die ihm über die Schwelle halfen.

Mit einigen ist er noch heute befreundet.

Das Schlüsselerlebnis, sagt er, kam ein bisschen später, als wir in eine neue Wohnung gezogen sind, die noch einer Baustelle glich. Da war kein Fliesenleger zu kriegen, und der Umzugswagen kam auch nicht.

Und sie standen dort, mit ihren Kisten, verloren im Schutt der anderen, und wussten erst mal nicht weiter. Bis Rainer Bretschneider einen Kollegen erreichte, der wusste, wie die Dinge hier laufen, der Bau und das Geschäft, die Freundschaft noch frisch, das Wort aber bereits von Gewicht.

Der hat dann, sagt Bretschneider, einfach alles stehen- und liegenlassen und ist mit mir zu allen Betrieben gefahren, hier in der Gegend. Der kannte hier einen und dort zwei, der telefonierte und schüttelte Hände, bis er alles zusammenhatte, was wir brauchten.

Privat, hatte er gesagt, geht vor Katastrophe.

Dann kam der Umzugswagen, und zwei Tage später lagen die Fliesen.

Und Rainer Bretschneider war, zum ersten Mal vielleicht, dem Kollektiv begegnet, auch wenn er heute ein anderes Wort dafür findet.

Diese Vernetztheit, sagt er, hat mich beeindruckt.

So gehört zur Geschichte seines Anfangs auch, dass er, der nach Potsdam geholt worden war, um die Strukturen zu überwinden und etwas Neues aufzubauen, durchaus von einigen dieser Strukturen, einem gewissen Vermächtnis der DDR profitierte, dem Alten, das es noch gab. Weil neben all den Gespenstern der Diktatur eben auch ein anderer Geist übrig geblieben war. Er wehte durch die Gemeinschaft. Er half der Familie und erleichterte die Eingewöhnung, das Ankommen und schließlich das Bleiben.

Irgendwann, sagt Bretschneider, sind wir heimisch geworden. In Potsdam. Hier haben er und seine Frau ein Haus gebaut. Hier wurden die Söhne geboren, hier sind sie zur Schule gegangen.

Hier lässt es sich aushalten, in dieser Stadt, die auf der Karte in Brandenburg, in ihrer Haltung und ihrem Selbstverständnis jedoch wunderbar mittig liegt zwischen Bonn und Berlin.

Aber, fragt Joachim jetzt, er hat die Suche nach der Herzkammer noch nicht aufgegeben, wollten Sie denn nie zurück?

Und Rainer Bretschneider, langsam aber bestimmt, schüttelt den Kopf. Diese Frage, sagt er dann, hat sich nie gestellt. Ich bin jetzt bald 30 Jahre hier. Ich kann heute sagen, ich bin Brandenburger.

Rainer Bretschneider, hier in Potsdam hat er tatsächlich Wurzeln geschlagen und sich längst auch den Lokalpatriotismus angeeignet, diesen trotzigen Stolz der Leute von hier.

Ein gelungenes Beispiel für Integration.

Dann steht er unvermittelt auf und zieht sich sein Jackett über, um uns mal zu zeigen, warum.

Er möchte zur Glienicker Brücke, weil das ein guter Ort ist für einen Abschied und ein guter Ort sowieso für den ein oder anderen Einheitsgedanken.

Wir treten also hinaus, gehen durch das Vorzimmer und einen langen Flur entlang, dann eine ausladende Treppe hinunter, Baulärm dringt aus einem der anderen Stockwerke, das Licht fällt großzügig durch die Fenster, Rainer Bretschneider stößt die Tür auf. Und trifft draußen gleich auf die ersten Journalisten, alte Bekannte, Wegbegleiter seit Jahren schon, mit ihnen hat er gerungen und gestritten, jetzt warten sie auf ihn, hungrig, aber respektvoll, und er begrüßt sie beiläufig, mit einem Scherz, unter seinen Sohlen knirscht der Kies. Dann steigt er in seinen Dienstwagen, längst sind auch die Parkplätze breit genug.

Und Joachim rutscht auf den Beifahrersitz.

Als wir das Gelände der Staatskanzlei verlassen, verändert sich Bretschneiders Haltung unmittelbar, als würde gleich hinter der Schranke des Pförtners das Private beginnen, er biegt ab und fährt hinein in die Stadt, die zu beiden Seiten im Sonnenlicht liegt, wie von ihm für uns inszeniert, Postkarten-Potsdam. Sie lässt keine Zweifel zu. Sie weiß um ihre Geschichte. Und Rainer Bretschneider, Fremdenführer jetzt auch, schmückt sie aus. Zeigt mal nach links und mal nach rechts, deutet auf die Platten und die Paläste, auf das Alte und das Neue, das Polierte und das Verfallene, in diese Gleichzeitigkeit der Fassaden.

In der DDR, sagt er dann, wurden die Innenstädte vernachlässigt, weil kein Geld da war, die verkamen einfach, während die Leute in die Plattenbauten gezogen sind. Niemand wollte in den Häusern aus der Gründerzeit wohnen, wo kein Wasser floss und die Heizung nicht funktionierte.

Ein Jammer im Grunde. Nach der Wende aber wurde plötzlich massiv investiert, da wurde wahnsinnig viel Geld in die Hand genommen, um das Alte zu rekonstruieren.

Wieder deutet er durch die Fenster hindurch auf die Gebäude am Fahrbahnrand, auf die Villen, die sogenannten Puppenstuben, aufwendig verputzt, mit Gutbürgerlichkeit geweißelt.

Nicht weit von der einstigen Brücke der Einheit entfernt wird Potsdam mondän.

Hier, hinter Mauern und Zäunen, hat sich die Prominenz eingerichtet. Günther Jauch in seinem Palais mit Seeblick. Gauland, Diekmann, Friede Springer. Hier, in der Berliner Vorstadt, hat sich der West-Berliner Medienadel einen Rückzugsort geschaffen. Mit viel frischer Luft und einem eigenen Museum. Die Villa Schöningen, am 20. Jahrestag des Mauerfalls von Angela Merkel eröffnet, liegt direkt am ehemaligen Grenzstreifen. Springer-Chef Mathias Döpfner hatte das Haus 2007 erworben, heute stellt es die eigene Geschichte aus und immer wieder auch jene Kunst, die sich in Berlin niemand mehr leisten kann.

Wir, sagt Rainer Bretschneider nun, haben hier auch einen Aldi mit eigenem Bootsanleger.

Dann parkt er den Wagen vor einem Restaurant, das an eine alte Tankstelle gemahnt, als wäre dies der letzte Boxenstopp vor der Betonwüste Berlin, und steigt aus seinem Wagen, grüßt den Kellner, setzt sich und bestellt. Salat und Schorle, der Wind streicht sanft durch das dichte Blattwerk der Bäume, und an einem der Nachbartische winkt ein Herr mittleren Alters, kommt dann herüber. Schön, Sie zu sehen. Fragt nach den Kindern, verabschiedet sich höflich in den Nachmittag.

Sehen Sie, sagt Bretschneider zu Joachim, ich werde auch freundlich begrüßt. Es gibt nicht immer nur Gegenwind.

Und Joachim nutzt die kurze Entspannung für den harten Gegenschnitt, zurück nach Hagen, Herne, zurück an den Anfang. Hinein in die anderen Innenstädte, die weiter nicht weg sein könnten vom Discounter mit Seeblick. Er hat ja noch immer sein Stichwort dabei, seinen Aufbau West, dazu das Zitat von den Orten im Pott, die heute aussehen wie damals die DDR. Die blinden Schaufenster, die leeren Betonklötze.

In meiner Branche, sagt er nun, werden die Ostfilme heute im Ruhrgebiet gedreht, weil dort alles kaputt ist, grau, verlebt. Dort hat sich in den vergangenen Jahrzehnten nichts verändert. Im Norden von Gelsenkirchen stellst du zwei VW-Käfer vor die Häuser und bist wieder in den 50er Jahren.

Die Infrastruktur, sagt er, ist vogelwild.

Und weil er gerade dabei ist, erzählt er noch eine seiner Lieblingsgeschichten, aus der Vogelperspektive. Weil man doch gleich nach der Wende vom Flugzeug aus genau erkennen konnte, wo einst die Grenze verlief. An den Farben der Dächer. Der Westen noch grau, vom Regen und vom Licht der Jahre gebleicht. Der Osten längst neu gedeckt, die Giebel in leuchtendem Rot. Die DDR, sagt er, war ein El Dorado für jeden Dachdecker. Schindeln und Scheine, als wäre jedes Loch gleich mit Westgeld gestopft worden.

Und während der Bürgermeister der einen Stadt einen Kredit aufnehmen muss, um nicht pleitezugehen, bekommt die andere Stadt 100 Millionen Euro Städtebauförderung.

Das, sagt Joachim, hat die Leute getroffen.

Und Rainer Bretschneider nickt, in ihm tanzen die Zahlen und Bilder, weil auch er die Veränderungen kennt, die Arbeitslosenzahlen, die ständig gestiegen sind. Ein Fieber, das er messen konnte. Im Zeitraffer der Besuche.

Er ist, bis vor wenigen Jahren, noch an jedem Wochenende nach Hagen gefahren, um seine Mutter zu sehen. Samstagfrüh hin, Samstagabend zurück. Ein Höllenritt. Dort hat er dieselben Sätze gehört, die Vorwürfe, immer wieder. Ihr im Osten nehmt uns die Arbeit weg, das Geld noch dazu.

Als Brandt, die Zwiebackfabrik, ihre Produktion nach Thüringen verlegt hat, sagt Rainer Bretschneider, da konnte ich mich zu Hause nicht mehr blicken lassen.

Er lacht. Ein Scherz, in dessen Windschatten die Wahrheit lauert. Denn mit dem Verschwinden des Zwiebacks im Dezember 2003 war auch das Selbstverständnis der Stadt zerbröselt.

Als die zugemacht haben, sagt er, gab es in Hagen den blanken Hass.

So etwas, sagt Joachim, ist doch hundertfach passiert. Und wieder nickt sein Gegenüber.

Aber, sagt Bretschneider, am Ende ist das alles ein Fluss mit zwei Strömungen. Natürlich ist Geld aus Bochum nach Brandenburg gekommen, aber durch jeden Opel, den die Brandenburger gekauft haben, ist auch wieder Brandenburger Geld nach Bochum geflossen. So muss man das, glaube ich, sehen.

Und er schaut Joachim an, als erwarte er eine Geste der Zustimmung, dann spricht er weiter.

Am Ende, sagt er, müssen Sie sich die Wiedervereinigung wie eine Umgehungsstraße vorstellen. Auch da gibt es immer Gewinner und Verlierer. Der Verkehr ist vernünftig organisiert, aber es wird immer Anwohner geben, die unzufrieden sind.

Es ist ein Gleichnis des Technokraten, aus dem Innern des Ministeriums. Er belässt es dabei.

Potsdam und Hagen, das ist ein ohnehin unzulässiger Vergleich, da stimmen die Verhältnisse nicht. Dafür sind die beiden Städte nicht nur räumlich zu weit voneinander entfernt, zwei ungleiche Größen, sie bilden die Antipoden seiner Biographie, in dem Spannungsfeld dazwischen bewegt er sich. Auch wenn er sich natürlich vor Jahren schon entschieden hat, für den Glanz an der Havel, für die Alleen und gegen die Sackgasse.

Er hat seine Gründe. Er ist hier ein anderer geworden. Nicht nur im übertragenen Sinne.

Denn Rainer Bretschneider hat es im Westen nicht gegeben.

Das, sagt er, ist die überhaupt beste Geschichte.

Er hat sie aufbewahrt, sie passt hier gut hin, wenige Meter entfernt von der Glienicker Brücke, dieser Kulisse für den geheimen Austausch, für all die Agenten-Thriller des Kalten Krieges. Schließlich gab es durchaus Leute in Potsdam, die auch ihn anfänglich für einen Spion gehalten haben.

In Düsseldorf hieß er Blaesing.

Nun sitzt er wieder im Wagen und grinst.

Bretschneider, sagt er, war der Name meiner Frau.

Und irgendwann ging es eben darum, welchen sie tragen wollten. Seinen oder ihren. Ein Doppelname kam nie in Frage. Sie haben dann, weil ihnen ebenso viel am Zufall wie an der Gleichberechtigung lag, ein Fünf-Mark-Stück entscheiden lassen, ganz einfach. Kopf oder Zahl. Und ich, sagt er, habe verloren. Da musste er den alten Namen ablegen und, weil bald der Umzugswagen vor der Tür stand, schließlich auch im Westen lassen.

So hat er ihn im Transit gewechselt, durch einen Münzwurf.

Die harte D-Mark, das wussten die Menschen im Osten bereits, kann ein ganzes Leben auf den Kopf stellen. In nervösen Zeiten besonders, wenn da jemand, der Hintergründe überprüft, plötzlich selbst keinen hat, eine Leerstelle, ein blinder Fleck.

Es gab dann Leute, sagt Bretschneider, die haben sich in Düsseldorf nach mir erkundigt. Und bekamen immer die gleiche

Antwort: Den gibt es gar nicht. Nie gehört. Eine Nummer, kein Anschluss darunter. So begannen die Gerüchte.

Doppelagent, sagt Joachim, wie in einem schlechten Film.

Genau, sagt Bretschneider, und es war irre, was die Leute daraus gemacht haben. Der wollte ja rüber, der wollte ja weg. Alles Quatsch, ich brauchte keine neue Identität.

Irgendwann hat sich die Sache dann beruhigt.

In einer Schublade aber, irgendwo im Raum 174, liegen heute noch zwei Dienstausweise der DDR, aus den ersten Tagen in Potsdam. Auf einem steht Blaesing, auf dem anderen Bretschneider. Sie erinnern ihn an die zwei Leben, die er geführt hat. 40 Jahre im Westen, 30 im Osten. Wenn er nun seine Sachen packt, die Staatskanzlei verlässt, wird er sie mitnehmen, als Andenken an eine irre Zeit.

Auf der Rückfahrt dann hat Rainer Bretschneider hervorragende Laune, er bindet sich seine Krawatte im Rückspiegel, ist schon zu spät. Egal, heute sollen sie warten.

Privat geht vor Katastrophe.

SEITENWECHSEL

Von Potsdam aus führt die Avus in den Westen Berlins, am Ende der Flucht leuchtet der Funkturm, ein erstes Zeichen, ein 146 Meter hoher Willkommensgruß dieser Stadt, von den Menschen vor Jahrzehnten schon Lulatsch getauft, steht da so rum, leuchtet auch mal. Daneben das ICC, Raumschiff aus Asbest, gegenüber das Sendezentrum des RBB, Rundfunk Berlin-Brandenburg, früher Sender Freies Berlin. Stimmen, die man auch drüben gut hören konnte. Prominent am Kreisverkehr, dem großen Platz, den die Berliner nur beim Vornamen nennen. Theo, wegen Heuss, zwischen den Bänken brennt eine ewige Flamme. Sie wurde in 64 Jahren nur einmal gelöscht, am 3. Oktober 1990. Seither trotzt sie den Winden, aus allen Himmelsrichtungen.

Geradeaus dann geht es zur Heerstraße, die den Weg ebnet bis raus nach Dallgow, zum ehemaligen olympischen Dorf, den eingeschlagenen Scheiben, ein vierspuriger Teil der Bundesstraße 5, die von der polnischen zur dänischen Grenze führt, eine Linie, an der gleich wieder Geschichte hängt. West-Berlin, das darf man hier nicht vergessen, war ein Raum, in dem sich alle Türen nach Osten öffneten, in jede Richtung DDR.

Wir nehmen eine Ausfahrt davor und fahren über die Reichsstraße zum Olympischen Platz, an einem Tag ohne Sport, ohne Jubel oder Musik, nur eine Fläche aus Stein, zu beiden Seiten Masten, keine Fahnen, in der Stille dieses Vormittags erscheint das Stadion dahinter als detailgetreuer Nachbau seiner selbst. Fünf Ringe, die in der Luft hängen. Hier, sagt Joachim, höre ich immer noch Stiefel knallen.

Das Stadion, der Platz, die Straßen zu allen Seiten, das sind atmosphärisch aufgeladene Orte. Sie erzeugen ein Echo, an den Mauern noch Adler.

Wir aber folgen einer anderen Geschichte. Einer, die am entgegengesetzten Rand der Stadt begonnen, uns aber doch hierhergeführt hat, nach Westend, was ja passender kaum klingen könnte. Rechts hinter Büschen kreischt die U-Bahn, und wir fahren über Kopfsteinpflaster hinauf zur Geschäftsstelle des Berliner Bundesligisten Hertha BSC, dort sind wir mit Andreas Thom verabredet. Das Vereinsgelände ist sein Arbeitsplatz.

Er wartet bereits.

Treffen an der Schranke, hatte er am Telefon gesagt.

Jetzt steht er dort, am Pförtnerhäuschen, und begrüßt uns mit einem lockeren Handschlag.

Andreas Thom ist heute Stürmertrainer bei Hertha BSC, er kümmert sich um den Angriff der Berliner, um die Profis und um den Nachwuchs, er hat ein gutes Auge für den Raum und die Chancen, die sich bieten, wenn man ihn nutzt. Das hat er nicht verlernt, es ist ein Gespür, manche sagen Instinkt dazu, das ihm erst auf dem Platz geholfen hat und dann auch abseits davon. Ein Talent, das aus ihm, dem Fußballer, eine historische Figur hat werden lassen. Weil er am Ende genau dort war, wo ein guter Stürmer halt sein muss. Zur richtigen Zeit am richtigen Ort.

Thom, der seit jeher von allen nur Andy gerufen wird, mit Y wie Andy Warhol, weil sich das im Osten und bei Idolen so gehört, war der erste Fußballer der DDR, der nach dem Mauerfall in die Bundesliga gewechselt ist, vom Berliner FC Dynamo zu Bayer 04 Leverkusen. Der erste also, der nicht flüchten musste, um im Westen spielen zu können, der erste von vielen. Damals eine Sensation, eine Meldung in den Abendnachrichten, ein deutschdeutscher Transfer. Er ist, wenn man so will, der Stürmer der Einheit, auch wenn er sich mit solchen Etiketten, das wird er später noch sagen, nur schwer anfreunden kann.

Dieser Wechsel aber, er steht als Zusatz hinter seinem Namen. Wie bei Boris Becker der Wimbledon-Sieg oder bei Jürgen Sparwasser das Tor gegen die BRD. Dieser Wechsel ist ein Ereignis, das zu ihm gehört, das in einem Atemzug genannt wird. An ihm ist nun mal ein Stück Zeit kleben geblieben. Andy Thom, ob er will oder nicht, löst Erinnerungen aus.

Auch bei Joachim, der den Fußball vom Vater geerbt und weder die Schlagzeilen noch die Szenen vergessen hat. Die Haken, die Thom schlagen konnte, die Tore mit Wucht, das Staunen danach. Er hat ihn oft genug im Stadion gesehen, er auf den Rängen, Thom auf dem Feld.

Jetzt stehen sie hier, in der Nähe des Olympiastadions, und tauschen Fußballanekdoten, werfen sich Namen zu, die Aufstellungen von damals. Leverkusen mit den späteren Dortmundern Herrlich, Reinhardt und Kree, dazu Rudi Völler und Erich Ribbeck, Partner und Trainer. Schließlich Glasgow, wo Thom lange war, und Liverpool, wo Joachim gerne ist. Old Firm und Anfield, Celtic, Campino und Klopp. Legenden und Bildung. Anerkennendes Nicken. Finden so gleich eine gemeinsame Sprache.

Fußball, diese alte, kitschige Liebe.

Ich bin schon immer Borusse, sagt Joachim. 1989 habe ich hier in Berlin den Pokal geholt. Der BVB, das war eine gute Truppe. Wieso bist du nicht zu uns gekommen?

Es ist eine vergebliche Frage, eine Spielerei, weil es die Wunschelf doch nur im Konjunktiv gibt.

Aber Andy Thom versteht sie richtig, weil sie eben nicht ganz falsch ist. Weil im Grunde alles möglich war. Damals, als die Spieler der DDR plötzlich im Schaufenster standen, die Oberliga das neue Kaufhaus des Westens.

Die anderen, sagt er schließlich, waren schneller. Der Calmund war schneller.

Damit beginnt die Geschichte seines Wechsels. Damit tauschen wir die Wagen, nehmen jetzt seinen und begeben uns gemeinsam auf eine Fahrt vom tiefsten Westen in den echten Osten, auf der uns Andy Thom nun erzählen möchte, wie er überhaupt vom Osten in den Westen gekommen ist.

Er kann hier, auf den Straßen Berlins, durch seine Biographie gleiten, setzt den Blinker und macht den Schulterblick.

Hinter der Windschutzscheibe bald die Plätze und die Alleen, Ernst Reuter und später Karl Marx, dazwischen der 17. Juni und das Brandenburger Tor, als würden sich persönliche und öffentliche Erinnerungen abwechseln. Und tatsächlich lassen sie sich bei einem wie ihm, der Fußballer war und damit auch Volksgut, kaum voneinander trennen.

Andy Thom ist im Fernsehen gelaufen, er hat vor Kameras gespielt. Da kam der große Sport gleich nach der Politik, und mitunter verschwammen die Grenzen.

1989, sagt er, waren wir in Leipzig. Am 9. November haben wir uns auf das WM-Qualifikationsspiel gegen Österreich vorbereitet.

Die Partie sollte sechs Tage später im Praterstadion von Wien angepfiffen werden, die DDR brauchte nur noch ein Unentschieden, um im darauffolgenden Sommer zur Weltmeisterschaft nach Italien fahren zu dürfen. Die Chancen standen gut, Nationaltrainer Eduard Geyer, ein Sachse, der schon damals aussah, als hätte ihn jemand aus Beton gegossen, betreute eine eingespielte Mannschaft, die durch einige Hochbegabungen in Mittelfeld und Angriff veredelt wurde. Matthias Sammer und Ulf Kirsten aus Dresden, Thomas Doll und eben Andy Thom aus Berlin. Österreich, das schien, unter normalen Umständen, machbar.

Dann aber wurde es Abend, und bald hatten sich auch die Umstände verändert. In Leipzig, in der Sportschule, saßen die Spieler auf der Stube und sahen die ersten Bilder aus Berlin.

Vom Mauerfall, sagt Thom, haben wir durch das Fernsehen erfahren. Durch Herrn Schabowski.

Den, so kann man es sagen, hatte nicht mal Eduard Geyer auf dem Zettel.

An eine Nachtruhe war nicht mehr zu denken. Dort im Fernsehen liefen im Anschluss, bis in den frühen Morgen hinein, bewegte Bilder, die selbst Thom, der mit Dynamo zuvor fünfmal in Folge Meister geworden war, nicht kannte. Ehrliche Freude. Über einen großen Sieg. Die Tränen von Fremden, die in den Armen Fremder lagen. Das Hupen der Trabis, die im Autokorso von der Bornholmer Brücke zum Kurfürstendamm fuhren.

Ganz so, als wäre Deutschland gerade eben Weltmeister geworden. Ein halbes Jahr früher als erwartet und doch längst überfällig. Nach einem 28 Jahre andauernden Endspiel, in dem dieses Land mit zwei Systemen gegen sich selbst angetreten war. Schabowski hatte ein goldenes Eigentor geschossen, die SED war geschlagen. Eine Verlängerung würde es nicht geben.

Unter den Tausenden, die in den Stunden nach der Grenzöffnung in die Hauptstadt gereist waren, befand sich derweil auch ein Betriebswirt aus Brühl im Rheinland, der zu einer gewissen Körperfülle einen bereits landesweit bekannten Schnauzer trug.

Reiner Calmund war nach Berlin geeilt, um diesen historischen Augenblick mit Freunden zu teilen. Und schon an der Mauer, so soll es gewesen sein, aber spätestens auf dem Rückweg nach Leverkusen, wo er als Manager der Profiabteilung der TSG Bayer 04 vorstand, dachte er darüber nach, wie er diese plötzliche Öffnung im bis dahin eisernen Vorhang auch für seinen Verein ausnutzen konnte.

Calmund, der wenige Jahre zuvor damit begonnen hatte, den brasilianischen Markt zu erschließen, war vielleicht der Erste, der erkannte, was der Mauerfall für die Bundesliga tatsächlich bedeutete.

Denn plötzlich waren die vorher unerreichbaren Exoten, die verbotenen Talente von drüben frei verfügbar, gab es eine ganze Nationalmannschaft zum Schleuderpreis. Für Calmund, den späteren XXL-Manager, ein Festmahl auf dem Präsentierteller. Er musste nur zugreifen und dabei schneller sein als die Konkurrenz, die, wie die meisten Deutschen in diesen Tagen, nicht schlief.

Damals, sagt Andy Thom, wusste ich für mich, jetzt ist die Bundesliga greifbar. Und die meisten Mitspieler wussten es auch. Denn während sie sich in Lindabrunn auf das Duell mit den Österreichern vorbereiten sollten, wurde in der Öffentlichkeit bereits mit ihren Namen gehandelt, mögliche Ablösen, mögliche neue Vereine. Ein Dauerrauschen, Stimmen, die sich kaum aussperren ließen.

Wir, sagt Thom, wussten nicht mal mehr, ob unsere Verträge noch gültig waren.

Am 15. November, dem Abend des Spiels, war die Anspannung dann greifbar, das Stadion vibrierte unter den Erwartungen. 57000 Zuschauer waren gekommen, darunter auch einige tausend aus der DDR, die zum ersten Mal überhaupt zu einem Auswärtsspiel ihrer Mannschaft anreisen durften, und natürlich mehrere Dutzend Männer mit Notizblöcken, die heute Scouts heißen und damals Späher genannt wurden. Die Botschaft von den Rängen war klar, dieses Spiel stand unter Beobachtung.

So wurde schon das Warmmachen zum Schaulaufen.

Und natürlich hatte auch Reiner Calmund seine Augen in Wien, er wusste schließlich genau, dass diese Begegnung die erste und damit auch beste Gelegenheit sein würde, um mit den Spielern der DDR in Kontakt zu treten, es waren die vielleicht wichtigsten 90 Minuten seines Jahrzehnts. Da durfte nichts schiefgehen, Chefsache eigentlich. Doch weil sich Calmund allein durch seine Anwesenheit verraten hätte, war er nicht selbst angereist und hatte stattdessen Wolfgang Karnath, seinen zu jener Zeit engsten Vertrauten, nach Österreich geschickt. Der war Chemielaborant bei Bayer und trainierte die A-Jugend des Vereins, kannte sich also mit Experimenten gut aus und mit dem Spiel noch dazu. Der genau richtige Mann, er hatte einen klaren Auftrag erhalten.

Karnath sollte die Nähe der Spieler suchen, ihnen die besten Grüße aus Leverkusen übermitteln und, wenn es irgendwie möglich wäre, an ihre Adressen kommen. Telefon- und Hausnummern, die ganz privaten Angelegenheiten. Dafür aber musste er sich einen Zugang verschaffen, auf die Tartanbahn des Praterstadions gelangen, am besten gleich mit auf der Bank sitzen. Ein im Grunde aussichtsloses Unterfangen. Aber Karnath, den Calmund in den vielen Interviews seitdem als echtes Schlitzohr bezeichnet hat, ließ sich selbstverständlich etwas einfallen.

Er trat, ganz einfach, als Arzt auf. Guten Tag, Dr. Karnath. Dabei hatte er lediglich eine alte Ausweiskarte der Bundeswehr mit nach Wien gebracht, die ihm, in den oberen Ecken je ein rotes Kreuz, den Dienstgrad eines Sanitäters bescheinigte. Aber die Tarnung hielt, und er schaffte es, pünktlich zum Anpfiff, an allen Kontrollen vorbei in den Innenraum des Stadions, wo er sich, dem Vernehmen nach, als Fotograf ausgab.

Und während die Mannschaft der DDR auf dem Feld durch drei Gegentore ihre letzte Chance verspielte, schlich Karnath um die Ersatzbänke herum und lauerte auf seine.

Sie kam kurz vor dem Ende des Spiels, in der 79. Minute. Als Matthias Sammer vom Feld geholt wurde, setzte sich auch Karnath zwischen die übriggebliebenen Ersatzspieler der DDR, nach dem Abpfiff dann ließ er seine Tarnung fallen. Andy Thom erinnert sich noch genau, an den Mann mit den dichten schwarzen Locken, der plötzlich einfach so neben ihm stand, die Hand ausgestreckt, einer von drüben, er hatte ihn noch nie zuvor gesehen.

Der, sagt Thom, hatte ein Leibchen an, auf dem ein F stand, wie Fernsehen. Dann hat er sich vorgestellt. Wolfgang Karnath, ich bin von Bayer Leverkusen. Das war wirklich wie in so einem Agentenfilm.

Besser hätte sich das auch Reiner Calmund daheim im Rheinland nicht ausdenken können. Während die anderen Späher auf der Tribüne nicht mehr hatten als ihre Notizen, war das Schlitzohr schon zwei Schritte weiter. Karnath hatte seinen Auftrag erfüllt und das Vertrauen der Spieler gewonnen.

Der, sagt Thom, ist dann nachts noch mit ins Hotel gekommen. Und als wir am nächsten Tag zurückgeflogen sind, saß er bei uns mit im Flieger.

So landete Wolfgang Karnath am 16. November gemeinsam mit der Mannschaft auf dem Zentralflughafen Schönefeld, in der Tasche das wohl wichtigste Mitbringsel dieses Tages, einen Zettel mit einer Adresse in Ost-Berlin.

Holzmarktstraße, unweit der Jannowitzbrücke.

Da, sagt Andy Thom im Auto, fahren wir jetzt mal hin.

In den Friedrichshain, wo die Platte von damals noch steht. Ein Klotz an der Kreuzung, der sich kaum verändert hat und nur an einigen Stellen, den neuen Mieten entsprechend, bunt gestrichen wurde, leuchtende Tupfer, auf dem Dach Satellitenschüsseln, ein paar Meter die Straße runter beginnen wieder Kreuzberger Nächte, feiert die Jugend Sonne und Freiheit.

Wie das alles aussieht, sagt Thom, früher war das doch alles eine Farbe.

Grau in Grau in Grau.

Wir halten an einer Ampel gegenüber. Vertraute Fassaden.

Seine erste eigene Wohnung. Er deutet in den Himmel. Dritte oder vierte Etage, das weiß er nicht mehr genau. Aus einem der Fenster aber ging der Blick auf den Fernsehturm, und aus einem der anderen, so nah an der Spree, konnte er auch problemlos das gegenüberliegende Ufer erkennen.

Ich hatte Westblick, sagt Thom. Und eine Antenne, mit der konnte ich Westfernsehen schauen. Eine gute Wohnung, 87 Quadratmeter für 127 Ost-Mark. Eine gute Gegend. Man konnte dort weitestgehend ungestört leben. Unten am Eingang standen keine

Namen, aber Calmund, Karnaths Zettel in der Hand, kannte die richtige Tür. Und wurde dahinter bereits erwartet.

Ich bin am Nachmittag nach Hause gekommen, sagt Thom, das Spiel noch in den Knochen, und habe meiner damaligen Freundin gleich gesagt, dass wir noch Besuch bekommen werden. Am Abend dann stand der Calli vor der Tür und ist auch reingekommen. Er lacht, dieses Bild hat er nie vergessen, auf der Schwelle der Manager aus dem Westen, der den Rahmen ausfüllte. In den fleischigen Händen einen Blumenstrauß und eine Schachtel Pralinen aus dem KaDeWe.

Seine Shoppingtour hatte begonnen.

Wenig später saßen Calmund, Karnath und Thom im Wohnzimmer und besprachen den möglichen Wechsel. Die Aussichten und die Einzelheiten.

Der Calli, erinnert sich Thom, sagte, wir würden dich gerne verpflichten.

Dann malte er die Zukunft in den Raum, Chancen und Zahlen. Calmund sprach, Thom hörte zu und hatte am Ende nur eine Bedingung.

Das Ganze, sagt er jetzt, musste den offiziellen Weg gehen.

Über den DFV, den Verband der DDR.

Das war wichtig. Er wollte sich nicht einfach im Rücken der Funktionäre davonstehlen, das hätte sich falsch angefühlt, ein kleiner Verrat. Es sollte eine saubere Sache werden, das musste ihm Calmund versichern. Wenn alle Dinge ordentlich geregelt wären, würde er nach Leverkusen kommen.

Es war dieses Versprechen, sein Wort, mit dem er den Besuch schließlich in die Nacht entließ.

Danach vergingen aufregende Wochen, in denen Calmund, der Dicke mit dem Geldkoffer, wie ihn der Boulevard bald nannte, Thom gewissermaßen in Manndeckung nahm. Als der Stürmer Ende November 1989 nach Köln flog, um sich in der Sportsendung *Anpfiff* den Fragen von Ulli Potofski zu stellen, saß auch der

Manager in der Maschine. Er hatte Thoms Abflugzeit herausfinden lassen und war noch am frühen Morgen vom Rhein an die Spree gereist, ein Hinflug allein des Rückflugs wegen, für diese eine gemeinsame Stunde an Bord, in der Calmund sein Angebot ganz in Ruhe, seinen schweren Arm auf der Schulter des Spielers, erneuern konnte, ein Riesenaufwand.

Er sollte sich auszahlen.

Bald lag auch das versprochene Schreiben beim DFV, waren also die wichtigen Leute informiert.

Das, sagt Thom jetzt, ging alles über Jörg Neubauer. Der war Pressesprecher des Verbandes und ebenfalls zur richtigen Zeit am richtigen Ort. Neubauer hatte Wochen zuvor, einer Ahnung folgend, noch die neuen Verträge aller Oberliga-Spieler formuliert, stapelweise, und so überhaupt erst eine Grundlage für geregelte Verhandlungen geschaffen.

Alles lief jetzt offiziell, und Thom hielt Wort.

Am 13. Dezember 1989, gerade einmal 34 Tage nach dem Mauerfall, wurde der Wechsel bestätigt.

Deutscher Rekord, schrieb die *Bild*, Leverkusen zahlt für Thom fünf Millionen. Davon eine Million in Arzneien. Der große Bayer-Coup. Thom wäre damit der teuerste Spieler gewesen, der je innerhalb Deutschlands transferiert, oder wie er es sagt, delegiert wurde. Am Ende zahlte Calmund jedoch weniger. 2,5 Millionen Mark ungefähr, wobei ein Großteil des Geldes direkt ins Ostdeutsche Gesundheitsministerium floss. Auch das war Teil dieses Deals, der keine Grenzen mehr kannte.

Andy Thom selbst sollte 500 000 Mark im Jahr verdienen. Sein erster Vertrag im Westen, richtig gutes Begrüßungsgeld.

Auf einer unmittelbar anberaumten Pressekonferenz sprach Reiner Calmund dann auch angemessen stolz von einem historischen Transfer, die Fotografen drückten hundertfach auf ihre Auslöser, und Andy Thom saß etwas verloren inmitten des Trubels. Er trug einen dunklen Pullover und dazu seinen Haarschnitt, den er schon immer getragen hatte. Es war eine Frisur wie die 80er Jahre, dieses Jahrzehnt, aus dem er gerade gekommen war. Vorne eher kurz und hinten ziemlich lang.

Thom lächelte schüchtern.

In der *Aktuellen Kamera* war der Wechsel eine der Nachrichten des Tages, da lief er wieder im Fernsehen, noch vor dem Wetter.

Hoch Andy, es zog nach Westen.

In Leverkusen sollte es stürmisch werden.

Damals, sagt Andy Thom, hat sich ein Traum erfüllt.

Dann verlassen wir gemeinsam die Stadt.

Über den Ring, raus nach Brandenburg, wo das Dorf seiner Kindheit liegt, Herzfelde. Heimat. Da fing es doch an. Wir wollen jetzt, sagt Andy Thom, erst die Toten und dann die Lebenden besuchen. Das Grab des Vaters, die Datsche der Mutter.

Die Mama, sagt er, ist schon bisschen was älter, die freut sich, wenn wir kommen.

Sie pflegt dort draußen ihren Garten, sicher gibt es Kaffee und einen Schwank DDR. Und so steuert er seinen Wagen auf die Karl-Marx-Allee, Richtung Frankfurter Tor, von weithin sichtbar die Zuckerbäckertürme, die immer schon das Ende der Stadt ankündigen. Die Prachtstraße, sagt er. Hier sind wir als Piepels immer lang marschiert. Rotes Halstuch, blaues Halstuch, das volle Programm. Und er zeigt nach rechts, auf die ausladenden Schaufenster einer Buchhandlung, die viele nur kennen, weil einst Ulrich Mühe davorstand. Die letzte Szene aus *Das Leben der Anderen*.

Da, sagt er, habe ich immer meine Bücher gekauft.

Dann, langsam aber deutlich, wird die Stadt weniger, verschwinden die Altbaufassaden, abgelöst von Lichtenberger Plattenbauten, mit Dschungeln bemalt, und Tankstellen, die hinter Tankstellen auftauchen, bleifrei und trist. Links geht es in die Gärten der Welt, geradeaus immer auch nach Hoppegarten, Rennbahngemeinde. Andy Thom ist diesen Weg nach Hause schon Hunderte Male gefahren. Joachim aber sieht ein Berlin, das er nicht kennt. Ab hier, sagt er nun, wird es schwierig. Die Ostbezirke sind blinde Flecken auf meiner Landkarte. Mit dem Tagesvisum durftest du ja nicht über den S-Bahn-Ring hinaus.

So ist Ost-Berlin für ihn noch immer eine fremde Stadt.

Und Andy Thom nickt. Ihm ging es da ähnlich, nur andersherum.

West-Berlin, sagt er jetzt, habe ich das erste Mal so richtig 1998 gesehen.

Da ist er zur Hertha gewechselt, zur alten Dame nach Charlottenburg, neun Jahre nach der Wende. Eine lange Zeit für einen eigentlich kurzen Weg. Doch lag damals, 1989, zwischen Ost- und West-Berlin eben erst mal eine neue Herausforderung, das Rheinland, Ulrich-Haberland-Stadion, dort wartete der Dicke, und die Koffer waren gepackt.

Da, sagt er, bin ich nur einmal kurz rüber, Begrüßungshunni abgeholt, und dann direkt nach Leverkusen.

Ein harter Schnitt. Mit dem Umzug hatte er auch seine Jugend hinter sich gelassen.

Thom, gerade 23 Jahre alt, war plötzlich Hoffnungsträger, Symbol.

Große Erwartungen. Große Entfernungen.

Am Anfang, sagt er, hatte ich ständig Heimweh. Heimweh nach Berlin und auch Heimweh nach der DDR. Leverkusen, Bayer, das war ein Kulturschock.

Bayer, sagt Joachim, das war doch auch Kapitalismus pur.

Und Thom lacht, genau. Leverkusen und Ost-Berlin, das waren zwei verschiedene Welten. Ich wusste aber, warum ich dorthin gegangen bin. Ich bin anpassungsfähig, ich habe mich schnell eingelebt.

Auf dem Platz, 105 mal 68 Meter, war er gleich wieder zu Hause. In seinem ersten Spiel für Leverkusen, am 17. Februar 1990, schoss er auch sein erstes Tor.

Andy Thom hatte die Systeme gewechselt, die Funktionäre. Die Regeln aber waren die gleichen geblieben. Er war aus einem Land gekommen, in dem die Vereine Stahl oder Motor hießen, Vorwärts, Dynamo oder Wismut. Die Mannschaften dort waren auch die Mannschaften der Betriebe, volkseigene Kader. Er hatte für den BFC gespielt, einen Klub, bei dem Erich Mielke auf der Tribüne saß und von dort oben die Schiedsrichter beobachtete, so lange, bis sein Klub gewonnen hatte. Jetzt spielte er bei einem Verein, der das Bayer-Kreuz auf der Brust trug und dessen Mannschaft von den Leuten Werkself genannt wurde. Hinter dem Stadion lagen die Labore.

Dort wurde das Geld für den Fußball verdient.

Vom Stasi-Klub zum Pillenverein, sagt Thom. Wieder lacht er. So war es nun mal.

Politik und Wirtschaft. Er kannte das Spiel.

Dann laufen die Stromtrassen über die Felder, werden aus Bäumen wieder Alleen.

Da, sagt Andy Thom, ahnst du nicht mehr, dass du eine große Stadt im Rücken hast. Und es geht nun, schnurstracks sagt man hier, einfach geradeaus, noch mehr Tankstellen, wieder Fastfoodrestaurants, wieder Autoplätze, die Möbelhäuser und die Discounter dazu, die bunten Tüten und die Leuchtreklamen der Peripherie. Bis ein Muster zu erkennen ist, die Zeichen der Zeit, nächster Ort Vogelsdorf, rechts der nächste Baumarkt mit Gartencenter, dahinter Schonungen, Baumschulen, Grünerdaumenkino. Zieht alles vorbei, dazwischen Fernfahrerhotels, mit Bett und Dusche. Danach doch schon die ersten Dörfer.

Warte ab, sagt Thom, das wird noch besser. Gleich wird es noch mal ganz anders. Hinter der nächsten Kurve Herzfelde, was ja gleich groß klingt, nach der ersten Liebe im Bauernstaat.

Das, sagt er, ist tiefster Osten. Aber es ist ausreichend.

Das Dorf an der Müllverbrennungsanlage, Industriekraftwerk Rüdersdorf, die gigantischen Silos, die Schläuche und Schornsteine, auch sie wecken Erinnerungen. An einen anderen Himmel.

Hier, sagt Thom, war der Nebel. Hier hat es immer nur geschneit.

Das war das Zementwerk, der Qualm. Nur wenn der Honecker kam, haben sie die Schornsteine abgestellt und die Bäume mit Wasser abgespritzt, damit sie schön grün waren.

Pionierarbeit für den Staatsratsvorsitzenden. Dann waren die Straßen sauber, und die Luft war es auch. Aber an allen anderen Tagen fiel falscher Schnee, graue Flocken. In Herzfelde, da war auch im Frühling noch Winter, im Sommer schon wieder Herbst. Als wären die Jahreszeiten in der DDR einfach ineinandergelaufen, schmutzige Schlieren.

Der Rauch, sagt Thom, der ist durchs Dorf gezogen, und auf den Dächern lag der Staub.

Kindheitserinnerungen, in denen sich auch Joachim wiederfindet.

Bei uns, sagt er jetzt, hast du die Wäsche aufgehängt, die frischen weißen Bettlaken, und die waren gleich wieder dunkel. Da hast du mit der Hand über das Fensterbrett gestrichen, und die Fingerkuppen wurden schwarz.

Hier, sagt Thom und lacht, waren sie weiß.

Vielleicht ist auch das ein Unterschied, längst vergessen, unter der Asche der Jahre. Und wir fahren hinein, langsam an Fassaden entlang, die hinter grauen Zäunen von harter Arbeit erzählen, von einer Zeit, die ausschließlich in Werktagen gemessen wurde.

Mein Vater, sagt Thom, hat hier in der Schlosserei gearbeitet.

Schlossa, sagt Joachim. Der Steiger der Ebene.

Der, sagt Thom, hatte immer einen Spruch zu Herzfelde. Ein Gedicht, wenn man so will. Stadt der rauen Männer, so hatte er es genannt. Dann spricht er die Strophen, in den Wagen hinein, am Ortsschild vorbei.

Herzfelde, wo die Sonne lacht.
Wo man aus Männern Idioten macht.
Wo man Sand statt Kohle verbrennt.
Und stundenlang zum Bahnhof rennt.

Die Leute von hier, sagt Thom, fahren nach Berlin, um Arbeit zu haben. Und die aus Berlin kommen hierher, um Urlaub zu machen.

Damit lenkt er den Wagen vor das schwere Tor des Friedhofes und stellt den Motor ab, es ist angemessen still, nur ganz hinten läuft ein alter Mann leicht gebückt durch die Reihen der Grabsteine, er grüßt kurz, spricht nicht. Alte Pracht, sagt Joachim, hinter ihm die Kapelle, die Hecken gestutzt. Und Andy Thom holt Wasser, gießt die Pflanzen am Grab seines Vaters.

Du alte Rakete, sagt er dann, es ist heiß heute. Aber ich habe dir einen ganz bekannten Schauspieler mitgebracht. Den Joachim Król, den haste auch noch gesehen. Der bewegte Mann.

Er schaut Joachim an, verabschiedet sich dann von den Toten.

Feiert noch schön, sagt er. Da oben oder da unten.

Dann fahren wir zurück auf die Hauptstraße und biegen am Kriegerdenkmal rechts ab.

Hinter den Feldern liegt die Datsche der Mutter, und sie steht vorne am Zaun, in Schürze und Erwartung. Thom umarmt sie herzlich und geht dann durch den Garten, in dem eine Hollywoodschaukel unter einem Apfelbaum steht, ins Haus. Die Decken sind niedrig, und auf der überdachten Veranda steht ein Tisch, gedeckt mit sauberem Tuch. In einem der Regale ein Bierglas mit einem BFC-Wappen darauf, der große Schluck Erinnerung. Alles hat seinen Platz, auch die Emotionen.

Thom setzt sich, seine Mutter dazu.

Es gibt Wasser und Kaffee und gleich ein paar Dinge, die wir klären müssen, die brennenden Fragen an diesem ja wirklich heißen Tag. Joachim hat sie mitgebracht aus Berlin. Die wichtigste zuerst, Frau Thom. Konnte man hier in der Datsche Westfußball gucken? Sie lacht, fast schnippt sie die Frage vom Tisch, als könnte das sonst Flecken geben.

Na klar, sagt sie dann, hier wurde Bundesliga gezeigt. Jeder hatte das. Nur ins Erzgebirge kam das nicht, das Fernsehbild aus dem Westen. Hier aber konnte man alles sehen, nur durfte das der eine vom anderen nicht wissen. Sie macht eine Geste, man musste vorsichtig sein.

Einmal, sagt sie, da war ich mit dem Andy beim Arzt, und da wurde er gefragt, wer denn nun sein Lieblingsspieler sei. Der Sparwasser vielleicht. Und der Andy, ein Kind noch, sagte Netzer. Günter Netzer. Den hätte er gar nicht kennen dürfen.

Aber so war es nun mal, die einen schwärmten für Netzer, die anderen lauschten für Mielke. Sie taten es heimlich. Gang und gäbe, eine ganz gewöhnliche Nachbarschaft.

Und so haben die Eltern, der Andy und die Geschwister von ihrem Wohnzimmer aus nach Westen geschaut, an jedem Samstag, nur dorthin wollten sie nicht.

Die Datsche, sagt seine Mutter, war unser Urlaub. Wir waren keine Fahrer, schon gar nicht in die Ferne.

Wir, sagt Thom, waren nie im Westen, wir hatten keine Westverwandtschaft. Deshalb sind wir auch nie rüber. Er schaut seine Mutter an, so war es doch. Die Datsche, die Sommer seiner Kindheit, unter Apfelbäumen. Berlin schon Horizont, nur Schemen hinter einem Nebel aus Zement. Andy Thom ist hier in Herzfelde aufgewachsen und später beim BFC groß geworden. Zwischen dem Sportplatz von Wacker, früher Turn- und Sportgemeinschaft, und dem Sportforum in Hohenschönhausen liegen 30,9 Kilometer, lange war das die weiteste Reise. In einem engen Land. Mauern und Zäune.

Erst später konnte er die DDR immer wieder verlassen, mit dem Verein und der Nationalmannschaft, für Länderspiele und Europapokalabende im nicht sozialistischen Ausland. 1987 spielte Thom mit Dynamo in Bordeaux, 1988 in Bremen und, kurz vor dem Mauerfall noch, am 17. Oktober 1989, in Monaco. Die Stars der DDR durften im Westen auflaufen, dort sollten sie die wirksamen Zweikämpfe führen, vor den Rängen des Klassenfeinds ihre Hymne singen, sich brüderlich einen, um des Volkes Feind zu schlagen. Dabei Hammer und Zirkel tragen oder das Weinrot des BFC, die Farben der Heimat. Jedes Auswärtsspiel gleich eine Staatsangelegenheit. Jeder Spieler ein kleiner Außenminister, Diplomaten in Trainingsanzügen. Dafür wurden sie gefeiert, dabei wurden sie überwacht. Die Stasi, sie saß mit im Mannschaftsbus, in der Umkleidekabine, auf der Ersatzbank. Betreuer, Ärzte, Mitspieler. Oberliga und Nationalmannschaft waren von Spitzeln durchdrungen.

1992 wurde bekannt, dass auch Eduard Geyer, der spätere Nationaltrainer der DDR, ab 1971 als informeller Mitarbeiter für die Stasi tätig gewesen war. Während seiner Zeit bei Dynamo Dresden belauschte er seine Spieler, darunter Ulf Kirsten und Matthias Sammer, meldete auf Reisen West-Kontakt und erstellte umfassende Psychogramme.

Deckname IM Jahn.

Über die Jahre hatte das MfS ein Frühwarnsystem in den Stadien installiert, ein engmaschig geknüpftes Netz, hinter den Toren aufgespannt, das Fluchtversuche schon im Ansatz verhindern sollte. Wäre doch jeder abgängige Athlet eine öffentliche Ohrfeige gewesen, eine Schwächung des Systems. Eine Offenbarung zudem, die sich die Führung der DDR nicht leisten durfte.

Die Liste derer, die dennoch geflohen sind, ist deshalb auch länger, als man erwarten würde. Und es finden sich durchaus bekannte Namen darauf, selbst Helden der Nationalmannschaft oder Spieler des BFC Dynamo, Mielkes Lieblinge.

Der Trainer Jörg Berger zum Beispiel, der 1978 mit dem Orient-Express und unter falschem Namen, Gerd Penzel, von Belgrad bis nach Österreich gelangt war, obwohl sich ein jugoslawischer Beamter an der Grenze vom Ersatzausweis der BRD nicht hatte täuschen lassen. Und nun, Herr Berger, das waren dessen Abschiedsworte gewesen, ein Lächeln dazu, viel Glück im Westen.

Oder Falko Götz und Dirk Schlegel, damals Thoms Mannschaftskameraden beim BFC, die sich 1983, ebenfalls in Belgrad, während eines Stadtspaziergangs von der Mannschaft absetzen konnten.

Es war die Gelegenheit für mich, endlich in Freiheit leben zu können, sagte Götz später der *Welt*. Solche Freude habe ich nie wieder erlebt.

Und später dann Jürgen Sparwasser, der von einer Auswärtsfahrt in den Westen, Januar 1988, nicht zurückkehrte.

Die Anwesenheit einer Altherrenmannschaft des 1.FC Magdeburg in Saarbrücken benutzten sportfeindliche Kräfte zur Abwerbung von Jürgen Sparwasser, der seine Mannschaft verriet, schrieb die DDR-Nachrichtenagentur ADN damals.

Jeder Geflüchtete wurde öffentlich geächtet.

Andy Thom kennt diese Geschichten natürlich, er war 1983 in Belgrad dabei, gerade 18 Jahre alt, und gab am Abend sein Debüt im Europapokal, eben weil Falko Götz nun nicht mehr zur Verfügung stand.

Uns wurde damals gesagt, erinnert er sich jetzt, der Falko und der Dirk wären beim Klauen erwischt worden, um uns nicht zu sagen, dass die abgehauen sind. Aber wir wussten das ja bald alle. Am nächsten Tag sind wir dann ohne Punkt und mit zwei Spielern weniger aus Belgrad zurückgeflogen.

Dynamo und Mielke hatten in Jugoslawien mehr verloren als nur ein Spiel.

Eine solche Schande sollte sich nicht wiederholen.

Als Fußballer, sagt Andy Thom, gerade beim BFC, waren wir privilegiert. Aber wir standen immer unter besonderer Beobachtung, darüber waren wir uns bewusst, und damit musste man umgehen. Die Wände, sagt er, hatten Ohren, da hatte der Calli recht. Wanzen in den Wänden der neuen Wohnung, neugierige Insekten hinter gerade erst frischen Tapeten.

Andy Thom, so viel scheint sicher, wurde nicht nur von seinen Gegenspielern verfolgt.

Meine Akte, sagt er, habe ich nie angerührt. Aber wenn ich dahin gehe, das hat mir mal einer gesagt, sollte ich am besten ein bisschen mehr Zeit mitbringen.

Mit seinem Wechsel hatte er schließlich auch seine Bewacher hinter sich gelassen.

Leverkusen, sagt er nun, das war meine echte Reisefreiheit. Das war ein großes Glück. Ein neues Zuhause, weit weg von Ost-Berlin.

Und ein paar Monate, nachdem ihn Reiner Calmund zu Bayer geholt hatte, machten sich auch seine Eltern auf den Weg in den nun möglichen Westen, um ihren Sohn im neuen Stadion zu sehen.

Sie nahmen seinen alten Lada, den er in Herzfelde zurückgelassen hatte, und füllten den Kofferraum mit Kanistern, randvoll mit Benzin. Die eiserne Reserve, das war noch drin.

In der DDR, sagt seine Mutter, wusste man nie, wie lange der Sprit reicht oder wann die nächste Tankstelle kommt.

Und den Kraftstoff, den der Lada brauchte, den gab es im Westen ohnehin nicht.

Normal, sagt Thom.

Normal, sagt sie und lacht.

So fuhren sie über die A2 und kamen schließlich nach Marienborn. Da, sagt seine Mutter, haben die sich den Pass angeschaut und natürlich den Namen erkannt. Thom, nun auf beiden Seiten der Grenze berühmt. Und da, sagt sie, hat uns der Grenzer gefragt, ob wir wiederkommen wollen. Was für eine Frage. Natürlich, habe ich gesagt, kommen wir wieder. Das ist doch unser Zuhause.

Herzfelde, normal. Die Datsche hier hätten sie gegen keinen Koffer der Welt eingetauscht.

Dann steht sie auf, muss sich jetzt noch ein bisschen um den Garten kümmern.

Wie gesagt, heißer Tag.

Und Andy Thom steht ebenfalls auf, um uns den Schuppen zu zeigen, hinten auf dem Grundstück.

Dort drin, sagt er, steht noch ein alter Trabi, gut gepflegt. Und in einem kleinen Raum daneben hängen die Bilder seiner Karriere, ordentlich an der Wand. Thoms Mutter hat sie gesammelt, aufbewahrt und gerahmt. Fotos aus der Jugend und aus Leverkusen, vorne das Porträt des Stürmers als junger Mann, im weinroten Trikot des BFC.

In der Mitte von allem aber hängt ein Mannschaftsfoto der deutschen Nationalelf, aufgenommen kurz vor der Europameisterschaft in Schweden, 1992.

Es ist, wenn man so will, das Bild zu einem der bekanntesten Zitate der deutschen Fußballgeschichte, gesprochen von Franz Beckenbauer, in den Stunden nach seinem größten Triumph, dem Weltmeistertitel 1990 in Rom. Jetzt kommen die Spieler aus Ostdeutschland noch dazu, hatte der Kaiser da gesagt, im Taumel von Weltmeisterschaft und Wiedervereinigung, ich glaube, dass die deutsche Mannschaft über Jahre hinaus nicht zu besiegen sein wird. Eine Prophezeiung, schwer wie Blei, sie sollte sich nicht erfüllen.

Schon zwei Jahre später, im Finale von Göteborg, wurden der ersten gesamtdeutschen Mannschaft von Außenseiter Dänemark die Grenzen ihrer Unschlagbarkeit aufgezeigt.

Der Kader in diesem Turnier aber war der Beweis, dass die Wiedervereinigung auch im Fußball stattgefunden hatte. Weil dort, auf dem Foto dazu, neben der Weltmeisterelf, Buchwald und Häßler, Matthäus und Brehme, der Andy aus dem Norden, auch die Neuen in die Kamera lächeln, Verstärkungen von drüben. Doll und Sammer und eben Thom, der ganz unten ganz außen sitzt, fast scheint er aus dem Rahmen zu fallen, Arm in Arm mit Rudi Völler, der Tante aus dem Westen.

Schau dir die Granaten mal an, sagt Andy Thom, ich war da ja eigentlich nur Tourist.

Im Finale wurde er eingewechselt, elf Minuten vor dem Ende. Da war das Spiel schon verloren. Es wäre mehr drin gewesen.

Andy Thom hat danach nie richtig Fuß gefasst in dieser neuen Nationalmannschaft und am Ende nur zehn Länderspiele für Deutschland gemacht. Zur WM 1994 wurde er nicht mehr nominiert. In den USA stürmten statt ihm und Kirsten wieder Völler und Klinsmann. Die alten Gesichter. Das hätte ihn, den Hochbegabten, durchaus kränken können.

Aber Andy Thom, das ist in diesen Stunden mit ihm im Auto und in der Heimat deutlich geworden, ist keiner, der hadert. Keiner, der im Konjunktiv lebt. Was wäre gewesen, was hätte sein können.

Vielleicht, weil man als Stürmer lernt, sich über vergebene Chancen nicht allzu lange Gedanken zu machen, ihnen nicht nachzutrauern. Es ist, wie es ist. Und die nächste Flanke kommt bestimmt. Also wieder aufrappeln und den nächsten Angriff mitnehmen. Andy Thom hat nie Statistiken geführt, die meisten Schlagzeilen hat er vergessen. Dieses Leben, es ist ihm passiert, zur richtigen Zeit am richtigen Ort. Ich kann ja nichts dafür, hatte er irgendwann auf der Fahrt gesagt, dass ich durch mein Talent in die Geschichte geraten bin. Und mehr, das war klar, gab es dazu dann auch nicht zu sagen.

So lassen wir die Bilder von damals hinter uns und treten aus dem Schuppen zurück in den Nachmittag, wo seine Mutter schon auf uns wartet. Dort, unter dem Apfelbaum, verabschieden wir uns. Einen feinen Sohn haben Sie da, sagt Joachim.

Dann fahren wir zurück nach Berlin.

Am Olympiastadion, nachdem uns Andy Thom abgesetzt hat,

stehen wir noch ein wenig im Gelände. Joachim, in Gedanken versunken. Etwas aus dem Schuppen lässt ihn nicht los, der Staub aus Herzfelde, er hat sich noch nicht gelegt.

Als wir zu unserem Wagen laufen, zieht er schließlich einen Vergleich zwischen Fußball und Film, zwischen Sport und Theater, eine Parallele der Nachwendezeit, das Mannschaftsfoto im Kopf. Völler und Thom, als wäre es doppelt belichtet.

Damals, sagt er also, wurden plötzlich aus zwei Nationalmannschaften eine. Da mussten sich die einen behaupten und die anderen erst noch ihren Platz finden. Eine Konkurrenz als Reise nach Jerusalem, bei der, nachdem die Musik in der DDR verklungen war, in der Tiefe des Raumes die Hälfte der Stühle entfernt worden war.

Und bei uns, sagt Joachim, bei den Schauspielern, war das ganz ähnlich. Da kamen die anderen, die Generation Liefers, die haben dieselbe Sprache gesprochen, die konnten was, die waren gleich begehrt.

Die hatten im Osten, genau wie die Fußballer, eine gute Ausbildung genossen. Ernst Busch oder Sportforum, in den Kaderschmieden, auf der Bühne und auf dem Feld, war viel Talent. Techniker, echte Artisten, die immer auch gegen die Enge angespielt hatten. Die, sagt Joachim, waren ein Geschenk für das Kino, weil die ihre eigenen Stoffe mitgebracht haben, die Geschichte zu den Gesichtern. Die Fluchtversuche, die Jugend in der NVA, die Lehrjahre in den Betrieben, die hatten erst an den Maschinen gestanden und dann vor der Kamera. Das war eine ganz neue Wucht. Und so, sagt Joachim, hatte unser Markt plötzlich für alles eine Doppelbesetzung. Da lag bei den Regisseuren plötzlich ein zweiter Katalog auf dem Schreibtisch.

Ganz so, als hätte jemand ein Panini-Album veröffentlicht mit zwei Bildern für jedes offene Feld. Und man musste sich nun überlegen, ob man Matthäus kleben wollte oder Sammer, Doll oder Klinsmann, Völler oder Thom.

Natürlich, sagt er, sind da auch einige auf der Strecke geblieben.

Dann steigen wir wieder ein. Das nächste Ziel ist klar.

Auf Joachim wartet ein alter Bekannter. Einer von denen, die mit der Wende in die westdeutschen Produktionen gespült wurden, ins gesamtdeutsche Kino, das neue Land als zweite Chance auch, ganz so, als wäre es nach dem Abspann noch mal von vorne losgegangen.

1992, in jenem Sommer, in dem Andy Thom in Schweden war, ist Joachim auf dem Beifahrersitz eines himmelblauen Hanomag durch Brandenburg gefahren.

Am Steuer damals saß Horst Krause, er lebt noch heute im Westen Berlins.

ZWEI PAKETE

Wir treffen Horst Krause am S-Bahnhof Bellevue, ganz in der Nähe des Schlosses. West-Berlin am Wasser. Dort hat er früher gewohnt, Maisonnette. Mit herrlichem Blick über die Stadt.

Krause kennt die Nachbarschaft gut, geht hier noch immer ein und aus. Ein bunter Hund, die Leute wissen von ihm.

Er hat den *Marjan Grill* vorgeschlagen, im Bogen unter den Gleisen, seit 1981 jugoslawische und internationale Küche. Gediegen hinter einer schweren Tür, innen Bescheidenheit und dunkles Holz, in den Fenstern Topfpflanzen, die das Licht durstig schlucken. Die Lampen spenden ausreichend Schatten, die Tische stehen in schmalen Buchten, auf den Bänken sitzen stille Familien oder einsame Männer, die, ja wirklich, Brause vom Fass bestellen. Dieses West-Berliner Ding, süß und erfrischend. Kennt hier jedes Kind. Vorne gleich wartet ein feiner Herr, der Pferdeschwanz streng gebunden, das Einstecktuch sauber gefaltet, und schaut in die Karte wie einer, der sich nicht gern in die Karten schauen lässt. Es ist auch ein guter Ort für Geheimnisse. In den Ecken hängen noch die alten Gespräche.

Hier, sagt Joachim, sah es vor 30 Jahren nicht anders aus. Hier am Eingang ist einst auch die Zeit stehengeblieben, auf damals noch frischer Tat ertappt.

Gleich kommt ganz sicher Günter Pfitzmann durch die Tür oder zumindest Eberhard Diepgen, so ein Laden ist das. Kulinarische Kulissen. Großartig, Joachim ist schwer begeistert. Und er tritt ein, doch früher da als Krause, sucht einen Tisch ganz hinten, von dort alles im Blick. Gedämpfte Gespräche. Metall, das über Porzellan schabt. Das Zusammenkratzen letzter Bissen. Ein wirtlicher Ort.

Joachim aber ist unruhig, in Erwartung.

Ich bin so aufgeregt, sagt er, als würde ich eine alte Freundin treffen. Eine längst vergangene Liebe. Eine andere Zeit. Die beiden Männer haben sich bestimmt 20 Jahre nicht gesehen.

Er bestellt ebenfalls Fassbrause. Kinderbier, sagt der Kellner. Und bringt die Karte. Es gibt Räuberfleisch und Balkanleber.

Auftritt Krause. Bleibt vorne stehen, schaut, bis er Joachim entdeckt. Kommt dann rüber, und Joachim geht ihm entgegen, für die große Umarmung.

Bruder, sagt er.

Mensch, sagt Krause, bist du gewachsen. Ich hätte dich kaum erkannt.

Er trägt ein kariertes Hemd, rote Hosenträger darüber. Seine Kluft. Wie damals im Film.

Ah, sagt Joachim, du bist im Kostüm gekommen.

Schöne Socken, sagt Krause.

So geht es erst hin und dann wieder her. Und sie stehen dort und lachen erst mal, schütteln die Köpfe, zwei verlorene Söhne. Heimkehrer, am Anfang ihrer eigenen Geschichte.

Wie die Zeit vergeht, sagt Joachim.

26 Jahre, sagt Krause.

Das Alter des anderen auch Spiegel des eigenen. Und Joachim legt erst sich und dann ihm die Hand auf den Bauch. Da, sagt er, sind ein paar Jahresringe dazugekommen.

Sie lachen wieder, scheiß drauf. Figur und Figuren. Die Nahaufnahme eines Wiedersehens. Der erste Take, der sitzen muss. Die große Klappe, die fällt.

Król und Krause, Kipp und Most, sie sind hier, das hat keine drei Minuten gedauert, sofort mittendrin, haben gleich die ersten Szenen im Kopf, ihre Bilder auf Celluloid.

Joachim im Anzug an der Straße. Einen Käfer auf dem Schuh,

einen Kranz in der Hand. Krause am Steuer, zur Begrüßung ein Handschlag ohne Blickkontakt.

So geht es los.

Król und Krause, sie kannten sich nicht. Sie sind sich zum ersten Mal überhaupt beim Casting begegnet, an einem der Drehorte. Irgendwo in Brandenburg. Von Detlev Buck in die Gegend gestellt wie Pappkameraden.

Der, sagt Joachim, hat uns zusammengebracht, um mal zu schauen, wie wir so aussehen. Nebeneinander. Der korpulente Krause, der schmale Król. Das ungleiche Duo, das passte natürlich sofort.

Zwei Brüder. Nicht ganz dicht, aber so blöde nun auch wieder nicht.

So standen sie später auch auf dem Plakat zum Film, in den Händen einen Kranz und eine Kalaschnikow, im Rücken den himmelblauen Hanomag, und zwischen ihnen eine verrucht laszive Sophie Rois, die Beine offensiv übereinandergeschlagen.

Es war der Anfang von etwas Großem. Denn wenige Wochen später, am 3. Juni 1993, wurden der Film, wurden Krause und Król im Theater des Westens mit dem Deutschen Filmpreis ausgezeichnet.

Bester Film, beste Hauptdarsteller.

Damit einzusteigen, sagt Joachim jetzt, das war nicht das Schlechteste.

Wir können auch anders, das kann man heute sagen, hat der Laufbahn der beiden Männer eine Richtung gegeben, ihnen jene Türen geöffnet, die zuvor verschlossen gewesen waren.

Joachim hatte die späten 80er Jahre mit großen Hoffnungen an einem Theater am Niederrhein verbracht, dort wollte er sich empfehlen, dort aber kam er nicht weiter. Der nächste Schritt als nie eingelöstes Versprechen. Nach seinem Abschied verlor er die Orientierung, füllten die Zweifel die Tage. Er war 35 Jahre alt und wusste nicht weiter.

Das Land bewegt, der Mann noch nicht.

Dann bekam er einen Anruf. Das Angebot von Buck.

Das, sagt er, war meine Rettung.

Danach durfte er mit Tom Tykwer und Sönke Wortmann drehen, echte Blockbuster, große Klassiker.

Der Film hatte ihn bekannt gemacht. Und Krause nickt. Ihm ging es da ähnlich.

Der Film, sagt er, war der Wendepunkt für mich.

Horst Krause, auch er spielte Theater, auch er schlug sich so durch. Erst in Parchim, dann in Karl-Marx-Stadt und schließlich in Dresden. Im Fernsehen aber war er nur selten zu sehen, ein Gesicht aus der zweiten Reihe, es versendete sich. 1987 durfte er im *Polizeiruf 110* einen Gastwirt spielen, wieder nur eine Nebenrolle. Es war sein erster Auftritt in der Sendereihe, die er später im Westen über Jahre hinaus prägen sollte. Damals aber tauchte sein Name nicht einmal im Abspann auf. Er war 50 Jahre alt, als die Mauer fiel, er drohte in Vergessenheit zu geraten. Dann traf er auf Buck. Und auf Król.

Ein Glücksfall, sagt er.

Horst Krause hatte noch einmal tief in den Osten hineinfahren müssen, um im Westen ankommen zu können. Denn erst der Film, der Most wie auf den Leib geschneidert, hat aus ihm einen gesamtdeutschen Schauspieler gemacht. Danach kamen die Angebote. Krause war nun einer fürs Fernsehen, bekam eine Hauptrolle im *Polizeiruf*, sein Name als Siegel, eine Wiederentdeckung.

Fröbe ist tot, stand in der Zeitung, es lebe Horst Krause.

Die Wende, sie hatte ihm tatsächlich eine zweite Chance ermöglicht.

Jetzt aber zuckt er nur mit den Schultern, als wäre es doch ganz anders, als wäre das mit dem Mauerfall auch nur ein Zufall gewesen.

Ich, sagt er dann, habe immer gewusst, dass meine Zeit kommt, wenn ich 50 bin. Lange bevor jemand an die Wende gedacht hat. Damals, sagt er, hatte ich das Gefühl, ich werde von einer unsichtbaren Hand geführt.

Dieses Gefühl, sagt Joachim, hatten ja viele in der DDR.

Ein erster Witz, um mal zu schauen, was so geht mit dem alten Freund, inwieweit der jetzt mitzieht. Welche Themen noch möglich sind, in dieser Erzählung. Die Partei, die Stasi, die ganze Palette. Eine Herausforderung auch. Dann wartet er, Krauses Augen klein hinter den Brillengläsern.

Die Partei, sagt der schließlich, verächtlich, mit dem ganzen Gesindel hatte ich nichts zu tun.

Damit erzählt er von den Jahrzehnten woanders.

Horst Krause ist als Kind nach Brandenburg gekommen. Seine Eltern stammten aus Russland, er wurde in Westpreußen geboren, Dezember 1941. Das jüngste von fünf Kindern, er ist mit dem Mangel aufgewachsen und erst mal auch ohne den Vater. Er war gerade fünf, als die Familie vertrieben wurde und in Ludwigsfelde eine neue Heimat finden musste.

Ein Jahr später kam der Vater zurück, Kriegsinvalide. Dann wurde die DDR gegründet.

Ich hatte dort, sagt Krause, eine wunderbare Jugend.

Er hat die Lieder noch auf den Lippen.

Nach der Schule, achte Klasse, sollte er Dreher werden. Ein guter Beruf, hatte die Mutter gesagt, da hast du immer ein Dach über dem Kopf. Da, sagt er, habe ich gleich am ersten Tag gewusst, dass ich nicht bleibe. Im Lehrlingsorchester des VEB, immerhin, durfte er Posaune spielen, hin und wieder wurde getanzt.

Ah, sagt Joachim, du warst der kleine Trompeter.

Aber Krause lässt sich nicht locken.

Der Zufall hat ihn dann auf die Bühne gespült, am Jugendtheater spielte er seine erste Rolle. Ein Krimi war das, *Kaution* hieß das Stück. Das gefiel ihm gleich gut, dort auf der Bühne konnte er jemand anderes sein. Die Flucht in den Text. Er, gerade 23 Jahre alt, wollte das nun beruflich machen. Schauspieler, ein anderes Handwerk. Vielleicht am Ende auch kein Dach über dem Kopf. So kam er nach Schöneweide, Schauspielschule. Die Mutter, das hat Krause der *taz* einst erzählt, dachte, er ginge zum Zirkus. Als Clown. Sie weinte bitterlich.

Kurz vor der Aufnahmeprüfung noch hatte sich Krause ausmustern lassen, so viel gesoffen, Kaffee und Bier, bis er untauglich war. Horst Krause passte in keine Uniform.

Er war nie in der NVA.

Und er war nie in der Partei. Diese Abwesenheit ist ihm wichtig.

Bei den Eulenspiegel-Veranstaltungen, sagt Krause, habe ich ein paar Gedichte aufgesagt, mehr aber nicht.

Später ist er auch aus der Gewerkschaft ausgetreten. Und es klingt, als hätte er die DDR immer auf Abstand gehalten, sie eher vom Rande aus betrachtet, aus der sicheren Entfernung des Theaters, in roten Samt eingeschlagen, unter Gleichgesinnten. Sein eigener Eiserner Vorhang. Von Parchim aus ist Marienborn weit weg, und auch Karl-Marx-Stadt war nicht Ost-Berlin.

Ich kann mich, sagt Krause, nicht mehr so gut erinnern. Ich habe mich in der DDR vor allem um mich gekümmert. Die Mauer habe ich kaum mitbekommen. Ich war immer im Spielplan, immer auf der Bühne. Was ging mich die Mauer an. Er macht eine Pause, hinter den Fenstern, über ihm auch: Bellevue. Er kann die S-Bahn hören. Wenn sie einfährt, dröhnt das Gemäuer, klirren die Gläser. Zwei Stationen entfernt von der Friedrichstraße, damals ein anderes Land.

Wenn ich immer in Berlin gelebt hätte, sagt er dann, immer in der Nähe der Grenze, dann hätte mich das gestört. Aber abseits davon, über Land, in der Provinz, war ein normales Leben doch möglich. Und im Theater war ich geschützt. Vom Intendanten. Der hat sich eingesetzt, wenn wir die große Fresse hatten.

Dann schweigt er und schaut Joachim an, sucht im Gesicht des anderen nach Verständnis, nach Verstehen, vielleicht auch nach Verständigung.

Das Schauspiel als Schutzraum, das ist ja eine dieser Geschichten, gerne erzählt. Eine Mär. Denn die Sicherheit, sie gehörte dem Staat allein, er hatte ein Monopol darauf. Und seine Ohren wirklich überall.

Nach der Wende, sagt er, haben wir erfahren, dass vor allem die Klubbesitzer bei der Stasi waren.

Die Männer, die am Abend nach der Vorstellung noch den Wein nachschenkten, im Zwielicht, wenn alle anderen Gaststätten schon geschlossen hatten. Dazu, wie passend, die Ton- und die Waffenmeister. Die mit den Kopfhörern. Die mit dem Dolch zur Legende. Immer war da einer im Raum, der genauer hinhören musste. Damit, sagt Krause, hatten sie auch die Schauspieler im Griff.

Und hinter den Spitzeln lauerte der Alltag. Die DDR mit ihren Vorschriften und Gesetzen, den Eingaben und Bestimmungen, kleine Geister an jeder Ecke. Die Schikanen der Engstirnigkeit.

Da ging es dann auch darum, sich zur Wehr zu setzen. Im Rahmen der Möglichkeiten, der zivile Ungehorsam an den Regalen der Republik. Beispiele dafür gibt es genug, man hört sie in den Kneipen heute in Ost-Berlin, von älteren Herren in schon kalten Rauch gesprochen, allesamt Veteranen einer Ideologie.

Und auch Horst Krause hat heute ein paar dabei.

In der Kaufhalle, sagt er also, da gab es diese Schilder.

Bitte nur ein Paket Spee entnehmen.

Er setzt kurz aus, spricht dann weiter.

Horst Krause hat diese Schilder natürlich als Aufforderung verstanden und sich zwei Pakete genommen, jedes Mal. So erzählt er es nun.

Mit allen Wassern gewaschen, sagt Joachim.

Und an der Kasse, wenn ihn die Damen dort noch einmal

zurechtweisen wollten, empörte Zeigefinger in der Luft, können Sie nicht lesen, mein Herr, da lächelte er nur. Haben Sie, fragte er dann, ganz ruhig, heute schon die Zeitung gelesen? Meines Wissens hat Genosse Honecker nichts von nur einem Paket gesagt. Er schaute in fahle Gesichter, sie wussten nicht recht. Sie machen hier Stimmung gegen Partei und Staatsführung, sagte er schließlich. Die Widerrede blieb aus.

Dann verließ er den Laden, zwei Pakete unter dem Arm.

Zufrieden, der vielleicht lustigste Clown im Staatszirkus DDR.

Ein andermal dann kam Krause am Wismut-Kaufhaus vorbei. Karl-Marx-Stadt, Mitte der 70er Jahre.

Da, sagt er, haben sie Frottee-Unterwäsche verkauft. Turnhemd und Unterhose in Himmelblau.

Das war was Feines, der gute Stoff.

Und er ging rein, wollte nun gerne fünf Garnituren mitnehmen. Das ging jedoch nicht.

Mehr als zwei, das sagte man ihm, durfte das Kaufhaus nicht abgeben.

Krause aber reichte das nicht, weshalb er wenig später zusammen mit dem Parteisekretär in einem der Hinterzimmer saß.

Das ist ein Kaufhaus, sagte er dem, wenn da jeder was abbekommen will, dann müssen Sie halt mehr bestellen. Da nickte der Parteisekretär und wäre am Ende sogar bereit gewesen, eine Ausnahme zu machen.

Doch als ich aus dem Zimmer kam, sagt Krause, da waren schon alle Garnituren verkauft. Er lacht, so war es eben, die ganze DDR in einer Szene.

Mein Bruder, sagt er, ist gleich nach der Gründung 1949 rüber in den Westen.

Solche Sachen sind dem nicht passiert.

So geht es nun, der Nachmittag angebrochen, das Essen bestellt, doch schon um den großen Vergleich, Ost und West, damals und danach.

Denn auch dafür stehen die beiden Schauspieler, auch damit sitzen sie sich jetzt gegenüber. Jeder von ihnen ein anderes Programm. Zwei Männer, die auf verschiedenen Bühnen, vor verschiedenen Leinwänden gestanden haben.

Horst Krause, der im *Polizeiruf 110* über 20 Jahre Polizeihauptmeister war, bevor seine Figur in Rente gegangen ist. Und Joachim Król, der im *Tatort* ermitteln durfte, als Hauptkommissar in Frankfurt. Ein ungleiches Duo. Natürlich passt das genau.

Die Spannung dazwischen.

Zwei Pole auch, an ihnen könnte man Deutschland aufspannen.

Also Hand aufs Herz, Krause. Die Unterschiede, fragt Joachim, wo gibt es die noch?

Und Horst Krause lacht, ganz einfach. Dann erzählt er einen Witz, es ist sein Test.

Er hat ihn schon Dutzende Male erzählt, in der Kantine, zwischen den Szenen, wenn er mit den anderen Schauspielern zusammensaß.

Eine kleine Geschichte. Vom Rotkäppchen, das auf dem Weg durch den Wald, auf dem Weg zur Großmutter, einer Handvoll Burschen begegnet. Der Witz ist eine dieser anzüglichen Räuberpistolen, das Wort Schlüpfer kommt gleich mehrmals darin vor. Entscheidend aber ist die Pointe, weil die Burschen eben keine alltäglichen Wegelagerer sind, keine Tunichtgute, sondern Timur und sein Trupp, allzeit hilfsbereit. Echte Helden der DDR-Literatur, Schullektüre sogar. Während Rotkäppchen auf einer Lichtung erschöpft einschläft, tragen sie den Korb schon zur Großmutter.

Wer da lacht, sagt Krause, ist aus dem Osten.

Wer aber stumm bleibt, vielleicht sogar in einer leichten Grimasse erstarrt, bei dem ist gleich klar, der kommt aus dem Westen, die arme Sau. Die Ostdeutschen, das hat der mittlerweile verstorbene Journalist Hellmuth Karasek einmal gesagt, haben einen guten Humor. Sie können über sich selbst lachen.

Der Wessi lacht dann mit, natürlich. Und genau darin liegt das Problem.

Beim Humor, so scheint es, gibt es noch Grenzen.

Horst Krause aber, das wird deutlich an diesem Nachmittag, kann mit all diesen Witzen viel, mit all diesen Zuordnungen am Ende aber wenig anfangen.

Ich bin in Ost-Berlin zur Schauspielschule gegangen, sagt er nun, und damit bin ich ein ostdeutscher Schauspieler. So einfach ist das, und er wischt mit einem starken Arm über die Tischdecke, als müsste er einen lästigen Gedanken vertreiben.

Ost oder West, sagt er dann, das war doch kein Verdienst. Du hattest einfach nur Glück oder eben das Pech, eine andere Besatzung zu haben, ein anderes System. Der eine schwamm in Süßwasser, der andere in Salzwasser, aber strampeln mussten doch beide.

Wieder schaut er Joachim an. Verstehst du, die große Lotterie des Lebens.

Und so kehrt er noch einmal zurück an den Anfang dieses Gesprächs, schließt jetzt den Kreis.

Nach dem Mauerfall, sagt er also, hat sich mein Leben sehr geändert, aber nicht weil ich reisen konnte, ich bin Bauernsohn, die sind bodenständig, die reisen nicht viel. Aber es wurde ein völlig anderer Lebensstil. Durch meinen Beruf hat da noch mal ein ganz anderes Leben begonnen.

Seine persönliche Wende, sie begann am Ende des Films.

Der große Erfolg, der Filmpreis, das alles hatte ihm auch eine neue Freiheit ermöglich, und Horst Krause nutzte sie, kündigte am Theater und wurde Fernsehstar.

Krause, sagt Joachim, du hättest danach alles spielen können. Nur Nurejew nicht.

Wieder lacht er, alter Freund.

Horst Krause aber wurde Horst Krause, der gutmütige Dorfpolizist mit dem Zweisitzer, dem weißen Helm, eine Figur als

Ikone, in allen Wohnzimmern gern gesehen. Es ist eine Rolle, die seinen Namen trägt. Aber vielleicht ist es längst umgekehrt. Da, wie auch sonst in diesem Gespräch, verschwimmen die Grenzen.

Horst Krause kann Horst Krause nicht mehr entkommen, mit ihm wohnt er noch immer in Brandenburg, mit ihm ist er im Fernsehen zu Hause. Diese Biographie, man nimmt sie ihm ab. Horst Krause hat den Osten in diese Rolle hinübergerettet, und wenn er dann im Feld steht, wieder im karierten Hemd, wieder die Hosenträger darüber, hat er auch den Most nicht vergessen.

Horst Krause bezeichnet sich selbst als Menschendarsteller. Und im Grunde spielt er seit 25 Jahren eine Variation des Menschen, den er am besten kennt. Horst Krause.

Deshalb wird auch die DDR immer ein Teil dieses Spiels sein. Das kann, das will er auch gar nicht verhehlen.

Horst Krause spielt Land und Leute.

Und wenn er wegfährt, nimmt er sie mit.

Denn selbst in Louisiana, das hat Krause dem *Tagesspiegel* vor ein paar Jahren verraten, gab es einen Moment, in dem er mit seiner Herkunft spielen konnte. Dort wollte er einen Cowboyhut kaufen, ein Prachtexemplar. Hatte bald auch einen gefunden. Ganz nach seinem Geschmack, nur der Preis störte ihn, 325 Dollar. Der Western als Wucher. Also stand er mitten im Laden, wie einst in Karl-Marx-Stadt, und wollte verhandeln. Und wieder hatte er die richtigen Sätze vorbereitet.

Ich komme, sagte er dem Verkäufer, aus dem Teil von Deutschland, in dem die Russen waren. Da ging es uns nicht so gut.

Der Verkäufer verstand sofort.

Den Hut, sagt Krause jetzt, habe ich dann für 145 Dollar bekommen. Ein Schnäppchen, da war die DDR noch mal nützlich. Sein Pass die letztgültige Rabattmarke. Den Hut hat er noch, er liegt zu Hause in einem Karton.

Horst Krause hat ihn bis heute nicht getragen.

Dann lehnt er sich zurück, genug für heute, und Joachim bestellt die Rechnung.

Draußen vor der Tür, unter den S-Bahn-Bögen, wollen die beiden noch ein Foto machen.

Nebeneinander, wie früher.

ÄQUATORTAUFE

Nun fahren wir hinein in den Film, in die Erinnerungen. Zu den einstigen Drehorten, Burgwall zuerst, Ortsteil von Zehdenick, Dorf an der Havel.

Es ist der Weg, den Joachim noch kennt, mehr als ein Vierteljahrhundert vergangen. Er hat diese Reise schon einmal gemacht und steuert den Wagen voller Vorfreude. Wieder über den Ring durch den Speckgürtel hindurch, Schilder Richtung Oranienburg. Hier ändert die Strecke ihren Namen, sie heißt nun, und passender könnte es kaum sein: *Erlebnisstraße der deutschen Einheit*, ein Teilabschnitt der Erinnerungen, ein Band aus Asphalt.

Und Joachim legt Musik auf. Iggy Pop. The Passenger. Während die Autobahn erst zur Bundesstraße und die Bundesstraße schließlich zur Allee wird.

B96, Löwenberger Land, an den Rändern die Erdbeerstände und Blumenhändler, frische Eier, offene Scheunentore, Jahrmärkte. Zu beiden Seiten nun Bäume, dichtes Grün über der Fahrbahn. Das Land rauscht heran. Und Joachim beobachtet den Gegenverkehr, die Kennzeichen der Region.

Abkürzungen, die, von Berlin aus gesehen, auch immer für etwas anderes stehen. Drei Buchstaben, in ihnen haben die Vorurteile überdauert, nun ziehen sie vorbei.

LDS, Landkreis Dahme-Spreewald. Lumpen, Diebe, Strolche.

OHV, Oberhavel. Ossi hat Vorfahrt.

OVP, Ostvorpommern. Ohne vernünftige Perspektive.

1992, sagt Joachim, das war ja auch das Jahr, in dem die Alleen zu Friedhöfen wurden.

Jeder dritte Baum verletzt, davor die Kreuze, die von Menschen erzählten, die an ihrem Übermut zerschellt waren, unterwegs in den neuen Kisten aus dem alten Westen. Weil doch gleich nach dem Mauerfall die große Motorisierung begonnen hatte.

Mit dem Kapitalismus, schrieb das Magazin der *Süddeutschen Zeitung* damals, war auch dessen Hätschelkind in den Osten gekommen, das Auto. Allein in den Monaten bis zur Wiedervereinigung wurden dort mehr als eine Million PKW neu angemeldet. Plötzlich lagen die Westkarossen auf Oststraßen, fremde Pferdestärken auf brüchigem Pflaster, galten die alten Begrenzungen und Gesetze nicht mehr, herrschte Narrenfreiheit, in einem Land, dessen TÜV längst abgelaufen war.

1990 stieg die Zahl der Verkehrstoten in der DDR gegenüber dem Vorjahr um 75 Prozent. Freie Fahrt für freie Bürger. Auch hier krachten zwei Systeme aufeinander, kaum gebremst und ohne echte Knautschzone.

Jetzt schaut Joachim über das Lenkrad und kann, beim besten Willen, erst mal keine Kreuze entdecken. Obwohl hier, kurz hinter Oranienburg, noch immer jedes zweite Überholmanöver einem Antrag zur Organspende gleichkommt, die Tachonadel direkt in der Vene.

Aber, sagt er, die Straßen sind besser geworden. Überall nur saubere, wie mit der reinen Vernunft gezogene Schneisen, als hätte jemand versucht, die Geschichte einzuebnen. Und noch etwas fällt ihm auf. Die sichtbar andere Beschaffenheit des Horizonts.

Diese neuen Landmarks, sagt er.

Gebilde in der Ebene, auf den Feldern Symbole der Energiewende.

Früher, sagt er, da war hier einfach nur Landschaft, ohne die Propeller.

Die Windräder, den wirklich fehlerlosen Asphalt, das gab es nicht. Und man konnte am Zustand der Straßen den Zustand des Landes erkennen.

Es gab da diese Kaputtheit, sagt Joachim, eine Kratzputzhässlichkeit, die man sich gar nicht ausdenken konnte. Und da sind wir durchgefahren. Ein Abenteuer auch.

So erinnert er sich, hat auf diesem Weg gleich wieder alle Geschichten dabei, hängt sie an den Ortsschildern auf.

Joachim schaltet in den nächsten Gang.

Zehn Kilometer noch bis nach Gransee.

Dort, sagt der, haben sie damals einen Kreisverkehr gebaut.

Ganz neu, mit Blumen in der Mitte. Der Fortschritt in Farbe. Weil doch die Wende zuerst in die Kreisstädte gekommen war, dann erst auf die Dörfer.

Und während einer längeren Drehpause waren er und Krause mit einer schwarzen S-Klasse, im Film der letzte Fluchtwagen, über ebenjene Dörfer gefahren, zum Spaß, eine Ablenkung, wollten sich mal umschauen, vielleicht auch den Nachbarn begegnen. Hatten den Schalk im Nacken und eine AK-47 im Schoß. Eine Attrappe, aus dem Fundus.

Täuschend echt, sagt Joachim.

An der Baustelle dann mussten sie halten. Dort, auf heißem Belag, arbeiteten Männer, hoben den Hammer und ließen ihn fallen, langsam in der Mittagsglut.

Die nächste Ausfahrt war gesperrt, nun staute sich der Verkehr. Und Krause, der ungeduldig wurde, ließ das Fenster auf der Fahrerseite herunter, die Kalaschnikow gut sichtbar, und fragte die Bauarbeiter, ob das nicht schneller gehen könnte.

Auf Russisch, sagt Joachim.

Höflich, aber bestimmt. Immerhin sei der Westen doch längst auf dem Weg hierher.

Das, sagt er, hat ganz schön Eindruck gemacht.

In den Gesichtern der Männer, das konnte man sehen, standen genau drei Fragen. Wieso spricht der Dicke Russisch? Wieso fährt er einen Mercedes? Und wieso zur Hölle hat er eine Kalaschnikow dabei? Sie haben sich dann aber entschieden, keine dieser

Fragen zu stellen und stattdessen, wie befohlen, einfach schneller zu arbeiten. Rabota, rabota, sagt Joachim.

So war das. Auch wenn die Erinnerungen in der Hitze von einst und an den Rändern von heute verschwimmen.

Damals, sagt Joachim, stand doch die Welt auf dem Kopf. Da war alles möglich.

Und er nimmt die zweite Ausfahrt. Beschleunigt den Wagen. In Burgwall, im *Gasthaus zur Fähre*, stehen bereits die Kartoffeln auf dem Herd.

Dort, mit offenen Armen, wartet die DDR.

Dort wartet Siegbert Tartsch. Der Koch, der Chef.

Steht an der Pfanne und hinter der Theke.

Er selbst nennt sich Kneiper.

Seit 35 Jahren tischt er groß auf.

Im Film ist das Restaurant, dieser Originalschauplatz an der Havel, Kulisse für das Schicksal, da geraten die Brüder, pleite schon und verzweifelt, in eine Trauergemeinde, im großen Saal des Restaurants sitzen Männer in schwarzen Anzügen neben Frauen in schwarzen Kleidern, es wird geraucht und gezecht, als müsste der Tod begossen werden. Die Brüder jedoch treffen das Glück, leeren mit letztem Geld einen Spielautomaten, verschwinden dann wieder. Und Krauses Most kann kaum laufen, wegen der Münzen in der Hosentasche.

Die D-Mark, das lernen wir dort und hören es gleich, sie wiegt schwer.

Hinter der Allee und hinter den Windrädern aber, am Ufer der Havel, steht erst mal die Wiedersehensfreude Spalier. Siegbert Tartsch und seine Schwester, seine Frau und sein Sohn, alle damals schon hier. Hände werden geschüttelt.

Herr Król, sagt er, da sind Sie ja wieder. So lange her.

Tartsch, der Kneiper, spricht das Kopfsteinpflasteridiom der Region, ein Berlinerisch also, das noch mal eine Spur angespitzter wirkt, gereizter, kürzere Vokale, die an härtere Konsonanten stoßen, er beherrscht die große Kunst der sehr schroffen Herzlichkeit. Begrüßung direkt vor den Latz. Alt jeworden sind wa, sagt er, meint nicht nur sich, und bittet Platz zu nehmen. Auf dem Sofa, auf dem der Król und der Krause damals schon saßen, ein Ferkel auf dem Arm, hier kommt ja nüscht weg. Die Theke, die Gardinen. Alles wie früher, sagt Joachim. Nur der Spielautomat fehlt. Da, wo der stand, ist jetzt nur noch weiße Wand.

Das lohnt nicht mehr, sagt Tartsch. Den haben wir abgeschafft. Daran kann man doch gleich sehen, was los ist.

Der Automat stand ja für etwas. Das nötige Kleingeld, den Übermut in leichteren Nächten.

Die Leute hier, sagt er, glauben nicht mehr an das Glück. Auf den Dörfern wird nicht mehr gespielt.

Und überhaupt, die Leute. Wenn er allein abhängig wäre von den Bewohnern des Dorfes, den Nachbarn von gegenüber und den Trinkern von nebenan, dann könnte er sich kein Brot mehr leisten.

Früher, sagt er, hatten wir sehr viele Gäste, und die Ware war knapp. Heute haben wir ganz viel Ware, aber die Gäste sind knapp.

Und Joachim nickt. Erst, so heißt es doch, sterben die Kneipen, dann stirbt die Region. Erst mal die Weinkarte, fragt Tartsch zum Trotz. Und Joachim lächelt. Haben Sie denn auch eine Lachkarte? Womit sich die Züge des Kneipers entspannen und die Raumtemperatur merklich ansteigt, Gemütlichkeit. So einfach geht das.

Dann fängt Siegbert Tartsch zu erzählen an, spricht schnell dabei, als könnte ihm die Vergangenheit andernfalls wieder entwischen.

Die Kneipe, er führt sie nun, stolz wie Bolle, auch schon in dritter Generation.

Der Großvater hatte den Laden, mit Biergarten und Fähre,

kein Scherz, am 1. April 1930 gekauft. Damals besaß das Gasthaus Fährrecht, und einmal hat der Großvater den Göring über die Havel gefahren, zum Jagen. Noch mal andere Zeiten.

Diese Kneipe, sagt Tartsch, hat sechs Kaiser überlebt.

Den Adolf und den Pieck.

Den Ulbricht und den Honecker.

Den Kohl und den Schröder.

Und die Trude, sagt er, schaffen wir auch noch.

Das Gasthaus ist seit jeher ein Ort, an dem die große Historie vorbeimusste auf ihrem Weg nach Berlin. Und die Leute hier an der Havel schauten ihr nach, bestellten das nächste Bier und warteten auf die Nachrichten aus der Hauptstadt. In Burgwall sind die Dinge oft genug zeitverzögert passiert, ein paar Tage danach. Die Wende hat das Dorf, 267 Einwohner heute, deshalb auch nicht sofort erreicht, dafür dann aber richtig. Oder falsch. Es kommt drauf an, aus welcher Himmelsrichtung man auf diesen Ort schaut. Nur eines ist sicher: Der Schabowski, hier im Gasthaus hätte er seinen Zettel bezahlt.

Aber, fragt Joachim jetzt, wie war das hier nach dem Mauerfall wirklich?

Und Siegbert Tartsch rückt noch eben seine Kochmütze zurecht.

Erst mal, sagt er dann, waren alle euphorisch. Die haben sich aufs Westgeld gefreut, auf die D-Mark, volle Taschen. Aber das war eine Illusion, das hat nicht lange gehalten. In der DDR, sagt er, da gab es die VEB Schweinezucht. Da gab es die Ziegeleien. Stolz der Region. Vor dem Krieg noch, so erzählt man sich, bestand die Hälfte Berlins aus den Steinen von hier. Und es gab die Russen, deren Ehefrauen mit dem Geld ihrer Gatten, Generäle von hohem Rang, zum Einkaufen über die Dörfer fuhren. Da gab es den Rubel, der über die Landstraßen rollte.

Die Kaserne in Vogelsang, nicht weit von hier, das war eine eigene Stadt. Plötzlich aber war das alles weg.

Damit, sagt Tartsch, konnten viele nicht umgehen.

Nach 1989 war die Angst zu spüren. Das Wispern in den Gassen, das am Tresen zu großen Fragen verklumpte.

Was machen die mit uns?

Wirst du auch abgewickelt?

Die ersten Nachbarn packten die Koffer, wollten den Fluss hinauf. Den Werken hinterher, die noch weiter in den Osten gezogen waren.

Arbeit, sagt Tartsch, gab es bald nur noch in Berlin oder in Moskau.

Aber das eine war weit weg, und das andere war Russland.

Deshalb blieben die meisten und wussten doch nicht, wohin mit sich.

In den ersten Jahren, sagt er, immer an Himmelfahrt, kam die ganze Enttäuschung durch. Wurde der Frust zur Faust. Konnte man den Unmut spüren. Weil die Dinge nicht waren, wie sie versprochen wurden. Die Wut der Männer, die ihre Jugend verloren hatten, aber noch keine Rentner waren. Männer, die erst an der LPG hingen und später an der Flasche.

Das war richtige Depression, sagt er. Schweigt dann.

Ich kann mich erinnern, sagt Joachim, wenn wir morgens sehr früh zum Dreh aufgebrochen sind, haben die Leute auf den Treppen gesessen, erste Biere in den Händen. Die saßen da, Männer in Feinrippunterhemden und Mütterchen in geblümten Kittelschürzen, waren vielleicht Mitte 40, aber sahen aus wie Mitte 60, und es war, als würde sich nichts bewegen, die Zeit nicht, die Luft nicht, kein Geist.

Und Siegbert Tartsch nickt. Ja, so war es. Und schaut man richtig hin, ist es immer noch so. Arbeit nur in Berlin. Oder in Rostock, hoch mit dem RE5, der Ferkeltaxe. Arme Schweine. Watt willste machen.

In den Geschichten des Kneipers geht es meist um die Abwesenheit der Dinge, um das Vergangene. Die Solidarität, die Kollektive, die körperliche Arbeit, die nun mal die ehrlichste war. Es sind Geschichten, die immer gleich anfangen.

In der DDR, sagt er dann. Und es klingt wie der Beginn eines Märchens.

In der DDR, sagt er also, hat man den Menschen das Gefühl gegeben, dass sie gebraucht werden. Auch wenn sie nur die Kartoffeln von links nach rechts geschippt haben.

Siegbert Tartsch besitzt einen Pullover, den er trägt, wenn er nicht in der Küche, sondern am Tresen steht, es ist sein Lieblingspullover, bunte Streifen und Rauten. Er hat ihn seit 15 Jahren im Schrank, mindestens. Nie würde er ihn weggeben.

Er ist einer, der an den Dingen hängt. Die Vergangenheit löschen, im Jetzt leben? Schwierig, sagt er.

Siegbert Tartsch, sagen die Leute hier in Burgwall, ist nicht irgendein Dorfkoch, keineswegs. Der hat seine Lehre im *Lindenkorso* gemacht, der hat für den Honi gekocht. In der Hauptstadt der DDR. Ein echter Zonenkoch, sagt er. Da staunste, wa? Seinen Meisterbrief hat er, für Gäste gut sichtbar, über den Durchgang zum Speisesaal gehängt. Und gleich daneben noch eine andere Urkunde, gerahmt. Seine Äquatortaufe, 1976.

Es ist der Berechtigungsschein seiner Erzählung. Denn er, der Kneiper, hat die Welt sehen dürfen, trotz der engen Grenzen seines Landes. Nach dem Ende seiner Lehre hatte er sich bei der Handelsmarine gemeldet. Es ging dann gleich rüber nach Brasilien, dort am Hafen luden sie Bananen, und später hoch bis nach Norwegen.

MS Riesa, sagt er, wie bei Freddy Quinn, Junge, komm bald wieder. An Bord gab es 1000 und 50 Ost-Mark auf die Hand. Ein Vermögen.

Die DDR also hat ihm die Freiheit gegeben und das Reisen ermöglicht, so sieht er das bis heute. Siegbert Tartsch schaut noch immer vom Meer aus auf diesen Staat, der Fernseh- als Leuchtturm. Das muss man wissen, um seine Sicht auf die Dinge verstehen zu können. Nie wäre er abgehauen, ein fremder Hafen, ein anderes Schiff.

Er schüttelt den Kopf, als Joachim danach fragt.

Das, sagt er, kam nicht in Frage, wieso sollte ich meine Eltern hier im Stich lassen. Und überhaupt, wir hatten doch alles. Uns ging es nicht schlecht. Ich konnte mir meine Wünsche erfüllen.

Er holt noch mal Luft.

Aber nach der Mauer, da war plötzlich mehr Dampf, mehr Stress, mehr Angst. Und die Leute sind untereinander missgünstig geworden, neidisch.

Das gab es früher nicht.

Neid und Missgunst, sagt Tartsch, das sind doch Krankheiten von drüben.

Schlechte Gefühle. Der ganze Mist der Wiedervereinigung.

So tritt er aus der Deckung. Und sticht den Finger in die Luft, als wollte er ihn in die Wunde legen.

Hier, sagt Tartsch, gab es keine Gewinner. Die Gewinner kamen aus dem Westen. Er sagt: ihr und wir. Er sagt: uns und euch. Dort, zwischen ihm und Joachim, verläuft jetzt die Grenze.

Von mir aus, sagt er schließlich, hätte der Kohl die Mauer noch drei Meter höher bauen können. So viel Schrott, wie aus dem Westen kam.

Die Mauer eben auch Schutzwall gegen den Kapitalismus, die neuen Verführungen, die plötzlich vor seiner Türe standen.

Männer in Anzügen, Männer in böser Absicht.

Damals, erzählt Siegbert Tartsch, kamen bald auch die Vertreter der großen Biermarken. Schön angezogen, im Nadelstreifen. Die konnten gut reden, klar. Und haben versucht, dir was aufzuschwatzen. Bei Bier, gerade bei Bier, ging da viel.

Schmeichler, sagt er.

Sie schenkten ordentlich ein, leuchtende Zukunft, machten die Leute besoffen. Auf jedem Versprechen die schönste Blume. In ihren Aktenkoffern die Papiere, unterschriftsreif.

Die alte Erzählung vom Feuerwasser, vom Westen als Virus, gegen den es hier noch keine Abwehrkräfte gab. Die Kolonialisierung der Prärie. Sie hatten Rotkäppchen, dann kam der böse Wolf.

Viele Kneiper, sagt Tartsch, wurden über den Tresen gezogen, die haben Verträge gemacht.

Mit den Männern, mit den Brauereien. Verträge wie Knebel. Ein ganzes Vermögen auf einem Deckel. Wurden neu eingerichtet, mussten das alles bezahlen. Jedes Glas, jeden Untersetzer, jedes Werbeschild draußen. In den Kellern die Fässer. Erst mal flüssiges Gold.

Bald aber kamen die Trinker nicht mehr, war plötzlich Zapfenstreich. Es galt nicht mehr viel, nur die Verträge galten erst mal. Laufzeit drei bis fünf Jahre.

Und dann, sagt Tartsch, standen sie da mit der Pampe.

In den Fässern, schwer wie Blei. Mit dem Bier aus dem Westen, das erst schal wurde und dann verschimmelte. Sie hatten investiert, sie verdursteten am eigenen Hahn.

Wir, sagt Tartsch schließlich, haben das nie gemacht. Meine Mutter ist 93 Jahre alt geworden, die hatte aus der Geschichte gelernt. Die hatte den Krieg erlebt, den Bau und den Fall der Mauer. Pass auf, hat sie damals gesagt, jetzt kommen die Verbrecher, die Besserwisser, um mächtig auf den Putz zu hauen.

Noch heute wird hier im Gasthaus Bier aus Dresden gezapft, der Stolz des Ostens. Manchmal schwimmt die Sehnsucht darin.

Siegbert Tartsch, es gibt Tage, da vermisst er die DDR.

Was soll ich sagen, sagt er, ich habe dort mein Leben gemacht.

Und er schaut durch den Raum, in dem die Fotos noch hängen, 35 Jahre, drei Generationen, es ist leerer geworden hier. Das Gasthaus, es steht auf ehemaligem Boden, ein altes Fundament.

Meine Kinder, sagt er schließlich, sehen das natürlich anders.

Die sind schon in einem anderen Land aufgewachsen. Und wenn ich von früher erzähle, verdrehen sie die Augen und verlassen den Raum.

Die DDR, für sie ist das so weit weg wie die Weimarer Republik. Als wären Krenz und Honecker Kaiser gewesen, ihre Körper ausgestellt in den Mausoleen ewiger Fernsehwiederholungen. Auf Spielfilmlänge mumifiziert. *Good Bye, Lenin.*

Später kommt sein Sohn aus der Küche und stellt sich dazu. Und Joachim fragt ihn sofort, will wissen, was er noch anfangen kann mit den Erinnerungen des Vaters, mit der DDR, dem Ihr und dem Wir.

Der Sohn überlegt dann einen langen Moment. Sucht nach seiner eigenen Antwort.

Ich, sagt er schließlich, war nicht mal mehr bei den Pionieren, habe keine Jugendweihe. Ich habe keine Verbindung dazu.

Er wurde 1983 geboren, war beim Mauerfall gerade sechs Jahre alt. Die dritte Generation Ost. Er hat die DDR gerade noch erlebt. Ganz am Ende, weit weg. Sie ist eine Kindheitserinnerung. Viel ist nicht geblieben. Ein paar Schrammen, keine Narben. So musste er das Dorf, Burgwall, erst verlassen, um zu verstehen, dass er für andere woanders geboren wurde. Der Sohn ist nach der Schule zum Bund gegangen, Wehrdienst in Niedersachsen.

Da, sagt er, habe ich das zum ersten Mal gespürt, dieses Ost-West-Ding. Da wusstest du gleich, wo du herkommst.

Brandenburg, sagt er, damit war ich der Ossi. Das haben mich die anderen spüren lassen.

Die alten Witze auf der Stube. Mit Vorurteilen gemustert.

Aber, sagt er, eigentlich gibt es das nicht mehr oft. Meine Generation ist viel gelassener im deutsch-deutschen Verhältnis. Ich bin Brandenburger, nur da bin ich Lokalpatriot.

Also, sagt Joachim dann, eine Feststellung auch, gibt es die DDR nur noch in den Köpfen der Menschen, die alt genug waren, um sich wirklich erinnern zu können.

Oder, sagt der Sohn und schaut rüber zum Vater, in den Köpfen der Menschen, die nicht abschließen können. Die Hinterköpfe der Alten sind voll davon. Die rechnen auch immer noch um. In Ost-Mark. Manche haben den Absprung nicht geschafft.

Und sein Vater, der Kneiper, lacht. Da hat er recht. Was soll man machen.

Man muss, sagt der Sohn, auch mal loslassen können. Immer und ewig Ost und West, das ist ja auch nicht das Richtige.

Danach geht er zurück in die Küche, damit hinten nichts anbrennt.

Joachim sitzt nun draußen, auf der Terrasse, zwischen den Ausflüglern, Radlerhosen mit Hefeweizen, gespritzte Gespräche. Er bestellt Forelle Müllerinart, eine Empfehlung des Kneipers, der sich ebenfalls einen Stuhl heranzieht und das Gesicht in die Sonne hält, fast blendet das Weiß seiner Mütze. So sitzen sich die beiden gegenüber, hängen den Sätzen von eben noch nach, geteilte Gedanken.

Bis sich ein anderer dazugesellt, sich fast anschleicht, auf Latschen, das Hemd blütenweiß, und gleich einen sozialistischen Gruß spendiert.

Sieh an, sagt Tartsch, das Schlossgespenst.

Die beiden kennen sich, so ist das hier draußen, eine halbe Ewigkeit schon. Wieder werden Hände geschüttelt, und der Besucher stellt sich vor. Lothar Semsch, angenehm, verwaltet das Schloss Tornow, das nur wenige Kilometer von Burgwall entfernt am Ende einer sandigen Straße steht.

Im Film war es der Sehnsuchtsort der Brüder, das vermeintlich großmütterliche Erbe.

Gut Wendelohe.

Semsch hat es 1992 übernommen, gleich nach dem Ende der Dreharbeiten. Buck, Król und Krause waren da gerade erst vom Hof gefahren. Heute dient das Schloss als Tagungs- und Begegnungsstätte. Ein Ökowerk mit Naturschule. Man kann von dort in die brandenburgische Wildnis laufen, bis an den Horizont. Und tagelang niemandem begegnen.

Auch dort lauern Geschichten.

Semsch ist als West-Berliner hierhergekommen, wohl einer der ersten nach der Wende. Ein Pionier, der mit Pionieren nichts am Hut hatte.

Als Wessi, sagt er, wenn du hier nicht geboren wurdest, bist du ein Fremder in Tornow.

Als Berliner ohnehin die Bulette. Der Typ, den man schneidet. Der Bonze mit dem Schloss unterm Arsch.

Und der Kneiper nickt. Watt willste machen.

Es ist nun nicht mehr seine Geschichte.

Damals, sagt Semsch, waren wir die Blöden von außen. Die Ökos aus dem Westen. Schlimmer ging es ja kaum.

Der Einzug als klassenfeindliche Übernahme.

Das Dorf, so erzählt er es, hatte keine große Lust auf ein paar Sandalen, auf Sonnenanbeter, die seltsame Spiegel auf alte Schindeln schrauben wollten.

Dann, sagt er, gab es eine Einwohnerversammlung, der Pfarrer war da, der Bürgermeister auch, und man kam überein, dass wir die bessere Lösung waren. Lieber die Ökos als die Adligen. Wir mussten uns dann gegenüber der Treuhand verpflichten, Arbeitsplätze zu schaffen.

So zogen sie ein, reichten dem Dorf die Hand, über die Zäune hinweg, hüfthohe Ressentiments, und begannen mit dem Umbau, tauschten einen alten Volvo gegen Bienenvölker. Und einen Kopierer gegen Holz.

Wichtig war, sagt Semsch, dass wir den Leuten nicht das Gefühl gegeben haben, dass wir alles wissen und sie nichts. Dabei ging es auch um eine Anerkennung der Lebensführung. 40 Jahre DDR, 40 Jahre Sozialismus, diese Biographien, das bleibt doch. Das durfte nicht plötzlich wertlos sein.

Dann gibt es zur Forelle Spargel und Kartoffeln und noch ein paar Anekdoten aus dem Osten, Zeitsprünge und Uhrenvergleiche. Dann möchte Semsch unbedingt los, möchte Joachim das jetzt mal zeigen, das Schloss und das Dorf. Die alten Orte, die Grenzen, die es immer noch gibt. Und Joachim macht noch ein Foto zum Abschied, verspricht auch diesmal wiederzukommen und steigt in den Wagen.

Die Straße nach Tornow führt am Fluss entlang. Durch das Nachbardorf, Marienthal, in dem ein Supermarkt steht, den es damals schon gab und der heute bereits um 11 Uhr schließt.

Länger, sagt Semsch, lohnt sich nicht. Nachmittags gibt es hier keine Kundschaft. Die Leute haben dann schon alles, was sie brauchen.

Viel Ware, wenig Gäste.

1992 war es tatsächlich andersherum gewesen.

Damals, sagt Joachim, haben wir hier für den Film einen Konsum gebaut, einen Verschlag, von einem Rumänen betrieben, in dem es Cornetto gab und Maggi-Würfel. Ein Bühnenbild des Kapitalismus. Und in der Drehpause kamen die Mütterchen mit den Kittelschürzen und wollten dort einkaufen. Hatten Körbe dabei und Tüten.

Kannja-Beutel, sagt Joachim und lacht.

Hier, sagten sie, hat es seit 20 Jahren keinen Laden gegeben.

Aber sie hatten sich in einer Kulisse verirrt. Der potemkinsche Markt, der große und vielleicht auch finale Bluff des Westens, der die Alten des Dorfes in ihrer Hoffnung verhöhnte. Mit Obst, das sie nicht berühren, und Gemüse, das sie sich gar nicht leisten konnten.

Ein falsches Versprechen, sagt Joachim. Es konnte einem das Herz brechen.

Dann geht es vorbei an der Bäckerei, in der Brötchen gebacken werden nach altem Rezept. So fest, die passen in jede Faust. Deshalb, sagt Semsch, werden sie Ossis genannt, weil sie so sind wie die Menschen hier. Klein, kompakt, kernig. Ehrlich vor allem.

Nicht so aufgeblasen wie die im Westen. Die Wessi-Ärsche, sagen die Leute, das ist nur heiße Luft. An den Ossis aber kannst du dir die Zähne ausbeißen. So ist das, bis heute. Da hat sich nicht viel geändert.

Die Mauer, sagt er, ist in den Köpfen. Jeder hatte doch seine eigene Art, die Wende zu nehmen.

Den einen sind die Steine vom Herzen gefallen, die anderen haben sie bewahrt, sauber aufgeschichtet zwischen Kleinhirn und Kleingeist. Und so ist das hier, Brandenburg, sandiger, karger Boden, auf dem die Kiefer wächst und die Tristesse. Kann man ja sehen, draußen kaum Bewegung.

Während Lothar Semsch spricht, überqueren wir den Wentow-Kanal, einen schmalen Lauf, der die Landschaft teilt.

Hier, sagt er nun, liegen die Unterschiede schon hinter der Brücke, auf dem jeweils anderen Ufer.

Hier verlaufen die Grenzen noch einmal ganz anders. Joachim, das Lenkrad in der Hand, im Blickfeld seltsam knochige Bäume, mustert seinen Beifahrer. Die anderen Grenzen, das muss Semsch jetzt erklären.

Der strafft sich, Hobbyhistoriker, und holt aus.

Ganz einfach.

Burgwall, Marienthal, das alles gehört noch zu Zehdenick. Das war Preußen früher, dort leben die Märker. Hinter dem Zollamt aber, vorbei an der alten Mühle, dort hinter Tornow, beginnt schon Fürstenberg. Dort leben, historisch gesehen, die Strelitzer. Fast schon Fischköppe, Küstenbevölkerung. Weil hinter Tornow gleich Mecklenburg ist, dort im Grunde das Meer beginnt.

Hoch nach Mecklenburg, hatte der Kneiper gesagt, das ist noch Dunkeldeutschland.

Zwischen Burgwall und Tornow, sagt Semsch, liegen Welten. Deshalb gibt es hier Rivalitäten, die viel älter sind als die DDR. Kein Kommunismus und kein Kapitalismus, kein Ost und kein

West. Schon Bismarck hat die Märker als dumm und hinterhältig bezeichnet. Ein anderer Menschenschlag. Und wenn einer über die Brücke fährt, dann hupt er und ballt die Faust zum Gruß. Ehrensache.

Bei uns, sagt Joachim, gibt es das auch. Diese landsmannschaftliche Prägung. Das eine ist Ruhrgebiet, das andere schon Rheinland. Die Grenze, die im Kopf verläuft. Da kann der Acker des Nachbarn plötzlich Ausland sein, der falsche Boden.

Wenn das jedoch im Kleinen, hinter dem Kanal, schon so ist, dann muss man sich über die große Mauer im Kopf nicht wundern. DDR und Bundesrepublik, Ost und West, 28 Jahre lang mehr als nur ein Wasserlauf dazwischen. Natürlich konnte sich da jedes Klischee zur Gewissheit verfestigen, jede Idee zur Überzeugung anwachsen. Während die einstigen Nachbarn in ihrer langen Abwesenheit zu Fremden und ihre Eigenheiten zu Schwächen wurden. Besserwessi und Jammerossi.

Und später, nach der Maueröffnung, standen sie sich einigermaßen ratlos gegenüber, zwei Herzblatt-Kandidaten, die sich nichts zu sagen hatten, schon immer getrennt voneinander befragt. Kaum Liebe auf den zweiten Blick. Die Pointen jener Zeit erzählen davon. Da gelten die alten Witze, sie haben den Sozialismus überdauert.

Und Lothar Semsch hat noch einen, im Dorf oft gehört.

Wie hieß es immer so schön, der Fortschritt als Scherz: Wir in der DDR haben aus Scheiße Butter gemacht. Nur bei Farbe und Geschmack hapert es noch.

Horst Krause hätte sicher gelacht.

In Tornow stehen dann wieder die Blicke am Jägerzaun, tatsächlich geblümte Schürzen. Und der Wagen wirbelt Staub auf.

Die Leute, sagt Semsch, haben 20 Jahre lang versucht, uns loszuwerden.

Irgendwann aber haben sie aufgegeben, ihren Frieden gemacht. Jetzt könnt ihr bleiben, haben sie gesagt, jetzt gehört ihr dazu.

Lothar Semsch ist nie nach Tornow gezogen, er lebt noch immer im Westen Berlins und pendelt zwischen der Stadt und dem Dorf.

Dann öffnet er den Besuchern das Tor.

Das Schloss ist heute auch Wahllokal, ein offenes Haus, ein neutraler Ort, hinter der Mühle gleich rechts. Und hinter den Hecken lauern andere Gefahren.

Seit kurzem sind die Wölfe zurück in Tornow.

Diesmal kommen sie aus dem Osten.

MEER ODER WENIGER

Dann ändert sich das Licht. Und Joachim folgt der Straße in Richtung Ostsee, dem Meer, das gleich hinter Tornow liegen muss. Wie damals fährt er in Richtung Schwerin. Wie damals liegt ein Flimmern auf der Straße. Er lässt die Scheibe heruntergleiten, Bilderfetzen im Fahrtwind.

Wir wollen nach Boltenhagen, zu den Fischköppen.

Denn dort, nicht weit vom Wasser entfernt, lebt ein Seemann, der eine ganz andere Route genommen hat als der äquatorgetaufte Kneiper in seinem Gasthaus.

Der Weg zu ihm führt wieder über Land, über Dörfer wie hingestellt, vergessen, im Stillstand konserviert, windschief im Wirbel der Lastwagen.

Durchfahrtdörfer.

One-Road-Towns, sagt Joachim und hält an, geht ein paar Schritte, Friedhofgasse, kondoliert in die Stille hinein und setzt sich schließlich an eine Bushaltestelle, an der seit Jahren kein Bus mehr hält. Minutenlanges Nichts.

An einem Imbiss dann lehnen Fernfahrer, bestellen Schnitzel mit dunkler Sauce, gönnen sich Desinteresse. Fassaden, als wäre nichts gewesen.

Jede Wette, sagt Joachim, dass hinter der nächsten Kurve die Vopos stehen, Kelle raus und dann wieder der Satz, den auch hier noch jeder im Ohr hat: Gänsefleisch maln Gofferraum aufmachen. Ein Echo aus der Garage in Marienborn.

Er lacht, so war das doch.

Es folgen die Alleegedanken des Besuchers.

Eigentlich, sagt Joachim, ist es beschämend, wie wenig man hiermit zu tun hat, als Wessi, wie fremd mir dieses Land ist.

Die Dörfer wiederholen sich dann, bis es, rechtsrum, links ab, zurück auf die *Erlebnisstraße der deutschen Einheit* geht.

Wieder auf dem richtigen Weg, sagt Joachim. Am Horizont ja tatsächlich eine erste Ahnung vom Meer. Und schnell wird deutlich, Mecklenburg, das ist noch mal ein ganz anderer Osten.

Je näher die Küste kommt, desto auffälliger ist die Veränderung.

Hier, sagt Joachim, wurde investiert. Hier ist das Grau der Erinnerungen weitestgehend verschwunden, großzügig übermalt. Die Fassaden künden vom Wohlstand, der mit den Touristen gekommen ist. Das könnte jetzt auch Mülheim an der Ruhr sein, sagt er, da fällt mir kein Unterschied mehr auf.

Boltenhagen, etwa 130 Kilometer von Hamburg und 50 Kilometer von Lübeck entfernt, ist das westlichste Seebad des Ostens, ein echter Steinwurf nur bis Travemünde. Man hätte von hier in den Westen schwimmen können. Besser aber, man blieb an Land.

Auch deshalb wurden hier die letzten Szenen des Films gedreht, die Flucht vor dem Bundesgrenzschutz. Am Himmel Hubschrauber, am Strand die Hundertschaften, entkommen die Brüder auf einem Fischkutter, der den zauberhaften Namen *Uschi* trägt und noch heute im Hafen vor Anker liegt. Der Triumph der Narren am Planschbecken der Berliner.

Boltenhagen also ist ein guter Ort für das große Finale. Hier sagen die Leute Moin und stehen mit dem Regen auf. Hier lebt Joachim Clausen, Fremdenführer, geboren 1952. Er kennt sich aus. Und wenn man ihn besucht, auf einer Terrasse mit Strandkorb, braucht er nicht lange, um in die Vergangenheit einzutauchen.

Die DDR, sagt er gleich, war nicht schlecht. Es war nur schlecht, dass wir sie hatten. Dann bietet er Tee an. Schwarz mit Ingwer.

Gegen das Wetter, zum Ankommen. An der Wand in seinem Wohnzimmer, hinter dem ausladenden Esstisch, haben Clausen und seine Frau gut zwei Dutzend Bilder aufgehängt. Von Gästen gemalt und von Reisen mitgebracht. Einige der Maler sind längst tot, andere Freunde geblieben. Es ist eine Galerie des Fernwehs. Man kann von hier aus, durch diese Bilder hindurch, in die Welt schauen. Von Norwegen bis nach Japan, von Brasilien bis in den Irak. Und wenn Joachim Clausen davorsitzt, kann er seine eigene Weltkarte frei Hand malen. Mit feinen Strichen aus der Erinnerung, die Seewege, all die nautischen Meilen. So wie er auch die Grenzen zeichnen kann, mit dickem, wütendem Strich.

Wenn Joachim Clausen davorsitzt, kann er erzählen.

Mit einer Stimme, die den Sturm kennt, als hätte er das Sprechen wirklich auf dem Kutter gelernt. Geschichten vom Meer und vom Weniger.

Ich, sagt er dann, möchte die DDR keinen Tag zurückhaben. Meine Jugend, den ersten Blick auf den Ozean, bekomme ich ja auch nicht zurück.

Joachim Clausen musste immer schon raus. Deshalb hat er sich zur Handelsmarine gemeldet, Anfang der 70er Jahre, fast zeitgleich mit dem märkischen Kneiper. Auch für ihn ging es nach Brasilien, Bananen laden, vor allem aber ging es runter.

Jugoslawien, der Mittlere Osten, ein Jahr lebte er in Bagdad.

Man konnte da, sagt Clausen, als Zonendödel die Welt sehen.

Eine Reise nach Kuba, an Bord der *Georg Büchner*, sollte seine letzte Fahrt sein.

Joachim Clausen war gerade 24 Jahre alt, ein halbes Kind mit vollem Bart, als er mit der falschen Zeitung in der Hand vor den falschen Leuten sprach. Zu jener Zeit liefen in Montreal die Vorbereitungen für die Olympischen Spiele 1976, und aus der *Bild*, in Jugoslawien als Schmuggelware geladen, hatte Clausen erfahren, dass dort noch Arbeitskräfte gesucht wurden. 2000 Dollar die Woche.

Wenn die uns nicht bald mehr Heuer geben, erklärte er den anderen an Deck, dann können wir ja alle nach Kanada gehen.

Konnten sie nicht.

Im Hafen von Havanna wurde Clausen verhaftet. Ein Ahnungsloser im falschen Film, ein Seemann, der nicht wusste, woher der Wind weht. Im schlimmsten Fall, dachte er, fahre ich eben ein paar Monate rechtsrum. Das ging ja auch. Rechtsrum, das bedeutete Polen, Sowjetunion. Soljanka nur, kein Samba mehr, eine andere Wüste.

Irre, sagt Joachim, der zuvor einfach nur zugehört hatte, hineingesogen in Clausens gesprochenes Logbuch. Ein Aberwitz, dass man zur Strafe ins Bruderland musste. Und er schüttelt den Kopf, immer wieder. Unglaube in der Gegenwart vergangener Idiotien.

Nur ging es dann eben nicht rechtsrum, sondern einfach zurück nach Hause. Am Überseehafen in Rostock, eigentlich ein Ort der Freiheit, wurde Clausen abgeholt und in einen Verhörraum gebracht. Ein Tisch, ein Stuhl. Kahle Wände, keine Bilder. Nur Weiß, das keine Unschuld kennt. Dort gab man ihm einen Stift und einen Zettel. Er sollte seine Sünden aufschreiben. Und malte ein Fragezeichen.

Danach begann die Einzelhaft. Ich weiß auch gar nicht mehr, sagt Clausen, wie lange ich dort war, es gab keine Fenster, kein Licht, keine Zeit. Und wenn er davon erzählt, klingt es, als beschriebe er die DDR, einen fensterlosen Raum ohne Notausgang. Ohne Aussicht.

Dort, sagt Clausen, bin ich an meine Grenzen gestoßen. Die Männer am Hafen behielten sein Seefahrtsbuch, zerrissen seine Zulassung zur Welt. Es war ein Stempel in seiner Akte. Für die sozialistische Handelsmarine nicht geeignet, ein Urteil auch.

Er wurde unehrenhaft entlassen.

Clausen, der Weltmann, 24 Jahre alt, war auf Grund gelaufen. In Boltenhagen. Überzeugt, von dort nie wieder wegzukommen. Mit dem Mauerfall, ganz ehrlich, hätte er ja nie gerechnet.

Das, sagt Clausen, war meine Kubakrise.

Nach stillen Sekunden strafft sich Joachim, das eben Gehörte arbeitet noch in ihm, und stellt dem Seemann Clausen dann jene Frage, die er auch Siegbert Tartsch, dem Kneiper, gestellt hatte. Wieso bist du nicht abgehauen?

Er bekommt eine ganz ähnliche Antwort wie zuvor im Fährhaus.

Das ging nicht, sagt Clausen. Ich wollte es meinen Eltern nicht antun, die Familie hätte gelitten. Joachim Clausen hat stattdessen den Ostblock bereist, rechtsrum gegen das Fernweh. Stand so auch 1989, während der zweiten Ausreisewelle, in der deutschen Botschaft in Prag.

Genscher, der Balkon. Eine bewegende Zeit.

Doch als die Mauer dann fiel, das darfste keinem erzählen, waren er und seine Frau im Westen, eingeladen von der Tante in Kassel. Der Fernseher lief, Tumulte.

Am nächsten Tag sind sie gleich zurückgefahren, nach Boltenhagen.

Und dann mit dem Trabi rüber nach Lübeck. 50 Kilometer entfernt, seine Frau wollte laufen, plötzlich die kürzeste Reise. Lübeck, sagt Clausen, das lag doch vorher hinter Neuseeland. Nun standen sie da, ohne Kontrollen, und die Leute streckten dem Trabi den Daumen entgegen.

Bald kamen die ersten Westler nach Boltenhagen. Herrschaften, die den Strand noch aus ihrer Kindheit kannten. Sie wollten sehen, ob es sich verändert hatte, sehen, wie wild dieser Osten wirklich war. Gleich die ersten Touristen. So konnte sich das hier an der Küste viel schneller vermischen als im Hinterland.

Boltenhagen, sagt Clausen, hat immer anders getickt als irgendein Dorf auf dem Weg. Es waren ja alle hier. Sachsen, Anhaltiner, Thüringer. Wir kannten uns aus mit den Fremden. Boltenhagen, das war auch schon in der DDR Multikulti.

Und ohnehin war der Westen den Leuten hier schon immer

näher als etwa Ost-Berlin, konnte man ihn doch vom Wohnzimmer aus leicht sehen.

Wir, sagt Clausen, hatten die Flimmerkiste, darin das ganze Westfernsehen. So wussten wir genau, wie die in Bonn alle heißen. Aber Honecker, Stoph, Grabowski, die kannte hier keine Sau.

Schabowski, sagt Joachim.

Siehste, sagt Clausen und muss gleich schrecklich laut lachen. Die ganzen Pappnasen.

Und Clausen packt zusammen, er möchte ans Meer.

Einmal durch die Stadt, dann an den Hafen, wo die *Uschi* liegt und neue Fassaden leuchten.

Also fahren wir raus, an der Promenade entlang, rechts die Hotels, die Konzertmuschel und die Seebrücke in der Gischt, darauf Menschen ohne Hast. Urlaub und Kur. Müßiggang in Allwetterjacken. Mülheim an der Ruhr mit Strandkörben, und im Gegenlicht lösen sich die Zuordnungen auf.

Wann, fragt Joachim nun, haben die Leute hier gemerkt, dass die DDR vorbei war?

Das hat gedauert, sagt Clausen. Mit der Mauer wurden auch die Gewissheiten eingerissen. Kein Stein auf dem anderen. Daran mussten wir uns erst mal gewöhnen. Natürlich war da diese Ahnung: Wir dürfen jetzt alles, wir sind frei. Aber was mit dieser Freiheit anzufangen war, das hat uns niemand gesagt. Einige haben immer noch gedacht, das wird jetzt angeordnet. Nur kam da nichts. Und es war, wie Adenauer gesagt hatte. Du kannst kein dreckiges Wasser wegschütten, solange du noch kein sauberes hast. Dann verdurstest du, mit Blick aufs Meer.

Andere Veränderungen passierten schneller, sichtbarer. Erst verschwanden die Elektroleitungen, dann die Gerüche.

Bis 1990, sagt Clausen, hatten wir Kohleheizungen, dann wurde auf Gas umgestellt. Das ging ruck, zuck.

Der Westen kam flüssig vor die Haustür.

Joachim Clausen, rechts erst von der Flut umspülte Buhnen,

links dann vom Regen nasse, ganz saftige Wiesen, fährt nun an einer Halle vorbei, die dort liegt wie ausgebrannt, das Dach eingesackt, die Streben löchrig vom Rost und dunkel vom Moder. Ein Geisterhaus, eine Ruine der sozialistischen Wirtschaftskraft. Bis 1992 stand hier ein Stall, 1200 Kühe darin.

Das ist dann alles in sich zusammengefallen, wurde zur Schlachtbank gebracht, sagt Clausen. Und erzählt vom Ausverkauf. Von der Treuhand, von den Grundstücken, die aufgekauft wurden. Der Quadratmeter plötzlich bei 48 Mark, zuvor hatte er 18 Pfennige gekostet.

Ein Wahnsinn, das ging schneller, als man Grabowski sagen konnte.

Hier, sagt er, herrschte eine richtige Goldgräberstimmung.

Und es klingt nach den Schmeichlern aus der Erzählung des Kneipers.

Wir hatten damals, sagt Joachim, ein paar Jungs von der Hafenstraße dabei. Ganovendarsteller, die der Buck aus Hamburg mitgebracht hatte. Die waren clever und haben Schwalben gejagt, die Simson-Modelle, haben bei den Leuten an der Garage geklopft, ihnen 20 Mark in die Hand gedrückt und die Dinger am Wochenende in Hamburg für 200 Mark weiterverkauft, verstehste?

Und Clausen nickt, klar. Genau so war es ja.

Wir waren doch froh, sagt er, dass wir die Scheiß-DDR losgeworden sind, den ganzen Krempel. Erst viel später haben wir kapiert, dass die im Westen damit richtig Geld gemacht haben. Die waren zu Indianern gekommen und hatten die D-Mark dabei.

Da, sagt Clausen, haben wir gelernt, dass nicht alle Wessis gute Menschen sind. Und dieses Gefühl, der Dumme zu sein, das ist geblieben.

Auf der Fahrt zum Hafen kehrt der Regen zurück. Wechselt das Wetter erneut.

Das ist die Wende, sagt Clausen, damit kennen wir uns aus.

Schön, sagt Joachim, da wird die Ostsee wieder aufgefüllt.

Dann stehen die beiden Männer am Meer, vor ihnen Strandkörbe in sauberen Reihen. Mindestabstand drei Meter, alles hat seine Ordnung.

Am Horizont die Insel Poel.

1992, das kann man im Film gut sehen, war das hier Brachland. Ein Sperrgebiet, weil hinter der Böschung die Kampfmittel der Wehrmacht im mecklenburgischen Sand lagen.

Das Ende der Welt.

Heute, Baltische Allee 1, steht hier ein Hotelkomplex, den die TUI mit Pauschaltouristen füllt. Die Nacht mit Meerblick kostet 150 Euro. Das hätte sich vor 30 Jahren niemand leisten können.

Wenn man heute hier langfährt, sagt Clausen, kann man doch sehen, dass sich etwas entwickelt.

Der Fortschritt hat die Küste asphaltiert. Den Horizont verstellt.

Aber für mich, sagt er, sind das die blühenden Landschaften, von denen Kohl gesprochen hat.

Die Arbeitslosigkeit in Boltenhagen liegt heute bei vier Prozent.

Die Männer machen nun einen Spaziergang, am Wasser entlang. Bis sie am Hafen stehen, der jetzt Marina heißt, mit Fischerhütten, deren roter Anstrich an Schweden denken lässt, und einem Fischrestaurant, in dem Aperol zum Sonnenuntergang gereicht wird. Dort schaukelt die *Uschi* in leichtem Wellengang. Ein fest vertäutes Relikt, noch immer seetüchtig.

Alt bist du geworden, sagt Joachim. Und kleiner.

Als wäre sie geschrumpft.

Es folgt, das muss sein, ein Dialog wie aus dem Drehbuch.

In der Erinnerung, sagt er, wird alles größer.

In der Erinnerung, sagt Clausen, verklärt es sich.

Er schaut, im Spiegel seiner Brillengläser das Meer.

In der Erinnerung verwischt das alles.

Deswegen, sagt er dann, weiß ich oft nicht mehr, ob das nun 1986 war oder schon 1992. War das noch DDR oder schon etwas anderes. War das noch Osten?

Joachim Clausen ist vor zwei Jahren 65 Jahre alt geworden. Jetzt, sagt er, bin ich offiziell westmündig. Darauf müsste man eigentlich anstoßen.

Und er wüsste auch schon, womit.

Daheim, im Arbeitszimmer des Seemanns, steht noch immer ein halber Liter Goldbrand. Die letzte Flasche Verschnitt, staubüberzogen. In einer Vitrine, hinter Glas. Irgendwann wird er sie trinken, mit guten Freunden.

Wir wären dann natürlich herzlich eingeladen. Es wäre ein großer Abschied.

Wenn diese Flasche leer ist, sagt Clausen, dann ist auch die DDR vorbei.

DANKSAGUNG

Lucas Vogelsang
Ich danke
Meinen Eltern, weil sie noch immer zuhören
Britt, weil sie alle Seiten kennt
Pelle, weil er von Anfang an dabei war

Joachim Król
Dank an
An Dorthe Braker, die mir den Kipp damals vorgestellt hat
Detlev Buck, der mir gezeigt hat, wo die Reise hingeht
Heidi, die sich den ganzen Quatsch nun schon seit mehr als achtunddreißig Jahren anguckt

Und gemeinsam verbeugen wir uns vor den Menschen, die uns in ihre Wohnzimmer und in ihre Leben gelassen haben. Ohne sie und ihre Geschichten wäre dieses Buch unmöglich gewesen.